Ganz gleich, ob man als Entree für eine Italienreise den Brenner, Bernardino oder Gotthard wählt: Die Ankunft in Norditalien ist ein Erlebnis. Die oberitalienischen Seen bieten neben der außergewöhnlichen Schönheit ihrer Landschaft noch etwas Besonderes: Hier spürt man nach der Überquerung der Alpen erstmals das andere, das mediterrane Lebensgefühl, das Italien zum Sehnsuchtsland so vieler Reisender hat werden lassen. Hier komponierte und liebte Liszt, schrieben Flaubert und Stendhal und suchten Staatsmänner wie Churchill und Adenauer Inspiration und Ablenkung. Lago Maggiore, Gardasee, Luganer See, Comer See und Ortasee – der vorliegende Band mit Texten von Kafka bis Hemingway und touristischen Informationen ist ein unentbehrlicher Begleiter zu den schönsten Plätzen dieser Region.

insel taschenbuch 2608
Oberitalienische Seen

Der Hafen von Como mit der Kuppel des Doms im Hintergrund

Oberitalienische Seen

Ein literarischer Reisebegleiter

Herausgegeben von Rainer W. Kuhnke
Mit farbigen Fotografien
Insel Verlag

Für Analina

insel taschenbuch 2608
Erste Auflage 2001
Originalausgabe

Hinweise zu dieser Ausgabe am Schluß des Bandes
Vertrieb durch den Suhrkamp Taschenbuch Verlag
Umschlag nach Entwürfen von Willy Fleckhaus
Satz: Hümmer GmbH, Waldbüttelbrunn
Druck: Konkordia, Bühl
Printed in Germany

1 2 3 4 5 6 – 06 05 04 03 02 01

Inhalt

Vorwort

Vorwort

Ganz gleich, ob man als Entree für eine Italienreise den Brenner, Bernardino oder Gotthard wählt, die Überquerung der Alpen ist ein Erlebnis der besonderen Art geblieben. Und ist die Annäherung mittlerweile auch eine raschere, so spürt der Reisende dennoch sofort das andere, das mediterrane Lebensgefühl und, damit wohl untrennbar verbunden, die Illusion vom ewigen Glück in einem Land, in dem nicht erst seit Goethes Zeiten die Zitronen blühen. Für Hunderttausende ist dies Anlaß genug, alljährlich, Stoßstange an Stoßstange im Stau gereiht, für die »schönsten Wochen« den Weg gen Süden anzutreten.

Die meisten zieht es an die überfüllten Strände von Adria und Riviera. Für einige ist aber bereits am Comer See, Lago Maggiore oder dessen stillem Nachbarn – dem verträumten Lago d'Orta – das Ziel erreicht. An wohl kaum einer anderen Stelle Europas läßt sich der Geist der Belle Epoque so komprimiert erfassen, sind zahlreiche steinerne Zeugen jener Zeit erhalten geblieben, von der noch heute nicht wenige behaupten, sie sei die einzig »gute Zeit« gewesen – vorausgesetzt, man gehörte zu den Auserwählten der damaligen Gesellschaft. Dichter, Musiker und Maler, ja sogar Politiker, durften sich damals noch dazurechnen ... Hier komponierte und liebte Liszt, fabulierte Flaubert, lebte Hermann Hesse und suchten Staatsmänner wie Adenauer und Churchill nach Inspiration und wohlverdienter Entspannung vom Regieren. Zu den Dichtern, Poeten und Bewunderern der schönen Künste gehörte Anfang des 19. Jahrhunderts auch ein Mann namens Marie-Henri Beyle – der Literaturwelt unter dem Namen Stendhal wohl besser bekannt. Von vielen seiner Zeitgenossen als bloßer Schöngeist und Beau abgetan, überquerte er als Siebzehnjähriger zum ersten Mal den Sankt Bernhard, um als Freiwilliger in der italienischen Armee zu dienen. Noch in zivilen Kleidern, doch mit einem gewaltigen Säbel geschmückt, erreichte er nach zermürbendem Ritt auf steilen, schneebedeckten Saumwegen sein »Gelobtes Land«. Fast fünfunddreißig Jahre später beschreibt Stendhal diesen Augenblick in einem seiner Bücher: »Ich war ganz berauscht und närrisch vor Freude und Glück. In dieser Stunde beginnt für mich eine Zeit voll Begeisterung und vollkommener Glückseligkeit.« Und schwankend zwischen Wehmut und Dankbarkeit resümiert er: »Ich wußte damals nicht, daß ich auf dem Gipfel der Glückseligkeit angelangt war, die ein menschliches Wesen hier unten auf der Erde erlangen kann, und doch ist es die Wahrheit.«

In seinen allabendlich mit großer Sorgfalt niedergeschriebenen Notizen entwirft Stendhal jenes romantisierende Italienbild, das bis in die heutige Zeit hinein prägend blieb. Doch im Abseits des Glamours verschwenderischer Empfänge und Bankette adeliger Gastgeber litt die Bevölkerung Hunger und Not. Fischfang, spärlicher Landbau, Holzschlag und bescheidenes Handwerk ermöglichten nicht mehr als eine karge Existenz. Kein Wunder also, daß der »contrabbando« – der Warenschmuggel über die Grenzen der Schweiz und Österreichs hinweg – über lange Zeit für viele den einzigen, wenn auch gefahrvollen Broterwerb darstellte. Dieses verwegene, von zahllosen Abenteuern begleitete Leben der Armen erschien den nach eben einem solchen Dasein durstenden Literaten der vergangenen Jahrhunderte als »vollkommene Glückseligkeit« – vorausgesetzt, man konnte es aus dem Fenster eines warmen Schreibzimmers, bei Wein und sättigender Kost, betrachten ...

Der Italienreisende unserer Tage wird sich kaum den Luxus solch ausgedehnter Aufenthalte leisten können, wie ihn sich Goethe, Stendhal oder Heine gönnten. Frönten diese dem süßen Leben der »happy few« nicht selten über Monate hinweg, ohne den sicheren Hort ihrer Villa am See für mehr als einen kurzweiligen Ausflug zu Land oder Wasser zu verlassen, so bleiben dem vom immer rascheren Ablauf der Zeit geplagten Menschen des dritten Jahrtausends oftmals nur zwei Wochen, um sich von Ost nach West, vom Garda- bis zum Ortasee zu bewegen. Doch wer rastlos »sight« für »sight« in seinem Reiseführer abhakt, wird dem Individualismus eines jeden dieser Seen kaum gerecht werden, geschweige denn ihren Geheimnissen auf den Grund gehen können. Klüger, wer sich nicht hetzen läßt und den See als Ort zur Seelenerholung, aber auch als Wohnsitz unzähliger Mythen und Legenden, wer die geheimnisvolle Stille des Sees als Pendant zu den Stürmen des Meeres wahrnimmt.

Mythisch beginnt deshalb auch unsere literarische Reise entlang der oberitalienischen Seen. Franz Kafkas »Jäger Gracchus«, ein Wanderer zwischen den Welten der Toten und Lebenden, sucht die ewige Ruhe in demselben Riva am Gardasee, in dem Paul Heyse eine »Auferstehung« feiert. Heyse, als Sohn eines Universitätsprofessors nur bedingt auf die finanziellen Erträge seiner Studien der klassischen Philologie, Romanistik und Kunstgeschichte angewiesen, bereiste ab 1852 Venedig, Rom und Florenz, ehe er 1899 eine Villa als Winterresidenz in Gardone erwarb. Christian Morgensterns Ode »An Sirmio« führt uns auf die Halbinsel Sirmione, die bereits der römische Dichter Catull (um 84 bis 54 v. Chr.) in seinen Werken unsterblich gemacht hatte. Am merkantilen Treiben Veronas läßt uns Georg Britting in Versen teilnehmen. Vorbei an Peschiera, dem lebendigen Fischerort, wehrhaft befestigt an den Ufern des Flusses *Mincio* gelegen, passieren wir die mit Ölbäumen und Oleander bestandenen Hänge bei Garda und die Villenhügel Torris. Dann, in Malcesine – endlich, ist man fast versucht zu sagen: Station mit Johann Wolfgang Goethe, *dem* Italienreisenden schlechthin. Mit seinem ihm eigenen Gespür für das Maximale unter dem Monumentalen erklimmt er den Turm des gewaltigen Scaligerschlosses, wo er beim Zeichnen der Burganlage – von den mißtrauischen Behörden der Spionage verdächtigt – nur knapp einer Verhaftung entgeht.

Wieder zurück in Riva, dem Ausgangspunkt unserer Reise rund um den Gardasee, folgen wir nun der Straße in westliche Richtung, vorbei am nicht einmal drei Kilometer langen *Lago di Ledro* und dem mit 318 Metern höchstgelegenen See aller großen oberitalienischen Seen, dem *Lago d'Idro*, nach Iseo. »Klein und scharf begrenzt ... Ein See ohne Geschichte. Ein See ohne Welt. Ein See ohne Ruhm« (Kasimir Edschmid). Und gerade deshalb: der *Lago d'Iseo* bietet dem Reisenden noch einmal die Möglichkeit, umgeben von »geschichtsloser« Natur auszuruhen, bevor er bei Lecco die Ufer des historisch um so bedeutenderen Comer Sees erreicht. Alessandro Manzonis »Die Verlobten« gehört zweifellos zu den berühmtesten Werken der italienischen Literatur, und auch Stendhal schuf mit der »Kartause von Parma« ein Meisterwerk. Beide, Manzoni wie Stendhal, wählen als Ort ihrer literarischen Liebesabenteuer nicht ohne Absicht die schmalen Strände und kleinen Häfen des dreiarmigen *Lago di Como*: »Wenn Sie die Geschichte zweier glücklich Liebender schreiben wollen, dann wählen Sie die Gestade des Comer Sees als Schauplatz. Ich kenne keine Gegend, die so wie diese sichtlich vom Himmel gesegnet ist; nie sah ich eine andere, wo der ganze Zauber eines Liebeserlebnisses natürlicher erscheinen kann« (Franz Liszt). Nach einem »Spaziergang am Comer See« mit Hermann Hesse und einem kulinarischen Ausflug zur *Isola Comacina* beschreibt Stefan Zweig den morbiden Charme der alten Villen und Hotels samt ihrer bisweilen »spleenigen« Besucher in einer »Sommernovellette«.

Weltoffen, modern, dem Licht und Leben unübersehbar zugeneigt, präsentieren sich dagegen Luganer See und Lago

Maggiore. Nach einer »letzten Station« vor der Schweizer Grenze bei San Mamete reisen wir zunächst durch das Tessin und dann, via Varese nach Lavenno, an die Ufer des Lago Maggiore. Von dort setzen wir mit der Fähre nach Intra über und erreichen schon bald Stresa, Ausgangspunkt einer Bootsfahrt hinüber zu den berühmten Borromäischen Inseln: Der Ausblick »... von der Terrasse ist köstlich. Links sieht man die Isola Madre liegen und einen Teil von Pallanza; in der Ferne verliert sich ein Arm des Sees zwischen den Bergen der Schweiz, vor mir liegt Laveno, rechts der Arm von Sesto. Die Umrisse von fünf oder sechs wolkenverhangenen Bergriesen vervollständigen das Bild, das jenem am Golf von Nepal ebenbürtig und noch ergreifender ist. Ich glaube, diese Inseln erwecken das Gefühl für Schönheit noch mehr, als der St. Peters Dom dies tut. Endlich traf mein Geist, in dem die Liebe zu einer makellosen Schönheit die Kritik wachgerufen hatte, auf etwas, an dem nichts auszusetzen ist: die Landschaft zwischen Varese und Laveno ...« *(geschrieben auf der Isola Bella am 25. Oktober 1811, um neun Uhr abends)*. Noch weiter als hier Stendhal versteigt sich auch Jean Paul in seinem »Titan« beim Anblick der »göttlichen« Borromäischen Inseln ins Schwärmerische, Empfindungen, denen Gerhart Hauptmann in seiner Novelle »Mignon« zu folgen sucht. Nüchtern, ja geradezu protokollarisch berichtet dagegen Ernest Hemingway von der Flucht seines Protagonisten, eines Frontoffiziers im Ersten Weltkrieg, über den Lago Maggiore. Nach einem kurzen Abstecher an den Ortasee, dem »stillen Nachbarn des Lago Maggiore«, machen wir uns mit Joseph Victor von Scheffel auf zur »Heimkehr aus Italien« und nehmen Abschied von den »köstlichen Gestaden« der oberitalienischen Seen.

Rainer W. Kuhnke

Blick auf Malcesine mit seiner Scaligerburg

Lago di Garda

Franz Kafka
Der Jäger Gracchus

Zwei Knaben saßen auf der Quaimauer und spielten Würfel. Ein Mann las eine Zeitung auf den Stufen eines Denkmals im Schatten des säbelschwingenden Helden. Ein Mädchen am Brunnen füllte Wasser in ihre Bütte. Ein Obstverkäufer lag neben seiner Ware und blickte auf den See hinaus. In der Tiefe einer Kneipe sah man durch die leeren Tür- und Fensterlöcher zwei Männer beim Wein. Der Wirt saß vorn an einem Tisch und schlummerte. Eine Barke schwebte leise, als werde sie über dem Wasser getragen, in den kleinen Hafen. Ein Mann in blauem Kittel stieg ans Land und zog die Seile durch die Ringe. Zwei andere Männer in dunklen Röcken mit Silberknöpfen trugen hinter dem Bootsmann eine Bahre, auf der unter einem großen blumengemusterten, gefransten Seidentuch offenbar ein Mensch lag.

Auf dem Quai kümmerte sich niemand um die Ankömmlinge, selbst als sie die Bahre niederstellten, um auf den Bootsführer zu warten, der noch an den Seilen arbeitete, trat niemand heran, niemand richtete eine Frage an sie, niemand sah sie genauer an.

Der Führer wurde noch ein wenig aufgehalten durch eine Frau, die, ein Kind an der Brust, mit aufgelösten Haaren sich jetzt auf Deck zeigte. Dann kam er, wies auf ein gelbliches, zweistöckiges Haus, das sich links nahe beim Wasser geradlinig erhob, die Träger nahmen die Last auf und trugen sie durch das niedrige, aber von schlanken Säulen gebildete Tor. Ein kleiner Junge öffnete ein Fenster, bemerkte noch gerade, wie der Trupp im Haus verschwand, und schloß wieder eilig das Fenster. Auch das Tor wurde nun geschlossen, es war aus schwarzem Eichenholz sorgfältig gefügt. Ein Taubenschwarm, der bisher den Glockenturm umflogen hatte, ließ sich jetzt vor dem Hause nieder. Als werde im Hause ihre Nahrung aufbewahrt, sammelten sich die Tauben vor dem Tor. Eine flog bis zum ersten Stock auf und pickte an die Fensterscheibe. Es waren hellfarbige wohlgepflegte, lebhafte Tiere. In großem Schwung warf ihnen die Frau aus der Barke Körner hin, die sammelten sie auf und flogen dann zu der Frau hinüber.

Ein Mann im Zylinderhut mit Trauerband kam eines der schmalen, stark abfallenden Gäßchen, die zum Hafen führten, herab. Er blickte aufmerksam umher, alles bekümmerte ihn, der Anblick von Unrat in einem Winkel ließ ihn das Gesicht verzerren. Auf den Stufen des Denkmals lagen Obstschalen, er schob sie im Vorbeigehen mit seinem Stock hinunter. An der Stubentür klopfte er an, gleichzeitig nahm er den Zylinderhut in seine schwarzbehandschuhte Rechte. Gleich wurde geöffnet, wohl fünfzig kleine Knaben bildeten ein Spalier im langen Flurgang und verbeugten sich.

Der Bootsführer kam die Treppe herab, begrüßte den Herrn, führte ihn hinauf, im ersten Stockwerk umging er mit ihm den von leicht gebauten, zierlichen Loggien umgebenen Hof und beide traten, während die Knaben in respektvoller Entfernung nachdrängten, in einen kühlen, großen Raum an der Hinterseite des Hauses, dem gegenüber kein Haus mehr, sondern nur eine kahle, grauschwarze Felsenwand zu sehen war. Die Träger waren damit beschäftigt, zu Häupten der Bahre einige lange Kerzen aufzustellen und anzuzünden, aber Licht entstand dadurch nicht, es wurden förmlich nur die früher ruhenden Schatten aufgescheucht und flackerten über die Wände. Von der Bahre war das Tuch zurückgeschlagen. Es lag dort ein Mann mit wild durcheinandergewachsenem Haar und Bart, gebräunter Haut, etwa einem Jäger gleichend. Er lag bewegungslos, scheinbar atemlos mit geschlossenen Augen da, trotzdem deutete nur die Umgebung an, daß es vielleicht ein Toter war.

Der Herr trat zur Bahre, legte eine Hand dem Daliegenden auf die Stirn, kniete dann nieder und betete. Der Bootsführer winkte den Trägern, das Zimmer zu verlassen, sie gingen hinaus, vertrieben die Knaben, die sich draußen angesammelt hatten, und schlossen die Tür. Dem Herrn schien aber auch diese Stille noch nicht zu genügen, er sah den Bootsführer an, dieser verstand und ging durch eine Seitentür ins Nebenzimmer. Sofort schlug der Mann auf der Bahre die Augen auf, wandte schmerzlich lächelnd das Gesicht dem Herrn zu und sagte: »Wer bist du?« – Der Herr erhob sich ohne weiteres Staunen aus seiner knieenden Stellung und antwortete: »Der Bürgermeister von Riva.«

Der Mann auf der Bahre nickte, zeigte mit schwach ausgestrecktem Arm auf einen Sessel und sagte, nachdem der Bürgermeister seiner Einladung gefolgt war: »Ich wußte es ja, Herr Bürgermeister, aber im ersten Augenblick habe ich immer alles vergessen, alles geht mir in der Runde und es ist besser, ich frage, auch wenn ich alles weiß. Auch Sie wissen wahrscheinlich, daß ich der Jäger Gracchus bin«

»Gewiß«, sagte der Bürgermeister. »Sie wurden mir heute in der Nacht angekündigt. Wir schliefen längst. Da rief gegen Mitternacht meine Frau: ›Salvatore‹, – so heiße ich – ›sieh die Taube am Fenster!‹ Es war wirklich eine Taube, aber groß wie ein Hahn. Sie flog zu meinem Ohr und sagte: ›Morgen kommt der tote Jäger Gracchus, empfange ihn im Namen der Stadt.‹«

Der Jäger nickte und zog die Zungenspitze zwischen den Lippen durch: »Ja, die Tauben fliegen vor mir her. Glauben Sie aber, Herr Bürgermeister, daß ich in Riva bleiben soll?«

»Das kann ich noch nicht sagen«, antwortete der Bürgermeister. »Sind Sie tot?«

»Ja«, sagte der Jäger, »wie Sie sehen. Vor vielen Jahren, es müssen aber ungemein viel Jahre sein, stürzte ich im Schwarzwald – das ist in Deutschland – von einem Felsen, als ich eine Gemse verfolgte. Seitdem bin ich tot.«

»Aber Sie leben doch auch«, sagte der Bürgermeister.

»Gewissermaßen«, sagte der Jäger, »gewissermaßen lebe ich auch. Mein Todeskahn verfehlte die Fahrt, eine falsche Drehung des Steuers, ein Augenblick der Unaufmerksamkeit des Führers, eine Ablenkung durch meine wunderschöne Heimat, ich weiß nicht, was es war, nur das weiß ich, daß ich auf der Erde blieb und daß mein Kahn seither die irdischen Gewässer befährt. So reise ich, der nur in seinen Bergen leben wollte, nach meinem Tode durch alle Länder der Erde.«

»Und Sie haben keinen Teil am Jenseits?« fragte der Bürgermeister mit gerunzelter Stirne.

»Ich bin«, antwortete der Jäger, »immer auf der großen Treppe, die hinaufführt. Auf dieser unendlich weiten Freitreppe treibe ich mich herum, bald oben, bald unten, bald rechts, bald links, immer in Bewegung. Aus dem Jäger ist ein Schmetterling geworden. Lachen Sie nicht.«

»Ich lache nicht«, verwahrte sich der Bürgermeister.

»Sehr einsichtig«, sagte der Jäger. »Immer bin ich in Bewegung. Nehme ich aber den größten Aufschwung und leuchtet mir schon oben das Tor, erwache ich auf meinem alten, in irgendeinem irdischen Gewässer öde steckenden Kahn. Der Grundfehler meines einstmaligen Sterbens umgrinst mich in meiner Kajüte. Julia, die Frau des Bootsführers, klopft und bringt mir zu meiner Bahre das Morgengetränk des Landes, dessen Küste wir gerade befahren. Ich liege auf einer Holzpritsche, habe – es ist kein Vergnügen, mich zu betrachten – ein schmutziges Totenhemd an, Haar und Bart, grau und schwarz, geht unentwirrbar durcheinander, meine Beine sind mit einem großen, seidenen, blumengemusterten, langgefransten Frauentuch bedeckt. Zu meinen Häupten steht eine Kirchenkerze und leuchtet mir. An der Wand mir gegenüber ist ein kleines

Bild, ein Buschmann offenbar, der mit einem Speer nach mir zielt und hinter einem großartig bemalten Schild sich möglichst deckt. Man begegnet auf Schiffen manchen dummen Darstellungen, diese ist aber eine der dümmsten. Sonst ist mein Holzkäfig ganz leer. Durch eine Luke der Seitenwand kommt die warme Luft der südlichen Nacht und ich höre das Wasser an die alte Barke schlagen.

Hier liege ich seit damals, als ich, noch lebendiger Jäger Gracchus, zu Hause im Schwarzwald eine Gemse verfolgte und abstürzte. Alles ging der Ordnung nach. Ich verfolgte, stürzte ab, verblutete in einer Schlucht, war tot und diese Barke sollte mich ins Jenseits tragen. Ich erinnere mich noch, wie fröhlich ich mich hier auf der Pritsche ausstreckte zum erstenmal. Niemals haben die Berge solchen Gesang von mir gehört wie diese vier damals noch dämmerigen Wände.

Ich hatte gern gelebt und war gern gestorben, glücklich warf ich, ehe ich den Bord betrat, das Lumpenpack der Büchse, der Tasche, des Jagdgewehrs vor mir hinunter, das ich immer stolz getragen hatte, und in das Totenhemd schlüpfte ich wie ein Mädchen ins Hochzeitskleid. Hier lag ich und wartete. Dann geschah das Unglück.«

»Ein schlimmes Schicksal«, sagte der Bürgermeister mit abwehrend erhobener Hand. »Und Sie tragen gar keine Schuld daran?«

»Keine«, sagte der Jäger, »ich war Jäger, ist das etwa eine Schuld? Aufgestellt war ich als Jäger im Schwarzwald, wo es damals noch Wölfe gab. Ich lauerte auf, schoß, traf, zog das Fell ab, ist das eine Schuld? Meine Arbeit wurde gesegnet. ›Der große Jäger vom Schwarzwald‹ hieß ich. Ist das eine Schuld?«

»Ich bin nicht berufen, das zu entscheiden«, sagte der Bürgermeister, »doch scheint auch mir keine Schuld darin zu liegen. Aber wer trägt denn die Schuld?«

»Der Bootsmann«, sagte der Jäger. »Niemand wird lesen, was ich hier schreibe, niemand wird kommen, mir zu helfen; wäre als Aufgabe gesetzt mir zu helfen, so blieben alle Türen aller Häuser geschlossen, alle Fenster geschlossen, alle liegen in den Betten, die Decken über den Kopf geschlagen, eine nächtliche Herberge die ganze Erde. Das hat guten Sinn, denn niemand weiß von mir, und wüßte er von mir, so wüßte er meinen Aufenthalt nicht, und wüßte er meinen Aufenthalt, so wüßte er mich dort nicht festzuhalten, so wüßte er nicht, wie mir zu helfen. Der Gedanke, mir helfen zu wollen, ist eine Krankheit und muß im Bett geheilt werden.

Das weiß ich und schreie also nicht, um Hilfe herbeizurufen, selbst wenn ich in Augenblicken – unbeherrscht wie ich bin, zum Beispiel gerade jetzt – sehr stark daran denke. Aber es genügt wohl zum Austreiben solcher Gedanken, wenn ich umherblicke und mir vergegenwärtige, wo ich bin und – das darf ich wohl behaupten – seit Jahrhunderten wohne.«

»Außerordentlich«, sagte der Bürgermeister, »außerordentlich. – Und nun gedenken Sie bei uns in Riva zu bleiben?«

»Ich gedenke nicht«, sagte der Jäger lächelnd und legte, um den Spott gutzumachen, die Hand auf das Knie des Bürgermeisters. »Ich bin hier, mehr weiß ich nicht, mehr kann ich nicht tun. Mein Kahn ist ohne Steuer, er fährt mit dem Wind, der in den untersten Regionen des Todes bläst.«

Eckart Henscheid
Gardasee

Liebliches Städtchen am Lago di Garda –
O guarda, guarda!
Verwaschen blinkt der See.
Schlaf ein, schlaf ein,

Ragazza mia pazza,
Wie ruhendes Wasser, wie wehender Wind,
Wir alle Opfer des Sexus sind.
Schäferin, ach wie haben sie dich
So süß begraben …
Funiculli funiculla!
O wärst du schon da!
Vage Funken am Horizont:
Sind's Villen der herrschenden Klasse?
Die Nacht, die entmutigend blaue, la notte!
Das allzu intime Gewässer
Siehst du das Weltmeer dort hinten?
Selig doch scheinen wir in uns als Körper.
Ich, du, Verquickung,
Nie Ruh …
Zypressen, vom Wahnwitz des Eros durchtränkte,
Wir alle Gehenkte
Des großen Vater Pan –
Geliebte, es will Abend werden.
Waldung sie schwankt heran,
Bäumewärts himmelan –
O Baby, ich hack dich ins Knie!
Deine großen blauen Augen,
Sie sind wie ein Spiegel des Sees –
Ah, la terra mi manca!
E tu? Perque cosi piangi?
Geliebte, sieh hin, der See,
Der tief tief blaue See …

Paul Heyse
Ein Wintertagebuch

Gardone 1901-1902

Ersatz

Nun auf winterlicher Flur
Sind die Blumen all verschwunden.
Bleiche Weihnachtsrosen nur
Hab' ich in der Schlucht gefunden.

Doch die wilde Myrte sprießt
Immergrün an Weg und Stegen,
Und aus Lorbeerbüschen fließt
Kräft'ger Würzduft mir entgegen.

Sind die Blumen auch dahin,
Die ich brach im jungen Leben,
Unverwelklicher Gewinn
Ward mir zum Ersatz gegeben:

Sie, die ich zumeist geliebt,
Bleibt mir wandellos zur Seite,
Und die holde Muse gibt
Winters auch mir das Geleite.

Chi bella non è …

Ich sah im Olivenwalde
Ein Mägdlein wandeln durchs Gras,
das Beeren, zerstreut auf der Halde,
Gebückt in ihr Schürzchen las
  Und sang, als ob ihr groß Leid geschah:
  Chi bella non è, fortuna non ha!

Es klang so traurig und trübe
Von einsamer Todesstund',
Als klagt um verlorene Liebe
Ein nimmergeküßter Mund:
  Die Häßlichen sterben allein, ach ja!
  Chi bella non è, fortuna non ha!

Da blickte sie auf, und mit Staunen
Gewahrt' ich ein reizend Gesicht.
Es lacht aus den Augen, den braunen,
Ein schalkhaft blitzendes Licht.
  Mit solchen Augen, wer klagte da:
  Chi bella non è, fortuna non ha!

Die Schelmin sah mit Erröten,
Wie sehr sie den Fremdling behext,
Fand gleichwohl nicht vonnöten,
Zu ändern den seufzenden Text,
  Und sang mit Lachen, so lang sie mich sah:
  Chi bella non è, fortuna non ha!

Letzte Blüten

Noch eine Ros' am kahlen Strauch
Fand im Advent ich aufgeblüht,
Noch eines Liedes zarter Hauch
Klang mir verstohlen im Gemüt.

Der Rose Blätter taumeln hin,
Da ich sie kaum berührt, ins Beet,
Das Liedchen schwand mir aus dem Sinn –
Für Sommerkinder ist's zu spät!

Mittagsruhe

Goldner Nebelsonnenduft
Überhaucht Gebirg und Flur.
Droben steht ein Wölkchen nur
In der windstill reinen Luft.

Auf dem See ein Fischerkahn
Mit den Segeln gelb und blau,
Drauf gemalt die Himmelsfrau,
Zieht wie träumend seine Bahn.

Rings kein Laut der wachen Welt
Um des Monte Baldo Thron,
Gleich als wüßten's Alle schon,
Daß der Alte Siesta hält.

Leis am Ufer gluckst die Flut;
Auch der Kummer, der zu Nacht

Mich um meinen Schlaf gebracht,
Hält den Atem an und ruht.

Ermutigung

Sei nur getrost! Was auch geschieht,
Werd' an dir selbst nicht irre, mein Herz!

Sieh, auf schwankender Lebensfahrt,
Der stürmevollen,
Bleibt kein anderes Heil,
Als zu vertrauen dem Dämon,
Der deines Schiffleins Steuer
Lenkt mit eigenwilliger Hand.
Ob er führt zum sichern Port,
Ob scheitern lässet an Klippen,
Du bist sein Meister nicht,
Mit klügelnder Torheit
In den Arm ihm zu fallen.
Denn er ist's, der dir von Anbeginn
Ward zum Lenker gegeben,
Daß deine Bahn du vollendest,
Nachtwandlerisch nach verhülltem Ziel
Und wissest nicht, was sie wollen mit dir,
Die dunklen Mächte.
Sie aber wissen's.
Denn was du blindlings, dem Dämon getreu,
Vollbringst an deinen sprossenden Tagen,
Mehr ist's und fruchtet reicher,
Als was du tätst, auf den Zuruf horchend
Der fremden schwatzenden Menge.
Und wär' es herrlich, es wär' nicht dein,

Wär' nur ein Knechtswerk,
Unwirksam, dich zu beglücken.

Sei nur getrost! Was auch geschieht,
Werd' an dir selbst nicht irre, mein Herz!

Ghasel

Schwinge dich auf und singe, mein Herz!
Dunst und Nebel durchdringe, mein Herz!
Diesem lähmenden Unmutsqualm
Stark und frei dich entringe, mein Herz!
Was die Toren mit Ehrfurcht erfüllt,
Acht' es alles geringe, mein Herz!
Sieh, es ist nur ein nicht'ger Traum
Dieser Wechsel der Dinge, mein Herz!
Hüte dich, daß ihr gleißender Schein
Nicht dich lockend bezwinge, mein Herz!
Stellt dir Fallen die Eigensucht,
Zieh dich rasch aus der Schlinge, mein Herz!
Gib an hohe Gedanken dich hin.
Daß dir Hohes gelinge, mein Herz!
Und aus Sümpfen zum Ätherglanz
Fleuch mit Adlerschwinge, mein Herz!

Paul Heyse
Auferstanden

In den südlichen Abhängen der Tiroler Berge, in die der Gardasee tief hineintritt, liegt ein altes Felsenschlößchen, kühn an die schroffe Bergwand geklebt, wie ein Möwennest an eine vorspringende Klippe, und so günstig gerade an die Stelle gebaut, wo die Talschlucht eine Biegung macht und sich verengt, daß eine Handvoll entschlossener Leute mit einigen sicheren Geschützen auch heute noch wohl imstande wäre, einem von Süden heranziehenden Korps den Paß zu verlegen. Auch tragen die alten bezinnten Umfassungsmauern, die in beträchtlicher Höhe vieleckig aufsteigen, vernarbte Spuren erbitterter Kämpfe, die freilich in der Erinnerung des Landvolkes längst erloschen sind. Nicht einmal der Name des alten Baronengeschlechts, das ehemals hier hauste, hat sich erhalten. Wer nachfragt in einer der Steinhütten, die sparsam das Tal hinunter zerstreut unter Kastanien- und Nußbäumen liegen – auch Wein und Öl gedeiht an den Südabhängen tiefer zum See hinab, – der erfährt nur, daß das einsame Schlößchen droben »das Kastell« genannt werde und einem Marchese gehöre, dessen Namen man nicht kenne, wenigstens nicht kannte in den ersten fünfziger Jahren unseres Jahrhunderts, in denen sich zutrug, was ich erzählen will.

Damals war, wie jeder weiß, die Lombardei, in deren geographisches Gebiet dieses Tal schon hinabreicht, noch österreichische Provinz, und wenige ließen sich träumen, wie bald diese Perle aus der Krone des Hauses Habsburg herausgebrochen werden sollte. Dennoch sah es gerade in diesen Grenzbezirken mit der Verbrüderung oder gar Verschmelzung der Nachbarstämme übel aus. Ungastliches Mißtrauen war das Glimpflichste, dessen ein deutscher Wanderer in diesen Tälern von dem Landvolke sich zu versehen hatte. Und kein Jahr verging ohne irgendeine geräuschlos blutige Tat der Tücke und Feindschaft, deren Urheber zu erreichen der Arm der k. k. Justiz meistenteils zu kurz war.

Aus diesem Grunde wollte es zwischen den beiden Männern, die eines schönen Augustnachmittags den verfallenen Fahrweg zum Kastell hinanstiegen, zu keiner sehr ersprießlichen Unterhaltung kommen. Zwar hatte der stattliche junge Deutsche, dem der welsche Bauernbursch als Führer und Träger diente, die österreichische Hauptmannsuniform wohlweislich in Riva mit einem leichten bürgerlichen Habit und das Käppi mit einem breiten Strohhut vertauscht und sprach überdies die Landessprache so fließend, als sei er mit Wasser aus dem Gardasee getauft worden. Aber in Gang und Haltung konnte er dennoch den kaiserlichen Offizier nicht verleugnen, und gerade die Zivilkleidung schien seinem verdrossenen Begleiter geheime Absichten zu verraten, die ihn noch einsilbiger machten. Er gab wenig mehr von sich, als was der junge Reisende schon wußte, daß im Kastell ein gewisser Marchese wohne, der dort schon seit zwei Jahren ganz menschenfeindlich mit geringer Dienerschaft sein Wesen treibe, niemand bei sich sehe, als alle Sonn- und Feiertage seinen alten Beichtvater aus dem Kapuzinerkloster droben im Gebirg, der dann hinabsteige, um in der Kapelle des Kastells die Messe zu lesen, und daß die Straße, die sie jetzt wanderten, nur von Zeit zu Zeit von einem Ochsenwagen befahren werde, der Mundvorrat für Wochen und Monate hinaufschaffe. Der Reisende forschte nach der Gemütsart des Marchese, ob er mildtätig sei, wie er seine Diener behandle und dergleichen, erfuhr aber nur, daß er das Wild, das er auf seinen Streifzügen im Gebirg zu schießen pflege, großenteils an die Bauern schenke, übrigens selten mit einem Begegnenden ein Wort wechsle. Er selbst, der Erzähler, wollte ihn noch nie gesehen haben.

Damit verstummte die Zwiesprache zwischen den beiden,

und der junge Mann schritt gedankenvoll in den tief ausgefahrenen Geleisen bergan, noch einmal alles bei sich bedenkend, was er zu tun und zu sagen sich vorgenommen. So jung er war, hatte er es oft genug bewiesen, daß es ihm an Mut und männlicher Entschlossenheit nicht gebrach. Und doch konnte er sich, je näher das Ziel seiner Wanderung rückte, einer unbehaglichen Spannung und Aufregung nicht erwehren. Gar zu unheimlich sah das Kastell von der Höhe des Weges herab, die wenigen Fenster mit Läden dicht verschlossen, der eine Turm an der Seite mit seinen Zinnen hoch hineingewachsen in einen breitästigen Kastanienbaum, durch dessen Zweige er argwöhnisch ins Land hinauszulugen schien, und was den seltsamsten Eindruck machte: auf beiden Seiten neben dem Haupttore, zu dem die alte Zugbrücke steil hinanlief, standen je drei uralte Zypressenbäumchen, an der Windseite kahl und auch sonst struppig genug, die dem fensterlosen Mauerhaufen das Ansehen eines verwitterten Mausoleums gaben und jeden Lebendigen von dieser Schwelle wegzuweisen schienen.

Als nun endlich die letzte Stelle erklommen war, dämmerte es bereits, und die Nachtvögel fingen an, die Zinnen zu umkreisen. Der Fremde warf die Zigarre weg, die ihm längst ausgegangen war, und tat einige kräftige Schläge an der festgefugten Hoftür, was er zweimal wiederholen mußte, ehe sich's im Innern zu regen begann. Ein hölzerner Fensterladen vor einer Art Schießscharte neben dem Tor ward geöffnet, und ein Kopf kam zum Vorschein, der die späten Besucher wenig einladend angrinste. Das Gesicht war noch jung, aber durch die Verheerungen der Blattern sehr entstellt, dazu fehlte das eine Auge, und ein dicker Büschel schwarzer Haare hing über der von Entzündungen geröteten sternlosen Augenhöhle herab. Diese ganze Seite des Gesichts schien von Schmerzen verzerrt, und die andere von Wut über diese Schmerzen. Mit einem kurzen scharfen Ton, der fast wie ein Bellen klang, fragte er, was man wolle; hier sei keine Herberge. – Ob der Marchese zu sprechen sei, fragte der Fremde, dem die Ungeschliffenheit des Pförtners seine ganze militärische Würde zurückgab. – Nein! war die Antwort. Und damit wollte der Einäugige den Laden wieder vorschieben, als ein paar Worte, die der Bauer, dem Reisenden unverständlich, hinauf rief, den widerwilligen Menschen stutzig zu machen schienen. Er verlangte den Namen des Fremden zu wissen, und als dieser seine Karte in die Mauerlücke reichte, verschwand er alsbald, um nach zehn Minuten das schwere Portal mit einem großen Schlüssel aufzuschließen.

Der Herr Marchese will den Herrn Kapitän empfangen, sagte er, auch jetzt mit sichtbarem Widerwillen. Du da bleibst draußen! fuhr er den Bauern an.

Und das Gepäck? fragte der Bursch, der den Mantelsack des Reisenden und einen Kasten mit Instrumenten einstweilen auf der Zugbrücke niedergelegt hatte.

Trag's in den Hof hinein, befahl der Offizier, und warte dann hier draußen, bis ich zurückkomme.

Es war ihm befremdlich, daß der Bursch nicht einmal in den Hof treten sollte, und doch traute er ihm selbst nicht genug, um ihn unter vier Augen mit dem Gepäck vor dem Tor zurückzulassen. Er sah, wie sorgfältig der Einäugige die Tür wieder hinter ihnen verschloß, und von neuem überlief ihn ein rätselhaftes Unbehagen, als er sich nun in dem öden Burghof umsah und den Hall seiner eigenen Schritte an den kahlen Mauern vernahm. Unwillkürlich faßte er in die Tasche nach seiner doppelläufigen Pistole und ließ den schweigsamen Pförtner vorangehen. Es war dunkler hier im Schatten der hohen Zinnen, als draußen in der Schlucht. Zum Überfluß raubte der Wipfel einer hohen Platane, die mitten im Hof sich über einem Ziehbrunnen wölbte, ein großes Stück des Himmels. Zahllose Vögel nisteten hier und schwirrten plötzlich durcheinander, als die Männer über die Steinplatten gingen. Sie schienen es nicht gewohnt, um diese Zeit Menschentritte zu hören. Dann sah der Fremde noch, während er seinem Führer zu einer schmalen Tür in der Ecke des Hofes folgte, ein hohes, altertümliches Erzgitter, das einen kleinen Garten verschloß. Späte Rosen und Zypressen wuchsen da, und ein Feigenbaum, der sich durch das Gitter hinausgezweigt hatte, gab Zeugnis dafür, daß diese Tür seit vielen Jahren nicht mehr geöffnet worden war und ungestört mit ihren Eisenstäben zum Spalier dienen konnte.

Um so mehr überraschte es ihn, als er das Innere betrat, dort keine Spur von Vernachlässigung zu finden. Die Stufen, die er hinangeführt wurde, waren sorgfältig gekehrt, die engen Gemächer einfach, aber wohnlich ausgestattet, die Scheiben der kleinen Fenster blank geputzt und seidene Vorhänge davor, die seinem flüchtigen Blick durchaus nicht hundertjährig erschienen. Er sah jetzt auch, daß der einäugige Diener in saubern Kleidern steckte, in einer jägermäßigen Livree, ein großes hirschfängerartiges Messer mit Perlmuttergriff umgürtet, und bemerkte, daß er trotz seiner schweren Nagelschuhe leise auftrat. Zwei bis drei Vorzimmer im ersten Stock durchschritten sie, alle winklig und eng; dann öffnete der Diener ein größeres Gemach und blieb, stumm hindeutend, an der Schwelle stehen.

Als der junge Fremde eintrat, stand eine hohe, vornehme Gestalt von einem Schreibtisch auf, der, ganz mit Büchern und Papieren bedeckt, eine tiefe Fensternische ausfüllte und noch den letzten Tagesschein empfing. Im übrigen war das gewölbte Zimmer schon so dunkel, daß an den Büchergestellen ringsumher kaum mehr die goldgedruckten Titel auf den Einbänden zu lesen waren. Auch auf dem Gesicht des Schloßherrn, als er sich jetzt dem Fenster ab- und dem Eintretenden entgegenwandte, konnte man das Spiel der Mienen nicht mehr deutlich unterscheiden, – wenn überhaupt diese festen Züge viel von den

Regungen des Innern verrieten. Die stark ausgearbeitete Stirn, von schlichten, schon etwas angegrauten Haaren umrahmt, schien ein undurchdringlich fester Wohnsitz des Gedankens und Willens. Darunter Augen von großer Schönheit und einem ruhigen Glanz, durch lange Übung dazu gewöhnt, alles zu sehen und nichts zu verraten. Der untere Teil des bartlosen Gesichts wäre niemand weder im Guten noch im Bösen aufgefallen, so wenig wie Haltung und Gebärde des ganzen in Schwarz gekleideten Mannes, der mit gekreuzten Armen unbeweglich am Tische lehnte und die Verbeugung des Fremden mit kaum merklichem Kopfnicken erwiderte.

Ich habe um Verzeihung zu bitten, Herr Marchese, sagte der junge Offizier, daß ich Ihnen zu so später Stunde eine Störung bereite. Da ich meinen Diener krank in Riva zurücklassen und einen fremden Burschen annehmen mußte, gab es allerlei Aufenthalt unterwegs. Auch rechnete ich darauf, in dem Dorf unten am Ausgang des Tales ein passendes Quartier zu finden, und hätte Ihnen dann morgen erst meinen Besuch gemacht. Ich fand aber so unfreundliche Gesichter und so abscheulichen Schmutz in jenen Hütten, daß selbst meine soldatische Abhärtung davor zurückscheute. Und so entschloß ich mich –

Der Marchese unterbrach ihn, indem er einen Sessel mitten ins Zimmer schob und ihn mit einer stummen Handbewegung dem Besucher darbot. Dann nahm er selbst seine Stellung am Tisch wieder ein, die Augen ruhig auf den Redenden geheftet.

Ich will mich kurz fassen, fuhr der Fremde fort. Was mich zu Ihnen führt, ist nicht eine persönliche Angelegenheit, sondern ein Auftrag meines Vorgesetzten. Ich bin der Hauptmann Eugen von R. aus dem Generalstabe des Feldmarschalls Radetzky, der, wie Sie wissen, gegenwärtig in Verona sein Hauptquartier hat. Schon längere Zeit war die Rede davon, an dieser Seite des Sees ein befestigtes Fort anzulegen, um die

Pässe zu sichern, die durch Judicarien nach Norden führen. Dabei richtete sich die Aufmerksamkeit vorzüglich auf dieses Tal, das alle natürlichen Bedingungen vereinigt, um militärischen Operationen einen sicheren Stützpunkt zu bieten. Sie selbst, Herr Marchese, haben im piemontesischen Heer mit Auszeichnung gedient, und so bedarf es Ihnen gegenüber keiner langen technischen Erörterung, um die Wichtigkeit dieses Punktes, vor allem Ihres eigenen Schlosses, Ihnen darzutun. Es ist mir nun der Auftrag geworden, zunächst die alten Generalstabskarten dieser Gegend einer genauen Revision zu unterwerfen und einige andere Punkte auf ihre fortifikatorische Bedeutung zu untersuchen, dann aber Ihnen, Herr Marchese, die Frage vorzulegen, ob und unter welchen Bedingungen Sie sich entschließen würden, Ihren Besitz an die Regierung des Kaisers abzutreten. Sie sehen, daß Sie es mit einem Soldaten zu tun haben, der gerade auf sein Ziel losgeht. Ich habe gebeten, mich des ehrenvollen Auftrags ganz zu überheben, wenn es die Absicht sei, auf diplomatischen Umwegen unseren Zweck zu erreichen. Erst als man mir Vollmacht gab, offen mit Ihnen zu verhandeln, übernahm ich diese Mission ohne Bedenken.

Eine kleine Pause trat ein. Der Fremde hörte das Knistern der Nägelschuhe draußen auf den Steinplatten, mit denen das Vorgemach ausgelegt war. Der Einäugige stand horchend an der Tür.

Ich danke Ihnen für Ihre Offenheit, Herr Kapitän, sagte endlich der Marchese. Lassen Sie mich ebenso unumwunden Ihnen erwidern, daß ich allerdings nicht gesonnen bin, dieses Haus zu verkaufen, zu welchem Zweck und an wen es auch immer sei. Ich kenne die Gesetze Österreichs nicht genau genug, um zu wissen, ob die kaiserliche Regierung sich erlauben darf, mich mit Gewalt aus meinem Eigentum zu verdrängen. Jedenfalls bin ich entschlossen, dies abzuwarten.

Das Gesicht des Fremden überflog eine leichte Röte. Sie täuschen sich, Herr Marchese, erwiderte er, indem er aufstand. Man schätzt Ihren Namen und Ihre Verdienste zu sehr, um sich gegen Sie aller Rechte zu bedienen, die das Expropriationsgesetz dem Staat vielleicht an die Hand gäbe. Vielleicht, sage ich; denn auch ich weiß nicht, wie klar ein solcher Fall, wie der Ihrige, vorgesehen ist. Wenn diese Ablehnung unwiderruflich ist, so wird der Generalstab die Idee, dieses Kastell auszubauen und mit neuen Werken zu befestigen, alsbald fallen lassen. Auch dies Ihnen zu gestehen, habe ich die Erlaubnis. Aber ich muß zugleich bemerken, daß damit der Plan, das Tal überhaupt zu befestigen, keineswegs aufgegeben ist. Wenn meine Untersuchungen mich etwa auf einen Punkt oberhalb Ihres Schlosses führen sollten, der geeignet schiene, – so wäre es meine Pflicht, in diesem Sinne Bericht zu erstatten. Sie, Herr Marchese, haben sich seit einigen Jahren in diese Einsamkeit zurückgezogen. Ich muß es Ihnen anheimgeben, ob dieser Wohnsitz noch dieselben Reize für Sie haben wird, wenn das Geräusch eines Festungsbaues und die Anwesenheit einer Besatzung die Physiognomie der Gegend verändert. Für den Fall, daß diese Rücksicht von Einfluß auf Ihre Entschlüsse wäre, habe ich den Auftrag, Ihnen die annehmlichsten Gebote zu machen, die den Schätzungswert Ihres Besitztums um ein Bedeutendes übersteigen.

Er schwieg und suchte auf dem beschatteten Gesicht des Marchese vergebens den Eindruck zu erspähen, den seine Worte gemacht hatten. Mit derselben etwas dumpf klingenden, aber gelassenen Stimme, wie vorhin, antwortete jener: Sie werden mich verpflichten, mein Herr, wenn Sie alle weiteren Verhandlungen über diese Sache sich ersparen. Ich wiederhole, daß ich hier zu bleiben und das Weitere abzuwarten gedenke. Wenn ich Ihnen persönlich irgendeinen Dienst leisten kann –

Nun wohl, Herr Marchese, nahm der junge Mann wieder das Wort. Ich bin allerdings in der Lage, Sie um eine Gefälligkeit zu bitten. Nach Ihren Erklärungen ist es doppelt notwendig, daß ich einige Tage in der nächsten Nachbarschaft zubringe, Messungen anstelle und Aufnahmen mache. Ich habe Ihnen schon gestanden, wie schwer ich mich entschließen würde, mir bei dem Landvolk Quartier zu verschaffen, abgesehen von der Unsicherheit, in der sich dort meine Habseligkeiten und Papiere befänden. Auch Ihnen, Herr Marchese, bin ich kein willkommener Gast. Aber in dem Vertrauen, daß Sie den Menschen von seinem Amt werden zu trennen wissen, wage ich es dennoch, Sie um Gastfreundschaft für einige Tage anzugehen. Ich brauche nicht erst zu sagen, daß ich mich in allem Ihrer Hausordnung fügen und mit dem bescheidensten Winkel dieses Schlosses mich begnügen werde, das ja ohnehin kaum anders als für die Nacht mir Obdach gewähren soll.

In diesem Augenblick trat der Einäugige herein, näherte sich mit dem sichtbaren Bemühen, eine einfältige Miene anzunehmen, seinem Herrn, und sagte im unverfälschten mailändischen Dialekt: Der Bauer, der den Herrn Capitano hergeführt hat, will nicht länger warten. Er sagt, er müsse vor Mitternacht wieder zu Hause sein.

Die kaltblütige Frechheit, mit welcher der Mensch, der nicht aus dem Vorzimmer gewichen war, die offenbare Lüge vorbrachte, empörte den Fremden. Um so freundlicher ward er berührt, als der Marchese, immer noch ohne seine Stellung zu verändern, nach einem kurzen Bedenken sagte: Schick ihn nach Hause, Taddeo. Der Herr Kapitän bleibt im Kastell. Du wirst ihm sogleich das Turmzimmer aufschließen und ein Bett herrichten. Sorge, daß er sich nicht über dich zu beklagen hat. Sie, mein Herr, fuhr er zu Eugen gewendet fort, muß ich bitten, vorliebzunehmen. Mein Haus ist nicht auf Gäste eingerichtet, Sie werden vieles vermissen, was zur Bequemlichkeit nötig und erwünscht wäre. Und ferner bitte ich, es mir nicht übel zu deuten, wenn ich an meinen zurückgezogenen Gewohnheiten

Die zerklüftete Berglandschaft am Westufer des Gardasees

nichts ändere und es Ihnen selbst überlasse, in meinem Hause den Wirt zu machen. Im übrigen freut es mich, einem so geradsinnigen Manne und wackern Offizier, wie ich in Ihnen kennengelernt, einen kleinen Dienst erweisen zu können. Gute Nacht, Herr Kapitän!

Bei diesen Worten verneigte er sich leicht gegen seinen Gast, ohne doch die Hand anzunehmen, die dieser Miene machte ihm darzubieten. Vielmehr wandte er sich zu dem Diener, der wie versteinert bald seinen Herrn, bald den Fremden anstarrte, und sagte ihm halblaut einige Worte im Dialekt, auf die der Bursche sofort seine Haltung änderte, ein paarmal hustete, das einzige Auge blinzelnd zudrückte und dann mit raschen Katzentritten voraneilend dem Gast die Tür öffnete. Auf der Schwelle rief ihn sein Herr noch einmal zurück, um ihm mit halber Stimme weitere Befehle zu geben. Dann kam er eilig dem Fremden nach, zündete im Vorzimmer eine kleine Laterne an, die auf dem Sims des Kamins gestanden hatte, und leuchtete ihm die Treppen hinunter über den Hof, wo es inzwischen völlig Nacht geworden war, nach dem alten Turmgeschoß, das finster aus dem Seitenflügel vortrat. Eine eisenbeschlagene Tür ging kreischend auf, und als der Fremde die steile Wendeltreppe erklomm, über die das rote Licht der Laterne trübe hinflackerte, bereute er einen Augenblick, daß er nicht lieber in einer niedrigen Winzerhütte sich zu Gast gebeten, als hier oben in den ellendicken Turmmauern, die ihn kühl und schaurig wie Kerkerwände umschlossen.

Doch fiel das Gefühl von ihm ab, als er droben im zweiten Stock das Zimmerchen betrat, das ihn beherbergen sollte. Es war ein achteckiger, leicht überwölbter Raum mit zwei tiefen Fensternischen, an der einen Wand ein Himmelbett im besten Stil der Renaissance, Tisch, Sessel und Schrank mit Schnitzwerk aus derselben Zeit verziert, eine braune Vertäfelung, die in halber Manneshöhe an den Mauern herumlief, die Decke leicht mit rosenstreuenden Bübchen, Vögeln und Morgenwolken bemalt; alles wohlerhalten und, bis auf den dumpfen Steingeruch des verschlossenen Raums, durchaus nicht kerkermäßig. Als er vollends die kleinen Fenster geöffnet hatte, vor denen sich die Zweige voll echter Kastanien ausbreiteten, fühlte er mit der reinen Nachtkühle ein unverhofftes Behagen hereinströmen. Er stand, während der Diener ab- und zulief, sein Gepäck heraufbrachte und Bett und Zimmer zurüstete, wohl eine Stunde lang in der Nische und weidete sich an dem Blick die Schlucht hinunter, die sich mehr und mehr im Mondschein lichtete. Ganz unten in der Tiefe, jenseits der Olivengärten und Reben, glänzte ein schmaler Silberstreif, in dem er eine Bucht des Sees wiedererkannte, die weit nach Westen austritt. Das Tal war völlig still, aus keinem der weißen Häuschen, die hie und da verloren aus dem Grün der Wälder vorschimmerten, kam ein Lichtschein oder eine Rauchsäule. Der Bach, an dessen Bett ihn heut der Weg entlang geführt hatte, war bis auf den Grund ausgetrocknet. Nur das Mondlicht schien in dem steinigen Bette hinabzuschwimmen und seinen glänzenden Strom unten in den See zu ergießen. Es lag ein Zauber in dieser einsamen Himmelspracht, daß der junge Fremde die Blicke nicht davon losmachen konnte.

Erst als er die Tür des Zimmers zuwerfen hörte, sah er sich nach den Zurüstungen um, die der schweigsame Schleicher inzwischen beendet hatte. Eine dreiarmige Messinglampe stand auf dem Tisch und beschien ein einladendes Abendmahl, kaltes Wildpret, Brot, Oliven und Wein in einer geschliffenen Flasche. Im Hintergrunde war das Bett mit glänzendem Linnen aufgeschlagen, der Mantelsack auf einen Sessel gestellt, das Becken zum Waschen mit frischem Wasser gefüllt, nichts fehlte, um es dem Gast so wohnlich zu machen, wie man es irgend in einer alten Bergfeste bei plötzlichem Überfall erwarten kann. Und dennoch überkam den jungen Fremden ein seltsames Gefühl, als er allein sich am Tische niederließ und denken mußte, wie unter demselben Dache ein ebenso Einsamer vielleicht in demselben Augenblick sich zu Tische setzte. Seinem offenen und heiteren Wesen lag sonst alles neugierige Grübeln fern. Er war mit Leidenschaft Soldat, und die strengeren militärischen Wissenschaften, die er trieb, füllten ihn so völlig aus, daß er bisher im Leben blind an vielem vorübergegangen war, was seinen gleichaltrigen Kameraden wichtig und anziehend erschien. Er entsann sich jetzt, den Namen des Marchese früher schon gehört zu haben; auch daß man über sein plötzliches Verschwinden aus der Welt Glossen gemacht, war ihm noch erinnerlich. Nur pflegte er, wenn das Gespräch sich um Menschen drehte, die er nicht kannte, kaum mit halbem Ohre zuzuhören und im stillen irgend einem technischen oder mathematischen Problem weiter nachzudenken. So hatte er auch die Topographie dieser Bergschluchten bis in die entlegensten Winkel hinein besser im Kopf, als die Sagen und Gerüchte, die über den Herrn des Kastells von Mund zu Mund gingen. Nun aber war von dem kurzen Gespräch, das er mit dem Einsilbigen gepflogen, ein Nachgefühl in ihm zurückgeblieben, wärmer als bloße Neugier. Er hätte viel darum gegeben, jetzt ihm gegenüber zu sitzen und ihm in herzlichen Worten zu danken, daß er ihm, dem Fremden, der ihm fast als ein Feind erscheinen mußte, gleichwohl die gastlichste Aufnahme gegönnt hatte.

Unter solchen Gedanken hatte er die Flasche, die vor ihm stand, hastiger, als seine Art war, geleert, und der schwere lombardische Wein fing an, ihm alle Adern zu entflammen. Er sah sich vergebens nach Trinkwasser um und ergriff endlich die leere Weinkaraffe, um hinabzusteigen und sie selbst am Brunnen unten zu füllen. Wie erstaunte er, als er die schwere Tür des Turms verschlossen fand und auch auf sein Pochen und Rufen niemand antwortete! So war er wirklich ein Gefangener und vielleicht all diese freundlichen Anstalten zu seiner Bewirtung nur Trugmittel, ihn in Sicherheit zu wiegen. Freilich verwarf er diesen Argwohn schon im nächsten Augenblick, um so mehr, als er bemerkte, daß sein eigenes Zimmer von innen mit Schlüssel und Riegel sich fest verwahren ließ. Aber ehe er zu Bette ging, hielt er es doch nicht für überflüssig, sein Nachtquartier noch genauer zu untersuchen. Er konnte nichts Verdächtiges bemerken, bis ihm einfiel, den hohen schwarzen Schrank von der Wand abzurücken. Eine verschlossene Tür kam zum Vorschein, in der freilich ebenfalls von innen der Schlüssel steckte. Doch einmal aus seiner Sicherheit herausgestört, hielt er es für durchaus notwendig, die Tür zu öffnen und in das Nebengemach hineinzuleuchten.

Ein niedriger, langgestreckter Saal tat sich auf, zu dem einige Stufen hinabführten. Als er, vorsichtig schreitend, ihn ganz durchmessen hatte, überzeugte er sich, daß nirgend ein Ausweg war, als durch sein kleines Turmzimmer. Die Tür gegenüber war fest vermauert, der ganze Raum kahl und ohne alle Ausstattung, drei kleine Fenster, die nach der Talseite gingen, mit Läden verschlossen, die in ihren rostigen Haspen sich nicht mehr bewegten, auf der Seite des Hofes drei andere Fenster mit staubüberzogenen, runden Scheiben. Der Saal schien viele Jahrzehnte schon nicht mehr betreten worden zu sein, denn der Holzwurm in der getäfelten Decke hatte Zeit gehabt, kleine Häufchen gelben Staubes auf dem Estrich anzusammeln. Es reizte den Fremden, eine der bleigefaßten Scheiben zu öffnen. Aber die plötzlich hereinwehende Nachtluft verlöschte ihm die Lampe, und so stand er im Finstern und sah in den Hof hinab nach dem Brunnen, aus dem er gern sein glühendes Blut gekühlt hätte. Unten war alles ganz still; die Platane warf ein dichtes Schattennetz über die Steinplatten, während ihr Wipfel in Mondschein getaucht war. Auch das Stück des Gartens, das er durchs Gitter übersehen konnte, lag hell beschienen; er konnte deutlich die Rosenbüsche aus den schwarzen Zypressen vortauchen sehen. Das alles erschien traurig und unheimlich, und er wollte das Fenster schon wieder schließen, um endlich im Schlaf alle Schauer dieses Ortes loszuwerden, als er durch eine Lücke im Gezweig der Platane einen Lichtschimmer bemerkte, der aus einem niedrigen Fenster des Erdgeschosses ihm gerade gegenüber hervordrang. Auch dieses Fenster war mit hölzernen Läden verschlossen, aber ein breiter Ausschnitt im oberen Teil, der wohl bei Nacht frische Luft einlassen sollte, ließ das Zimmer, das eine Lampe erleuchtete, bis in die halbe Tiefe übersehen. Eugens scharfes Auge erkannte deutlich einen runden Tisch in der Mitte, der ein einzelnes Gedeck trug, wie auch ein einzelner rohrgeflochtener Sessel davorstand. Ein altes Weib mit einem gelben, mürrischen Gesicht ging ab und zu, die Zurüstung des Mahls zu vervollständigen. Sie stellte eine gefüllte Wasserflasche und einen Teller mit Feigen auf den Tisch und schnitt von einem groben Brote ein Stück herunter, das sie in ein Körbchen legte. Dann trug sie eine dampfende Schüssel auf und verschwand wieder, wie um zu melden, daß das Mahl aufgetragen sei.

Diesen Augenblick benutzte der Fremde, um ein Fernrohr hervorzuziehen, das er stets bei sich trug. Er hatte es kaum auf das Fenster gerichtet, als das Weib wieder eintrat, diesmal aber nicht mehr allein. Doch statt des Hausherrn, den Eugen zu sehen erwartete, folgte ihr mit langsamen, halb nachtwandlerischen Schritten eine junge Frau, ganz in Grau gekleidet, das reiche blonde Haar einfach gescheitelt und im Nacken in einen schweren Knoten zusammengebunden, Gesicht und Hände von einer so durchsichtigen Blässe, daß die Haut der Alten dagegen wie mit einer dicken Tünche überklebt schien. Dem Späher aber fuhr es blitzschnell durch den Kopf, daß er dies schöne, junge Gesicht schon irgend einmal vor Jahren gesehen haben müsse, wo es noch in Lebensfreude blühte. Jetzt war es wie von einer hoffnungslosen Krankheit gebleicht und verklärt. Die Augen sahen zerstreut und müde vor sich hin; keine Miene verriet, ob sie das hörte, was die Alte mit eifrigen Gebärden und heftigem Kopfnicken an sie hinredete. Sie hatte sich mechanisch an den Tisch gesetzt und zugesehen, wie ihre Dienerin ihr aus der Schüssel vorlegte. Es schien die landübliche Polenta zu sein; der Fremde konnte deutlich bemerken, daß die Alte ihrer jungen Herrin zuredete, zu essen, und das Gericht ihr anpries. Aber schon nach dem ersten Kosten legte sie den Löffel hin und schob den Teller zurück. Sie zerschnitt dann mit einem kleinen silbernen Messer das Brot und brach eine der purpurroten Feigen auf. Auch davon genoß sie kaum einen Bissen, so sehr die Alte in sie drang. Ihre Augen waren starr in die Flamme des Lichts versenkt, das auf dem schneeweißen Tischtuch vor ihr stand. Endlich schienen sie überzugehen. Sie fuhr sich mit ihrer blassen, schmalen Hand über die Stirn und stand hastig auf. Gegenüber an der Wand lehnte ein Betschemel, über dem ein schwarzes Kruzifix hing. Da warf sie sich nieder und lag lange still, das Gesicht in beide Hände gedrückt.

Die Alte warf einen bekümmerten Blick gegen die Zimmerdecke und machte sich kopfschüttelnd daran, den Tisch wieder abzuräumen. Sie war längst damit fertig und hatte sich mit einer Näharbeit auf einen Sessel gekauert, als ihre Herrin erst vom Knien sich erhob, das schöne junge Gesicht nur noch steinerner und trostloser. Nun begann die Alte, ihr etwas zu erzählen, wobei sie mehrfach nach dem Turm hinüberdeutete. Offenbar sagte sie ihr, daß ein Gast im Kastell eingekehrt sei, und schien Betrachtungen daran zu knüpfen, die ihr selbst von der größten Wichtigkeit waren. Aber die junge Frau sah in sich versunken zu Boden und öffnete die Lippen zu keinem Wort. Plötzlich ging sie vom Tisch weg und schien das Zimmer zu verlassen. Nun packte auch die Alte rasch ihre Arbeit zusammen und trug die Lampe hinaus. Im Nu war unten alles dunkel, wie in einem Guckkasten, wenn der Schieber vorgeschoben wird, und der fremde Zuschauer harrte vergebens mit klopfendem Herzen über eine Stunde, ob die Erscheinungen drunten nicht von neuem auftauchen wollten. Nur hinter dem Gittertor des Gärtchens glaubte er einmal die Gestalt der Alten sich bewegen zu sehen. Auch das kam nicht wieder, und er entschloß sich endlich, seinen Posten zu verlassen und in sein Turmgemach zurückzukehren.

Der Mond schien so hell herein, daß es überflüssig war, die Lampe wieder anzuzünden. An Schlaf aber konnte er noch nicht denken. Mit heißer Stirn und fiebernden Gedanken stand er lange am offenen Fenster und sah in das tiefe Tal hinab. So schön – so jung – und warum hier eingekerkert? sagte er vor sich hin. Es fiel ihm wieder ein, wo er ihr einst begegnet, wenn sie es überhaupt war. Vor vier Jahren war's, im Hause eines französischen Generals, der einen Winter in Venedig zubrachte und auf einem Ballfest die Blüte der deutschen und italienischen Gesellschaft versammelt hatte. Sie erschien damals mit ihrer Mutter, einer hohen, ernsthaften, allgemein sehr geachteten Dame, sie selbst noch im ersten Aufblühen, nicht über siebzehn Jahre alt, Gestalt und Stimme und der lachende Ausdruck ihrer schwarzen Augen so unwiderstehlich, daß der junge Artillerieleutnant, der sonst mit seiner Gleichgültigkeit gegen das schöne Geschlecht geneckt wurde, den ganzen Abend nur Augen für die junge Lombardin hatte. Es gelang ihm aber nur einmal, einen Tanz von ihr zu erhalten. Ein junger mailändischer Graf, ihr Vetter, hatte sich zu ihrem Ritter aufgeworfen und wich ihr selten von der Seite, und sie schien die Huldigung ihres schönen, etwas übermütigen Landsmannes allen anderen Bewerbungen vorzuziehen. Mit Eugen hatte sie nur wenig Worte gewechselt, doch genug, daß ihn die nächsten Wochen ihre Stimme und ihre Augen überall verfolgten. Dann sah er sie noch einmal, am Tage, als sie mit ihrer Mutter und eben jenem Vetter in eine Gondel stieg. Er grüßte sie ehrerbietig; sie dankte, wie man einem Unbekannten dankt. Darauf hörte er bald, daß sie Venedig verlassen habe und nach Mailand zurückgekehrt sei.

Welche Schicksale waren inzwischen über sie hereingebrochen und hatten das Rot von ihren Wangen geschreckt und die Augen um ihren Glanz bestohlen? Vier Jahre nur – demnach konnte sie jetzt nicht über einundzwanzig alt sein. Und doch war ihr Mund schon so streng geschlossen, wie es ihrem Tänzer damals an der Mutter aufgefallen war. Und wie kam sie in diese Wildnis? In welchem Verhältnis stand sie zu dem Herrn des Hauses, der sie zu hüten schien, wie man sein böses Gewissen oder eine tödliche Krankheit vor den Blicken der Welt verbirgt? War er ihr Gatte, oder hatte er sie gar im Wahnsinn einer hoffnungslosen Leidenschaft in dieses feste Schloß entführt, wie ein Raubritter aus dunkler Vorzeit, und ließ sie hinschmachten, da ihr Stolz und Abscheu nicht zu besiegen waren? Er rief sich die vornehm sichere Gestalt des Schloßherrn zurück und verwarf augenblicklich den Gedanken an ein so abenteuerliches Verbrechen, aber in der Lösung des finsteren Rätsels kam er darum nicht weiter.

Endlich legte Eugen sich in schwerem Grübeln zu Bett und fiel nach der anstrengenden Wanderung des Tages in einen unruhigen Schlaf, aus dem er oft auffuhr, um im Dunkeln nach seinen Pistolen zu greifen, die er auf alle Fälle bereit gelegt hatte. Ein ängstlicher Traum jagte den anderen. Zuletzt sah er das schöne blasse Gesicht auf der Totenbahre, und die gelbe Alte stand mit einem Schüsselchen voll Polenta neben ihr und redete ihr zu, einen Löffel voll zu nehmen, das sei gut gegen das Sterben. Als aber die Tote sich nicht regte, fing die Alte einen herzzerreißenden Jammer an, immer lauter und gellender, bis der Träumer endlich von dem schrillen Ton erwachte. Da merkte er erst, daß nicht alles geträumt war. Es war heller Morgen und draußen vor seinem Fenster, zu Füßen des Turmes, hörte er eine schneidende Weiberstimme singen, Worte, die er nicht verstand. Er sprang eilig ans Fenster und sah wirklich die alte Magd, die, einen Korb im Arm, den steilen Fußweg den Felsen hinauf erstieg, dabei oft stillstand und nach dem Turm sich umwendend ihre Ritornelle sang, sichtbar in der Absicht, dem Fremden etwas damit zu sagen. Denn als sie ihn jetzt bemerkte, wie er den Kopf zum offenen Fenster hinausstreckte, wiederholte sie lauter und langsamer ihre eintönige Improvisation, von der er nichts als das Wort Kapuziner verstand, machte ein Zeichen, als ob sie sagen wolle, daß Vorsicht nötig sei, und verschwand dann oben hinter dem Gestrüpp, das von den Klippen herabhing.

Verwundert und aufgeregt trat Eugen vom Fenster zurück; da sah er, daß der einäugige Diener inzwischen eingetreten war und mit einem lauernden Blick ihn beobachtete. Zwar bemühte er sich sofort, eine einfältige Miene anzunehmen, und fragte unterwürfig, ob der Herr Kapitän Befehle für ihn habe und ob er die Schokolade bringen dürfe. Aber es entging Eugen nicht, daß der Bursch, während er sprach, gespannt hinaushorchte nach der Stimme der Alten, die eben in der Ferne verklang. Der Herr Marchese lasse sich entschuldigen, setzte er hinzu, während er die Pistolen behutsam vom Stuhl nahm, um die Kleider des Fremden hinauszutragen. Er habe einen notwendigen Gang und werde erst spät in der Nacht zurückkehren. Morgen, falls der Herr Kapitän sich so lange verweile, hoffe er ihm seine Aufwartung zu machen. Eugen antwortete einsilbig und zerstreut. Er fragte dann, ob sonst keine Dienerschaft im Kastell sei, da er jemand brauche, ihm seine Instrumente nachzutragen. Niemand, als ein altes Weib, das die Küche besorgt, erwiderte Taddeo rasch. Die aber ist halb unrichtig im Kopf und würde dem Herrn Kapitän leicht etwas zerbrechen oder verderben. Er selbst, sagte er und machte sich an dem Schranke zu schaffen, dürfe das Schloß nicht verlassen, wenn sein Herr auswärts sei, Er würde sich sonst eine Ehre daraus machen, den Herrn Kapitän zu begleiten. Indessen seien einige Hirtenbuben in der Nähe, die gern den Weg weisen und zu jedem Dienst willig sein würden.

Der Fremde hatte das letzte schon überhört. Der nächste Zweck seines Hierseins war ihm plötzlich so fern gerückt, daß er, als er eine halbe Stunde darauf das Kastell verließ, um die Rekognoszierung der nächsten Punkte zu beginnen, sogar seine Karten vergessen hatte. Als er es bemerkte, ging er dennoch weiter, langsam, auf seinen Stockdegen sich stützend, den Kopf schwer von Gedanken. Erst auf dem obersten Rande des Höhenzuges, der die eine Wand der Talschlucht bildet, stand er still und sah in die Tiefe zurück. Einige hundert Fuß unter ihm lag das Kastell. Er konnte jetzt, soweit es die Baumwipfel nicht verschatteten, die Anlage des Baues bequem überblicken und auch in das Gärtchen hineinsehen, das trotz seines Rosenflors durch die hohe Ummauerung einen düstern, gruftartigen Eindruck machte. Keine menschliche Gestalt ließ sich auf den schmalen Kieswegen erblicken und die Fenster, welche nach dieser Seite hinausgingen, waren mit dichten Jalousien geschlossen. Von hier oben gesehen, schien das ganze Haus unbewohnt. Nur einmal regte sich etwas am Brunnen unter der Platane. Als der Späher sein Fernrohr auf die Stelle richtete, sah er eine weibliche Gestalt in bäuerlicher Tracht ein paar schwere Wassergefäße über den Hof schleppen und in einer Seitentür verschwinden. Bald darauf stieg eine leichte Rauchsäule über die Kastanienwipfel empor, das einzige Zeichen, daß hinter diesen von Zypressen gehüteten verschlossenen Mauern sich noch Leben rege.

Erst jetzt flackerte etwas wie Haß gegen den Schloßherrn in der Seele des jungen Offiziers auf, während er all die Stunden nur mit einem dumpfen Staunen über dem seltsamen Rätsel gebrütet hatte. Er malte sich's mit einer feindseligen Freude aus, wie wohl ihm sein würde, wenn jetzt Krieg wäre und ihm der Auftrag würde, an der Spitze eines stürmenden Korps sich des Kastells zu bemächtigen; wie er dann ohne Umstände in die verschlossenen Türen einbrechen und die lichtscheuen Geheimnisse des alten Felsennestes an den Tag bringen wollte. Dann wollte er das blasse Gesicht fragen, wer ihm seine Jugend gestohlen, und den Räuber ohne Gnade zur Verantwortung ziehen.

Einstweilen aber war kein Krieg und er, allein und ohnmächtig, nur auf seine Klugheit und Ausdauer angewiesen. Er machte sich, unwillkürlich aufseufzend, von dem Blick in die Tiefe los und erstieg die nächste Erhöhung des Gebirges, das hier wohl zwei Stunden weit zum Plateau sich ausbreitet. Ein schmaler Felsengrund lief durch niedriges Gebüsch gen Westen, und wie Eugen ihn mit den Augen verfolgte, bemerkte er an der höchsten Stelle des Horizontes ein weißes Klostergebäude, das bescheiden mit seinem Glockenturm zwischen einem Föhrenwäldchen das Hochland überschaute. Obwohl er sich sagen mußte, daß hier für seine Rekognoszierung nichts zu suchen war, indem der Paß der Windung der Talschlucht nach Osten folgte, schlug er dennoch, ohne sich zu besinnen, den Weg nach dem Kloster ein. Ein dunkles Etwas trieb ihn, dort über die Bewohner des Kastells nachzuforschen. Hatte ihm doch sein Führer gestern gesagt, daß an allen Sonntagen ein Kapuziner in der Kapelle des Kastells die Messe lese.

Doch war er kaum eine Viertelstunde zwischen Klippen und Buschwerk fortgewandelt, als sich plötzlich neben dem Wege eine Gestalt erhob, die hier auf ihn gewartet zu haben schien. Er erkannte sofort die Alte, deren Gesang ihn am Morgen geweckt hatte. Sie hatte ein braunes Tuch über den Kopf geworfen, unter dem ihre lebhaften Augen ängstlich und kummervoll hervorsahen. Als sie sich überzeugt hatte, daß der Heranschreitende der Erwartete sei, machte sie ihm ein Zeichen, ihr zu folgen, und schlich dann, den Kopf zwischen den Schultern wie eine geblendete Eule, an den Felsen hin nach einer verlassenen Hütte, die im Schatten eines alten Steinbruchs unter Brombeergestrüpp verborgen stand.

Schwört mir bei dem blutigen Herzen der Madonna, sagte sie, als der Fremde sie erreichte, daß Ihr mich nicht verraten wollt. Ihr seht aus wie ein Galantuomo, aber eh' Ihr mir nicht geschworen habt, kommt kein Wort über meine Lippen. Ob Ihr hernach tun wollt, was ich Euch bitten werde, steht bei Euch.

Er besann sich einen Augenblick, den Schwur zu leisten, den sie von ihm verlangte. Was soll ich tun, Alte? setzte er hastig hinzu. Ich bin zu allem bereit, was sich mit der Ehre eines Soldaten verträgt.

Sie antwortete nicht sogleich. Sie hatte sich in der Hütte auf einen niedrigen Stein gesetzt und stöhnte und jammerte vor sich hin, als wäre sie ganz allein und froh, endlich einmal in einem verborgenen Winkel sich nach Herzenslust ausseufzen zu können. Erst als Eugen sie ungeduldig an der Schulter faßte, schien sie sich zu besinnen, wozu sie eigentlich hier sei.

Sagt mir erst, wer Ihr seid und was Ihr hier zu suchen habt, fragte sie, indem sie ihn trotz des Schwurs argwöhnisch von oben bis unten musterte. Wie kommt's, daß er Euch ins Kastell gelassen hat, wo sonst niemand haust, als wir und die Verzweiflung? Wenn Ihr sein Freund seid, hat die alte Barborin* Euch nichts zu sagen.

Er gab ihr in kurzen Worten Bescheid, der sie zu befriedigen schien. Wenigstens blickte sie, mehrmals mit dem Kopf nikkend, ruhiger um sich her, zog eine alte Rindendose aus der Tasche und nahm hastig eine Prise. Dann sagte sie: Seid Ihr in Mailand bekannt, Herr?

* Verkleinerung von Barbara im mailändischen Dialekt.

Ein wenig, erwiderte er. Es war meine erste Garnison und ich war dort ein ganzes Jahr, aber es ist lange her.

Und kommt Ihr wieder hin? Aber bald müßte es sein, sonst ist es zu spät!

Sag, was ich dort soll. Wenn es wichtig ist –

So wichtig, wie Tod und Leben, sagte die Alte mit einem Blick gen Himmel. Habt Ihr von dem Grafen T. (und sie nannte den Namen eines der ersten Adelsgeschlechter Mailands) sprechen hören, oder seid gar selbst in sein Haus gekommen? Nun, das ist auch gleichgültig. Wenn Ihr wirklich ein Ehrenmann und ein Christ seid und Erbarmen habt mit dem Jammer der Unschuld, so werdet Ihr es mir nicht abschlagen, einen Brief an die alte Gräfin zu bringen, nicht wahr? Weiter hab' ich Euch nichts zu bitten, und der Himmel wird Euch dafür segnen.

Gib ihn mir, Alte, sagte er treuherzig, gib mir nur deinen Brief. Wenn es acht Tage Zeit damit hat, soll er sicher besorgt werden.

Acht Tage? murmelte sie. Das ist lange. In der Zeit kann das Licht am Ende auslöschen. Aber, wenn es nicht anders sein kann, Gott wird vielleicht gnädig sein. Hört, habt Ihr nicht ein Taschenbuch bei Euch?

Wozu?

Den Brief zu schreiben. Ich armes Geschöpf kenne wohl die Buchstaben, aber schreiben kann ich nicht, und sie, wenn sie es wüßte, daß ich hier mit Euch rede, nicht vor die Augen dürfte ich ihr mehr kommen! Darum habe ich auch so lange gewartet, bis ich mich entschloß, mich irgend wem zu vertrauen. Hätte ich nicht längst auf diesen meinen Beinen fortlaufen können? Und wenn ich dann in Mailand es ihnen gesagt hätte, hätte mich der Herr ja immerhin umbringen können, wie er mir gedroht. So wäre sie doch wenigstens gerettet gewesen. Aber ich wollte nichts tun gegen ihren Willen; ich dachte immer, vielleicht kommt sie selbst zur Besinnung. Nun hab' ich's so weit kommen lassen, daß am Ende nichts mehr hilft!

Wieder starrte sie wie abwesend unter Stöhnen und Wimmern in ihren Schoß und schien sich um ihn nicht zu bekümmern. Er hatte indes seine Brieftasche hervorgezogen und ein Blatt herausgerissen. Was soll ich schreiben? fragte er.

Ja so, sagte die Alte, sich die Augen mit dem Rücken der Hand wischend. Nun denn in Gottes Namen, fangt immer an: »Liebe Frau Gräfin«, so darf ich sie wohl nennen, ohne all die Umschweife von Gentilissima und Illustrissima. Bin ich doch seit ihrem ersten Kind im Haus gewesen, und wie der junge Graf starb und dann kam die kleine Giovanna zur Welt: Barborin, sagte die Frau Gräfin, wenn du auch keine Milch mehr hast für die kleine Kreatur, dein Herzblut, weiß ich, würdest du für sie hergeben; darum sollst du im Hause bleiben. O du barmherziges Herz meines Heilands, wenn ich das alles vorausgewußt hätte, lieber wäre ich auf die Galeeren gegangen, als das Kind großfüttern und hernach den Jammer an ihm erleben!

Sag endlich, um was sich's handelt, Alte, unterbrach sie Eugen ungeduldig, die Zeit ist kostbar.

Ihr habt recht, Herr. Aber man sagt auch: Zeit, Geduld und Geld besiegt die ganze Welt, und dann wieder: Wer alles erträgt, ist ein Heiliger oder ein Esel. Darum schreibt nur, was ich Euch vorsagen will. Denn meine Geduld ist am Ende.

»Liebe Frau Gräfin –« wiederholte der Fremde.

»Ich, die Euch hier schreiben läßt«, fuhr die Alte fort, »bin Eure alte, treue Barborin und wollte Euch nur melden, daß Ihr auf eine ganz erbärmliche und schändliche Weise betrogen seid von jemand, der – Gott verzeih's ihm! – wie ein Türk und Heide an Eurem Kinde tut, da er Euch und dem Herrgott doch versprochen hat, sie auf Händen zu tragen.« Habt Ihr das? Gut? Und nun schreibt weiter: »Nämlich, es ist eine Lüge und abscheuliche Verleumdung, daß meine junge Gräfin den Verstand verloren haben soll, und darum sei sie hier in diese Einöde gezogen und wollte keine Menschenseele sehen und sprechen, nicht einmal Vater und Mutter. Sondern im Gegenteil« – und das könnt Ihr unterstreichen – »sie hat ihre fünf Sinne so richtig beisammen wie ich selbst und Eure gräfliche Gnaden, mit aller Ehrerbietung sei es gesagt, und daß sie von der Villa fort ist und hier im Kastell eingemauert, das hat er auf dem Gewissen, den ich nicht nennen will, weil er mir angedroht hat, mich niederzuschießen wie eine tolle Hündin, wenn ich das Geheimnis ausschwatzen würde. Ach, aber man könnte mich sieben Tode sterben lassen, ich müßte endlich den Mund auftun, oder es bricht mir das Herz stückweise, Tag für Tag den Jammer mit anzusehen, wie nämlich meine junge Gräfin weder ißt, noch trinkt, noch schläft, als wollte sie sich selber mutwillig unter die Erde bringen; denn wohl heißt es: Sage mir, wie du lebst, und ich sage dir, wie du stirbst, und daß es so nicht lange fortgeht und mein armer Engel entweder seinen letzten Atem aushaucht, oder zuletzt wirklich noch toll und wahnsinnig wird, das begreift jeder, der sie kennt und sieht, und auch wohl er, der an allem schuld ist, und der's wohl so haben will, sonst würde er sich endlich erbarmen. Darum, meine liebe gnädige Frau Gräfin, wenn Ihr Eure Tochter retten wollt« – habt Ihr das? – nun kommt erst die Hauptsache. Aber, die weiß ich selbst noch nicht. Denn wenn ich auch schreibe, die Eltern sollen kommen und meine junge Gräfin aus dem Kastell mit sich fortnehmen, wird sie selbst auch mit wollen? Denn Ihr müßt wissen, Herr Kapitän, sie spricht nur von Büßen und Sterben, und daß sie die Welt nie wiedersehen wolle, armes Herzchen! und daß sie nichts auf Erden mehr freuen könne. Ach, er hat es schon erreicht, der Erbarmungslose, daß eine Schwermütigkeit über sie gekommen ist, schwarz wie das Grab, und es wäre besser gewesen, er hätte ihr damals gleich ein Messer ins Herz gestoßen, als daß er sie so mit ihren eigenen zweischneidigen Gedanken zwei Jahre lang hinmordet!

Da faltete sie wieder die Hände im Schoß und schluchzte leise vor sich hin. Eugen hörte, wie draußen eine Ziegenherde den Steinbruch hinunterkletterte und die Stimme des Hirten in einer Art Singsang den Tieren zurief. Nun kam der Bursch näher, trat einen Augenblick in die Tür der Hütte, verschwand aber sogleich wieder, da die Herde hastig bergab lief. Eugen wußte nicht, ob er, da er im Schatten stand, dem Hirten sichtbar geworden war. Die Alte mußte er jedenfalls bemerkt haben.

Laß mich alles wissen, sagte er rasch, und spute dich, Barborin. Man könnte uns hier stören, und dann wäre ich vielleicht nicht mehr imstande, zu helfen. Was hat sich zugetragen, das die Gatten einander so feindlich gemacht hat? Es ist kaum zu glauben, daß ein Mann das Herz haben kann, seine schöne, junge Frau lebendig zu begraben, wenn sie wirklich unschuldig und bei gesundem Verstande ist.

Die Alte sah ihn groß an und schien einen Augenblick zweifelhaft, wie weit sie ihn ins Geheimnis einweihen solle. Dann nahm sie wieder mit ihren vom Alter verkrümmten Fingern eine Prise und sagte, indem sie an die Tür trat, dem Ziegenhirten nachzusehen: Unschuldig? Wer ist unschuldig, lieber Herr? Der Gerechte fällt siebenmal jeden Tag, und die Strafe hinkt, aber endlich kommt sie doch an. Wollt Ihr, daß ein armer Engel von achtzehn Jahren, den man gezwungen hat, einen Mann zu nehmen ohne daß das Herz dazu Amen sagt, nun gar kein Herz mehr haben soll? Noch dazu, wenn sie ihres schon verschenkt hat und nicht mehr Herrin darüber ist. Ich höre noch, wie sie zu mir sagte: Barborin, sagte sie, wenn ich den Marchese heiraten soll und nicht Gino – so hieß nämlich ihr Vetter, den sie schon als kleines Mädchen geliebt hat – du wirst sehen, Barborin, es gibt ein Unglück! Das sagte sie, und weil ich sie kannte und ihren Vater auch, und wußte, daß der von seinem Willen niemals abzubringen ist – Täubchen, sagte ich, mein einziges Herz, jawohl gibt es ein Unglück, aber die alte Barborin hat nicht das Herz, es mit anzusehen, und darum will ich fort nach meiner Heimat, wo ich geboren bin – das ist nämlich ein kleiner Flecken, drei Stunden von der Stadt – und da will ich für meine Giovanna beten Tag und Nacht, sagte ich, und der Herrgott wird wissen, was er gibt und nimmt. So sagte ich und ließ mich auch nicht mehr halten, denn die Hochzeit war nahe, und Gino, der eben Leutnant in der Marine geworden war, konnte nicht nach Mailand kommen, der alte Graf aber ließ nicht mit sich reden und auch die Gräfin war für den Marchese, weil er nämlich ein so angesehener Offizier war und sehr reich und auch sonst ein Galantuomo. Aber fragt danach ein Herz von achtzehn Jahren? Die erste Liebe ist die beste, heißt's im Sprichwort. Und so ging ich fort und wollte nichts mehr hören und sehen von allem, was sich nun zutrug, und richtig, ein ganzes halbes Jahr lebte ich auch zu Hause, als wäre gar keine Contessina auf der Welt, nur an meinem schweren Herzen konnte ich merken, daß nicht alles in Ordnung war.

Nun denkt Euch meinen Schrecken, als ich plötzlich einen Brief bekomme, worin steht, ich sollte auf der Stelle mich in einen Wagen setzen und nach der Villa des Marchese kommen, die junge Frau habe mich nötig. Im ersten Augenblick dacht' ich an frohe Hoffnungen und sagte bei mir selbst: Am Ende hat sie sich doch besser drein gefunden, als sie dachte, und wenn nun gar erst ein Kindchen da sein wird –! Aber ich machte doch die Reise mit schlimmen Ahnungen. Den Brief hatte nicht meine Giovanna geschrieben, sondern er, und wie ich endlich hinkam – es war schon dunkler Abend – empfängt mich der Spitzbube, der Taddeo – das Auge trug er damals verbunden, sonst war er schon ganz so garstig wie heut – und führt mich nicht zu meiner jungen Herrschaft, sondern, eh' ich mich noch besinnen und den Staub aus meinen Kleidern schütteln konnte, geradeswegs zum Marchese.

Ich hatte ihn früher nur ein paarmal gesehen, fand aber doch eine große Veränderung auf seinem Gesicht, nur freilich – von Vaterfreude keine Spur!

Barborin, sagte er, ich habe Euch kommen lassen, daß Ihr der Marchesa Gesellschaft leisten sollt. Denn sie ist krank, im Gemüt nämlich, und Ihr seid ihr von Kindheit an treu gewesen und sie hat Zutrauen zu Euch. Himmlische Barmherzigkeit, sagt' ich, wie ist das nur zugegangen, Herr Marchese? Meine kleine Giovanna, die so munter war, sagt' ich, und das ganze Haus lustig machte mit ihrem Lachen! – Ja, sagte er und seufzte dabei, daß ich ein rechtes Mitleiden mit ihm hatte, es ist geschehen! Dann erzählte er mir kurz, ein Dieb sei bei Nacht in ihr Gemach gedrungen, er, der Marchese, sei zwar noch zur rechten Zeit herbeigeeilt, um ihn zu verscheuchen, aber es habe einen Kampf gegeben zwischen dem Räuber und Taddeo, der dabei ein Auge verloren, und der Schreck und die Aufregung seien die Ursache, daß die Marchesa in Tiefsinn verfallen sei, niemand sehen und sprechen und an einen Ort fliehen wolle, wo sie mehr in Sicherheit wohnen könne, als in der offenen Villa oder selbst in der Stadt. Darum gedenke er morgen nach seinem Schloß am Gardasee aufzubrechen und dort zu bleiben, bis sich die Angst der armen Frau beruhigt habe.

Das sagte er mir, und mit einem so stillbetrübten Ton, dabei sehr resolut und fest, daß ich auch alles glaubte und am wenigsten gewagt hätte, eine Einwendung zu machen. Ich sagte ihm, ich sei willens, meine junge Herrschaft nicht zu verlassen, bis sie mich wieder entbehren könnte, worauf er nickte und seinem Kammerdiener befahl, mich zu ihr zu führen. Aber wie fand ich den armen Engel! Nicht wiederzuerkennen! Bleich und stumm, keine Träne, keine Klage, daß ich heftig erschrak, denn man sagt mit Recht: Wer noch wimmert, kann wieder gesund werden. Werdet Ihr glauben, daß sie nicht eine Miene veränderte, als sie mich sah? Und auf all mein Zureden nur Kopfschütteln und Abwenden und endlich geradezu der Befehl, sie allein zu lassen. Ach, du himmlische Mutter der Gnaden, wie das einer treuen alten Person ins Herz schneidet! Und am anderen Tage ging's richtig fort, ich und die Marchesa im Wagen, Taddeo auf dem Bock und neben ihm die Küchenmagd Martina, die alle für einfältig halten, weil sie nicht viel redet und dabei erbärmlich stottert, obgleich sie klüger ist als manche. Der Marchese war zu Pferde und blieb immer hinter dem Wagen. Und so ging's Tag und Nacht mit frischen Pferden, bis wir in das gottverlassene Kerkerloch einfuhren, und wie der Wagen über die Zugbrücke rollte, war mir's doch, als wenn ich Erdschollen auf einen Sarg niederrollen hörte. Die Marchesa schien nichts zu hören noch zu sehen. Sie lag die meiste Zeit mit geschlossenen Augen im Wagen, und auch hier oben warf sie sich gleich auf ein altes Kanapee und blieb wie eine Tote, nur daß sie dann und wann einen Bissen aß. Mit ihrem Gemahl wechselte sie in all der Zeit keine Silbe. Und kaum waren wir unter Verschluß, so ritt auch der Herr wieder fort und der garstige Mensch, der Taddeo, war unser Kastellan und Kerkermeister.

Ihr könnt denken, daß mir das alles nach und nach wunderlich vorkam. Ich fragte den Taddeo – aber die Wand da gibt mehr von sich als der. Desgleichen meine junge Herrschaft. Doch schon am ersten Abend, wie ich mit der Martina am Herde zusammensitze, denn die Marchesa hatte mich wieder fortgeschickt, da kam ich hinter alles, denn ich kann die Martina ganz gut verstehen, wenn es auch Zeit braucht, bis sie sich expliziert hat. Wer, meint Ihr, wer der Dieb gewesen, der meine Frau so erschreckt haben sollte? Niemand anders als Gino, und der Schrecken sah der Freude so ähnlich wie Geschwisterkinder. Der Marchese war gerade abwesend von der Villa, auch waren sie noch nicht lange draußen. Die Eltern wollten ihr

Kind sobald nicht fortlassen. Aber dort auf dem Lande, sagte Martina, sei die junge Marchesa sehr traurig gewesen, nachdem sie sich in der Stadt lange Gewalt angetan. Ach, Herr Capitano, was wollt Ihr? Man ist nur einmal achtzehn Jahre, und nur eine Liebe ist die erste. Also leben sie in der Villa ganz still etwa eine Woche hin, und der Taddeo war schon damals so eine Art Haushofmeister, da sitzt die Martina am Abend in der Küche, und plötzlich tritt ein Bauernbursch mit einem Zettel herein, legt den Finger auf den Mund, und da er sieht, daß sie allein ist, schiebt er ihr den Zettel unter die Schürze und fort! Sie sah gleich an der Aufschrift, daß es an die Marchesa war, und bringt's ihr, und die wird über und über rot vor Freude, armes Herzchen! und schreibt rasch zwei Worte auf ein Blatt und bedeutet ihr, das solle sie dem Boten geben, wenn er sich wieder blicken lasse. Der aber kam erst am folgenden Abend; wahrscheinlich fürchtete er den Taddeo. Und besser wär's gewesen, er wäre nie wiedergekommen. Denn kein Teufel in der siebenten Hölle ist so pfiffig wie der einäugige Spitzbube, und damals hatte er noch obendrein seine beiden Diebslichter im Kopf.

Was soll ich Euch viel sagen, Herr? Am folgenden Abend schlich der Herr Gino ins Haus, auf einem ganz sicheren Wege, wie er meinte; aber schon war alles verloren und verraten. Denn er war erst ein paar Stunden droben bei seiner armen Geliebten, die nun eines anderen Frau war, so wird die Haustür aufgebrochen und der Marchese – der Taddeo nämlich hatt' es ihn nach Mailand wissen lassen – stürzt herein, nein, stürzt nicht, sagt Martina, sondern fährt wie ein Racheengel, einen Blitz in der Hand – seinen Degen nämlich – an ihr vorbei und hinauf, daß sie erst meint, es habe neben ihr eingeschlagen. Aber sie rafft sich noch rasch genug zusammen, um hinaufzueilen, womöglich ihrer armen Herrschaft zu Hilfe. Lieber Himmel, wie hätte das arme Geschöpf ihr helfen können gegen den Wütenden! Denkt nur, lieber Herr, wie sie oben in das Zimmer unserer Frau tritt, da sieht sie den Herrn Marchese mitten auf dem Teppich stehen, und er rührt kein Glied, nur der Degen in seiner Hand zittert so stark, daß die Klinge beständig hin und her blitzte, weil eine Lampe von der Decke herabhing. Und dabei sprach er kein Wort und die Frau auch nicht; sie saß nämlich auf einem Stuhl neben dem Bett und, sagte die Martina, sie war weiß wie Kreide, aber furchtsam sah sie gar nicht aus, vielmehr wie wer schon gestorben ist und es kann ihm nichts mehr geschehen. Das sah die Martina alles, denn keines hatte sie kommen hören, und sie stand im Schatten neben einem großen Schrank.

Plötzlich hörte man draußen ein Geschrei, denn das Fenster stand offen, und Taddeos Stimme war ganz deutlich zu unterscheiden, wie er schrie: Verfluchter Mörder! Hilfe! Hilfe! und in demselben Augenblick machte der Marchese eine Bewegung gegen den Stuhl hin und schüttelte die Faust mit dem Degen, als wollte er seine Frau durch und durch rennen. Aber, sagt Martina, da schlug sie nur die Augen gegen ihn aut und sah ihn an, als ob sie sagen wollte: tu's! tu's nur, wenn du das Herz hast! und er – den Blick konnte er nicht aushalten; da nahm er seinen Degen, stemmte die Klinge gegen den Fußboden und zerbrach ihn – krack! – und die Stücke warf er zum Fenster hinaus. Und da ging die Tür auf, und Taddeo kam herein, scheußlich anzusehen, sagte Martina, so blutig wie ein Metzger vom Kälberstechen, und trug was in jeder Hand, in der einen sein eines Auge, das hatte ihm bei dem Raufen unten der arme Ertappte ausgeschlagen, in der anderen eine goldene Taschenuhr an einer kleinen Kette. Hier, Eccellenza, sagte er; das ist alles, was dabei herausgekommen ist. Er selbst ist entsprungen, der maledeite Mörder! – Damit gab er dem Marchese die Uhr und kehrte sich um, und wie er draußen war, heulte er vor Schmerz und Wut, und die Martina, die ein mitleidiges Herz hat, lief ihm nach, ihm Umschläge um seine Wunde zu machen, aber er sprach kein Wort mit ihr über die ganze Sache, weil er sie für zu dumm hielt, sondern fluchte und schäumte nur, und die Nacht tat keins in der Villa ein Auge zu. Was die Herrschaft noch miteinander geredet, kann nur Gott wissen. Viel war es in keinem Fall, sagt Martina. Denn sie hörte bald darauf den Herrn in sein Zimmer gehen und sich da einschließen. Dasselbe tat auch die Frau. Sie öffnete nicht und antwortete auch nicht, als Martina gegen Mitternacht hinaufging, um nach ihr zu sehen. Aber das Licht brannte die ganze Nacht bei ihr, und man hörte keinen Laut durchs ganze Haus, als nur das Wüten und Ächzen des Taddeo.

Morgens früh kam der Marchese in die Küche und sagte der Martina, es sei ein Dieb in der Nacht eingebrochen, sie möge diese Anzeige, die er aufgesetzt, in den nächsten Ort tragen, wo ein Gendarmerieposten war, und zugleich diese Briefe auf die Post. Darunter war einer an den Grafen und die Gräfin und der andere an mich. Dann ging er in Taddeos Kammer und schickte ihn zum nächsten Feldscher mit seinem blutigen Gesicht. Und drei oder vier Tage darauf, als ich hinkam, war's schon im besten Heilen, aber ein frisches Auge konnten ihm alle Doktoren der Welt nicht ankurieren, und darum hatte er nun einen Haß auf unsere Frau, daß ich glaube, wenn der Marchese ihm gesagt hätte, wirf sie bei lebendigem Leibe in einen Kessel mit siedendem Wasser, er hätte es getan, der giftige Hund. Darum konnte der Herr ihm ruhig das Kastell übergeben, als er fortritt. Ich aber wußte nun genug. Am anderen Morgen, gleich in aller Frühe, ging ich zu meiner Frau, obwohl sie mich nicht gerufen hatte. Sie lag wachend im Bett und ich sah's ihr wohl an, daß sie nicht viel geschlafen hatte. Da sagte ich ihr, daß ich alles wisse, und sie solle sich nur zufrieden geben, kein Mensch in der Welt könne es ihr verdenken, daß sie ihrem armen Geliebten nicht gleich den Laufpaß gegeben, und wenn man mich so gezwungen hätte, einen alten Mann zu heiraten, dem hätt' ich's noch

Ein abgeschiedenes Dorf im Hinterland des Gardasees

viel ärger gemacht. Und gewiß, sagt' ich, wenn der Herr Gino erst weiß, wo Ihr steckt, Himmel und Hölle bietet er auf, um Euch zu befreien, und müßte er das Kastell an allen vier Ecken in Brand stecken, oder sich durch den Felsen einen Gang zu Euch graben, sagt' ich. – Aber wenn Ihr glaubt, lieber Herr, daß all meine guten Worte sie nur so viel getröstet hätten, so irrt Ihr Euch. Es war, wie wenn ich's in den Ziehbrunnen gesprochen hätte. Erst als ich zufällig erwähnte, unser Kerkermeister sei wieder fortgeritten, fragte sie, indem sie hastig vom Bette aufsprang: Wohin? Und da ich's nicht wußte, fing sie, am ganzen Leibe zitternd, zu klagen an: Er wird ihn suchen, gewiß, er wird nicht ruhen, bis er ihn gefunden hat, und dann ist's sein Tod! – Oder Eures Herrn! tröstete ich sie, und dann seid Ihr frei. – Aber sie wollte nichts hören, und diese ganze Woche, bis endlich der Marchese wiederkam, war Euch ein wahres Fegefeuer vor Angst und Elend. Da aber brachte er Briefe mit von ihren Eltern, die beruhigten sie. Der Marchese war die ganze Zeit in der Stadt gewesen, schrieb die Mutter, und hatte seine Geschäfte geordnet, auch seinen Abschied genommen als Militär, um nur für die Genesung seiner Frau zu leben, wie er ihnen vorgespiegelt. Und dann Bitten und Ermahnungen, sich doch nicht ihrer Schwermut hinzugeben, und die besten Worte, und ob die Mutter nicht kommen dürfe. Auch aus der Stadt allerlei Neuigkeiten, und darunter, daß ihr Vetter Gino sich in Genua eingeschifft habe, weil die Flotte nach Afrika geschickt werde, und das war der beste Trost von allem. Denn nun war er vor der Rache des Marchese für eine Weile sicher. Sie selbst gab mir den Brief zu lesen, sprach aber nichts dabei, wie sie denn überhaupt in den zwei Jahren wenig Worte von sich gegeben hat, außer wenn sie betet. Ach, Herr Capitano, ein Tiger, ein Krokodil würde blutige Tränen weinen, wenn sie die arme Frau so still und blaß wie eine Sterbende herumwanken sähen, und dieses Ungeheuer, ihr eigener Mann –

Lebt der Marchese ganz von seiner Gattin getrennt? fragte unterbrechend Eugen, der, während die Alte sprach, in steigender Aufregung zugehört hatte.

Er spricht nie mit ihr, sagte die Amme, und sieht sie auch von allen sieben Tagen der Woche nur am Sonntag, wenn sie in der Kapelle die Messe hört. Dann kommt er und kniet neben ihr im Stuhl nieder, sieht sie aber nicht an und auch beim Hinausgehen spricht er kein Wort, sondern verneigt sich nur ganz vornehm und höflich und geht dann wieder auf sein Zimmer. Dabei läßt er es ihr freilich an nichts fehlen, schickt ihr Bücher und Vorräte zu Handarbeiten, und auch für den Tisch muß ich sorgen, wie wenn wir im besten Glück lebten. Aber Ihr wißt wohl:

Besser trocken Brot von Herzen,
Als Kapaunen mit Schmerzen,

und besser ein Lot Freiheit, als zehn Pfund Gold. Das ist wenigstens meine Meinung, und daher, als wir das Leben einen Sommer lang ertragen hatten und nun zum ersten Male einschneiten und ich stellte mir vor, wie's erst im Winter werden sollte, da faßte ich mir einmal ein Herz und ging zum Herrn und sagt' ihm, es könnte nicht so fortgehen; die Frau würd's nicht lange mehr machen, und, sagt' ich, es wäre auch schändlich, daß er die arme Kreatur so mißhandelte, und wenn er glaube, auf die Art ihre Liebe zu gewinnen, sei er hundert Meilen vom Ziel, denn selbst einen Hund zähme man besser mit Streicheln als mit der Kette, und ich wisse sehr wohl, daß das alles nicht wahr sei mit ihrer Unvernunft, sondern es habe ganz andere Gründe, aber wundern sollt's mich nicht, wenn er sie am Ende wirklich zum Rasen brächte. Das sagt' ich und weiß heute noch nicht, wie ich mir so viel gegen ihn herausnehmen konnte, aber weil er mich einmal reden ließ, gab ein Wort das andere. Als ich nun endlich fertig war, stand er ganz ruhig auf und sagte mit einem Ton, wie wenn man guten Morgen sagt: Ich will Euch nur darauf aufmerksam machen, Barborin, daß ich immer geladene Gewehre in meinem Schrank habe und daß es besser ist, Ihr laßt dergleichen Reden zu mir und zu anderen, da ich sonst genötigt wäre, Euch niederzuschießen wie eine tolle Hündin. Und nun geht und sagt dasselbe auch an Martina, falls Ihr Euren Wahnwitz von der haben solltet. – Heilige Mutter der Gnaden, wie erschrak ich! Wie machte ich, daß ich ihm aus den Augen kam! Denn er sah schrecklich aus, so leise er sprach. Und seitdem habe ich nie wieder das Herz gehabt, von dergleichen mit ihm anzufangen. Aber noch kein halbes Jahr war vergangen, da sprach meine Frau das erste Wort zu ihm. Nämlich die Mutter, die ihr alle Wochen schrieb, hatte ihr einen Brief geschickt – ich nahm ihn hernach ihr heimlich fort und las ihn – darin stand, daß Gino in Paris leichtsinnige Streiche gemacht und sich mit einem Franzosen duelliert habe, weil beide einer Tänzerin den Hof machten, und Gino habe eine Kugel in die linke Schläfe bekommen und sei augenblicklich tot geblieben. Das schrieb die Mutter ohne alle Ahnung, was es ihr sein mußte, und der Brief kam an einem Freitag. Von da an bis zum Sonntag morgen lag meine Frau im Fieber. Ich riet ihr ab, in die Messe zu gehen. Aber da war kein Halten. Gut, so geht sie denn hin. Aber als die Messe aus ist und sie neben dem Marchese aus der Kapelle kommt, bleibt sie auf der Schwelle stehen und fängt an mit ihm zu sprechen, so leise, daß ich kein Wort verstand; es mag auch wohl Französisch gewesen sein.

Er aber, nachdem er sie eine Zeitlang angehört hat, zieht plötzlich eine Uhr aus der Tasche, dieselbe, die der Taddeo damals in der Nacht aus dem Handgemenge mitgebracht hatte, und sagt: Es wird bald Mitternacht sein, Signora Marchesa! – und damit verneigte er sich und geht, so kurzweg, daß ich kaum noch Zeit hatte, hinzuzuspringen und meine Frau, die eine Ohnmacht bekam, in meinen Armen aufzufangen.

Was sagt Ihr dazu, Herr Capitano? Kann ein Christenmensch auf Vergebung seiner Sünden hoffen, wenn er nicht betet: Wie wir vergeben unseren Schuldigern? Und wenn's noch etwas so Gefährliches gewesen wäre! Aber sie war jung und liebte ihn ja nicht, und an Gino hatte sie ihr Herz geschenkt, seit sie zuerst an etwas anderes dachte als an Puppen und Zuckerbrot, und war sie nun nicht schwer genug gestraft, da der Leichtfuß sie und sein junges Leben hingeopfert hatte – um eine Tänzerin?

Die Alte schnupfte heftig ein paarmal hintereinander und wartete offenbar, daß Eugen in Verwünschungen ausbrechen sollte. Der aber stand in tiefen Gedanken und bohrte die Spitze seines Stockdegens in den mürben Steingrund. Endlich sagte er nur: Und seit der Zeit?

Seit der Zeit haben wir gelebt, als wenn wir Sonne, Mond und Sterne vom Himmel gestohlen und den Erzengel Michael »Dieb« geschimpft hätten. Ja, lieber Herr Kapitän, wenn man so wie Ihr in den Bergen spazieren geht und sieht das Kastell so zwischen dem Wald vorschauen, da mag sich's ganz lustig ausnehmen, und ein paarmal habe ich auch Fremde auf der Brücke sitzen sehen, unter einem weißen Schirm, und die malten es ab. Aber manche schöne Nuß hat einen schwarzen Kern, den die Würmer zu Staub fressen. Wie wir da zwischen den Mauern herumkriechen und an unserem Herzeleid nagen, das denkt keiner! Nach jenem Tage, wo er ihr die Uhr gezeigt hatte, lag sie wochenlang mit einem hitzigen Fieber. Da mußte Fra Ambrogio aus dem Kloster, der auch was von Krankheiten versteht, täglich kommen und ihren Puls fühlen und hernach immer dem Herrn Bescheid bringen. Und so hart der sich stellte, ich sah doch einmal als ich unvermutet bei ihm eintrat, ihn was zu fragen, daß er geweint hatte. Wie's also wieder besser geworden war, riet ich meiner Frau, es noch einmal bei ihm zu versuchen, und sie schickte mich auch, ihm für die Pflege zu danken und dann um die Erlaubnis zu bitten, daß sie ihn besuchen dürfe. Aber er sah mich ganz kaltblütig an und ließ ihr antworten, er bedauere, sie nicht sprechen zu können, er sei beschäftigt. Was sagt Ihr dazu? Und sie war knapp dem Tode entronnen! O der Seelenmörder, der Karaibe! Und sie – immer stiller und stummer, keine Klage, keine Bitte mehr, wie eine, die nur lebt, um zu sterben. Selbst gegen den Taddeo, der ihr gern alles Widerwärtige antäte, nur daß er den Herrn fürchtete, ist sie die Sanftmut selbst. Nicht lange, so sagte sie, daß ihr das Sonnenlicht an den Augen wehe tue – und ich will's wohl glauben, so viel wie sie weint, wenn sie allein ist – und darum wolle sie bei Tage schlafen und nachts auf sein. Und da half kein Abraten, daß ihr die schwarze Nacht ihre Melancholie nur immer tiefer ins Herz drücken müsse; sie bestand darauf, und so leben wir nun wie die Fledermäuse. Der Herr scheint sich gar nicht um uns zu kümmern, und in der Messe, wo wir ihn zu sehen bekommen, ist er immer der alte, und daß er auch die Uhr immer bei sich trägt, kann man sehen an der Kette, so daß sie das Herz nicht hat, ihn je wieder anzureden. Ach, wozu hat sie überhaupt noch das Herz? Nur ins Grab zu steigen. Und es ist wohl ein wahres Wort: Gut verloren, viel verloren; Mut verloren, alles verloren! – Bei meinem Leben, lieber Herr, wenn nicht bald Hilfe kommt, so schwindet sie mir unter den Händen hin, gerad' wie der Bach, der durch unsere Schlucht fließt, in der großen Hitze ganz vergeht. Denn so wird ihr das Blut in den Adern von ihrem unvernünftigen Kummer ausgetrocknet, und eines Morgens muß ich dann zum Herrn gehen und ihm sagen: Ihr habt's erreicht, Herr Marchese, unser armer Engel ist da, wo uns unsere Sünden vergeben werden von einem barmherzigen Heiland, und jetzt schießt mich auf dem Fleck nieder, wie Ihr gedroht, oder ich laufe spornstreichs nach Mailand und schreie Mord! Mord! in allen Gassen, und Euren Namen dazu, daß die Steine Blut weinen sollen!

Wie die Alte das sagte, fing sie selbst so heftig an zu schluchzen, als wäre alles schon eingetroffen und sie sähe ihre Herrin tot auf der Bahre liegen.

Barborin, tröstete sie der junge Offizier, gib dich zufrieden, gute Alte, noch halten wir nicht so weit, und was ich vermag, dies schreckliche Ende zu verhüten, das gelobe ich dir zu tun, als wäre deine Frau meine leibliche Schwester. Aber daraus wird nichts, daß ich ohne weiteres deinen Brief an die Eltern bringe. Wer weiß, ob ich damit das Übel nicht ärger machte? Denn daß die Frau Marchesa selbst nie daran denkt, die Mutter zu Hilfe zu rufen, ist mir verdächtig. In Händel zwischen Eheleuten soll man sich nicht mischen ohne die höchste Not. Darum ist es auch durchaus nötig, daß ich deine Frau sehe und spreche und mich selbst überzeuge, ob sie bei Verstande ist oder nicht. Wäre es nicht zu machen, daß du mir das Gitter zum Garten bei Nacht öffnetest? Daß die Tür zu meinem Turm offen bliebe, dafür würde ich schon sorgen.

Was denkt Ihr auch, sagte die Alte mit erschrockener Miene. Ihr wißt nicht, wie man uns bewacht. Nie kommen wir an die Luft, ohne daß der Taddeo bei der Hand ist. Er denkt wohl gar, wir würden die Gartenmauer hinaufklettern wie die Katzen, und was hätte er dann noch für eine Freude vom Leben, wenn er niemand mehr zu plagen hätte? Und dann, meine Frau würde Euch gar nicht sehen wollen. Das ist ja eben ihre Krankheit und Einbildung, daß sie keinem Menschen mehr ins Gesicht sehen will.

Aber du könntest ihr sagen, Barborin, daß es ein Freund sei, der Grüße an ihre Mutter mitnehmen wolle und auch ihr selbst kein ganz Fremder sei. Denn du mußt wissen, daß ich mit der Marchesa getanzt habe auf einem Ball in Venedig, als sie noch eine junge Gräfin war und das Bild des Glücks und der Freude!

Habt Ihr das wirklich? sagte die Alte und sah mit einem rührenden Ausdruck von freudiger Überraschung zu ihm auf. Ach, jawohl, Ihr könnt nicht lügen, Ihr habt ein zu ehrliches und schönes Gesicht. Und nun glaub' ich um so fester, daß der Himmel Euch als seinen Engel gesandt hat, uns alle zu erlösen. Wenn Ihr's denn durchaus nicht anders tut, so will ich versuchen, was ich kann. Seht, lieber Herr, ich bin heute fortgegangen und hab' gesagt, ich müßte droben im Kloster von den Pulvern holen, die Schlaf machen; die Frau Marchesa habe wieder dreimal Tag und Nacht kein Auge zugetan. Aber das war nur ein Vorwand, um Euch zu sprechen, denn wir haben noch genug von den Pulvern, und sie will sie auch gar nicht mehr nehmen. Nun aber will ich heute nacht in den Krug mit Wein, den die Martina immer für den Schurken, den Taddeo, aus dem Keller holt, die doppelte Portion schütten, denn wir müssen durch seine Kammer gehen, weil es zu dem großen Gitter keinen Schlüssel gibt; und wenn ihm dann sein eines Diebslicht ausgeht, führ' ich Euch sacht in den Garten und bringe es schon dahin, daß auch die Frau an die Luft geht, und dann mag der Himmel für das übrige sorgen. Ach, wenn Ihr sie seht, der Jammer um die schöne, junge, unglückliche Kreatur wird Euch so aufs Herz fallen, daß Ihr Euch die rechte Hand abhacken ließet, wenn Ihr sie dadurch retten könntet!

Wann wirst du mir öffnen? fragte er hastig.

Ich will sehen, erwiderte sie. Es hängt davon ab, ob sie heut schläft oder nicht. Wißt, ich komme in den Hof an den Brunnen und tue, als holt' ich Wasser, und singe dabei, und dann horcht, was ich singe; da werde ich Euch die Stunde angeben. Und nun geleit' Euch unsere benedeite Mutter der Gnaden, und wartet hier noch ein wenig, bis ich weiter weg bin, damit uns niemand zusammen sieht; denn der einäugige Teufel, der Taddeo, spürt alles aus, was man tut oder läßt, und er tränke heut abend keinen Tropfen, wenn er nur von fern Unrat witterte. Ich will jedenfalls ins Kloster, denn er fragt sicher am Sonntag nach, ob ich dort gewesen bin. Somit lebt wohl, lieber Herr; der Himmel wird's Euch segnen tausend und tausendmal!

Und so mit Seufzen und Stöhnen nahm sie ihren Korb wieder auf, zog das Tuch fester über den Kopf zusammen und verließ mit hastigen, lautlosen Schritten die Hütte, sich beständig umsehend, als wären Späher und Verfolger auf ihren Füßen.

Der Tag war heiß, und hier oben auf der kahlen Höhe glühte der Fußboden in der Mittagsonne so gewaltig, daß Eugen bald wieder in die Schlucht hinunterflüchtete. Er verfolgte, um die Stunden nicht ganz für seine nächsten Zwecke zu verlieren, das trockene Bett des Wildbachs nach Norden zu und kletterte unermüdlich von Fels zu Fels, und noch rastloser jagten sich die Gedanken in seiner Brust. Erst nach vielen Stunden machte er halt in einem verfallenen Häuschen auf der Höhe des Passes, dem man es schon von weitem ansah, daß es mehr Schmugglergesindel als ehrliche Wanderer zu beherbergen pflegte. Dort nahm er mit dem elenden Vorrat von Käse, Maisbrot und dünnem Wein vorlieb, den ein Weib in zerlumpten Kleidern ihm auftischte. Nachdem er gegessen, suchte er sich eine kühle Stelle etwas höher im Wald, wo er gedankenvoll den Rauch seiner schwarzen Zigarre vor sich hinblies, bis ihn die Müdigkeit übernahm. Erst der letzte schiefe Strahl der Sonne, die hinter die Talwand versinkend ihn anblinzte, weckte ihn. Er hatte Mühe, sich auf alles zu besinnen, was geschehen war und bevorstand; dann trat er um so eilfertiger den Rückweg an.

Er erreichte das Kastell erst bei völliger Dunkelheit. Eine Viertelstunde nach ihm ließ Taddeo auch den Marchese in das große Tor und folgte, ihm die Jagdbeute abnehmend, seinem Herrn in das Gemach hinauf, wo auf dem Schreibtisch schon die Lampe brannte. Während er ihm die hohen Jagdstiefel auszog, sagte er mit seinem gewöhnlichen verdrossenen Ton: Der österreichische Herr hat gestern abend noch den Schrank weggerückt und ist in den Saal gegangen. Er hat an dem mittleren Fenster eine Scheibe offengelassen; auch ist ein Tropfen Öl auf den Boden gefallen.

Was kümmert's dich? erwiderte der Marchese, an einer Feder schnitzend.

Hm, brummte der Diener, 's ist nur, weil man aus dem Fenster hinübersehen kann, wo die Frau Marchesa wohnt. Wenn der Herr Marchese nichts dagegen hat, mir kann's ja gleich sein. Ich bin ja auch nicht gefragt worden, ob wir den deutschen Herrn ins Kastell aufnehmen sollten oder nicht. Und wenn es ihm Spaß macht, mit Barborin zwei Stunden lang oben im Steinbruch zu plaudern –

Wer sagt das? Wer hat ihn gesehen?

Meneghin*, der Ziegenhirt. Sie hatten sich in die Hütte versteckt, da trieb er seine Herde vorbei. Wie er herunterkam, stand ich gerade draußen an der Brücke. Da sagte er mir's.

Was hat die Barborin draußen zu suchen?

Ins Kloster wollte sie, Schlafpulver holen, die Frau habe sie wieder nötig; kann sein, daß auch andere davon profitieren sollen.

Eine Pause trat ein. Der Marchese lag im Lehnstuhl, er hatte die Feder weggeworfen und die Augen fest zugedrückt. Taddeo, der jede Miene in seinem Gesicht kannte, schien mit dem Eindruck, den seine Nachrichten gemacht, zufrieden zu sein.

Was ich noch sagen wollte, fing er wieder an, indem er Pulverhorn und Schrotbeutel in den Schrank schloß und die Doppelbüchse über die Schulter hing, um sie draußen zu reinigen, der Herr Capitano hat sich's verbeten, daß ich die Tür zum Turm wieder zuschließe. Ich sagte, ich hätte es so in der Gewohnheit. Und er, sagte er, sei gewöhnt, bei Nacht frisches

* Domenico

Wasser zu trinken; und wenn's ihm um Mitternacht einfiele, seinen Krug frisch zu füllen, wolle er nicht wie ein Sträfling auf verschlossene Türen stoßen. Ich hab' den Herrn Marchese nur fragen wollen, wie es damit gehalten werden soll.

Der Marchese stand plötzlich auf; die Bewegung, die in ihm arbeitete, ließ ihn nicht ruhen. Er schritt mit gekreuzten Armen wohl zehn Minuten lang über den Teppich des tiefen Zimmers hinauf und hinab, während Taddeo scheinbar phlegmatisch mit seinem Taschentuch an dem Lauf des Gewehrs herumrieb. Zuletzt trat sein Herr in die Fensternische und sah in die Nacht hinaus.

Tu, was dir gut dünkt, Taddeo, sagte der. Ich glaube, daß du wieder einmal vor Scharfsichtigkeit um die Ecke siehst. Aber ich verlasse mich auf deine Treue. Die Tür zum Turm bleibt offen. Ich will, daß du tust, als hörtest und sähest du nichts, während du alles hörst und siehst. Geh jetzt, dem Fremden magst du sagen, daß ich schon zu Bett gegangen sei, aber morgen ihn zu begrüßen hoffte.

Taddeo ging. Kaum aber war er hinaus, als er hastig auf den Zehen wieder eintrat und die Tür hinter sich offen ließ. Hören Sie wohl? sagte er halblaut. Die dünne, hohe Stimme der Barborin klang aus dem Hof herüber.

Was soll ich hören? fragte der Marchese. Die Alte singt am Brunnen.

Und was? flüsterte Taddeo mit einem Gesicht, das von List und Schadenfreude glänzte.

Ich kann kein Wort verstehen, sagte der Herr, nachdem er eine Weile gelauscht hatte. Was ist auch an ihrem Singsang gelegen? Geh und laß mich allein.

Jetzt wieder dasselbe! raunte der Bursch, das Auge zudrükkend, als könne er so den Sinn des Gehörs schärfen. Hören Sie nicht?

Im Garten hinter unserm Hause
Ein Schlänglein kriecht, ein Schlänglein kriecht.

Nun hör' ich es auch! Es ist das Lied von der Donna Lombarda, das hier jedes Bauernweib singt.

Aber anders, Herr Marchese. Heißt's nicht im Liede weiter:

Des Schlängleins Kopf zerstoßt im Mörser,
Zerstoßet ihn, zerstoßet ihn!

Und wie singt die verdammte Hexe draußen?

Soeben erscholl die Stimme von neuem, lauter und gellender. Man konnte deutlich die Worte verstehen:

Um Mitternacht, nach Mondenaufgang
Erwartet mich, erwartet mich;
Die Schlange dann im Garten hab' ich
In Schlaf gewiegt, in Schlaf gewiegt. – –

Dann ward es still. Herr und Diener sahen sich einen Augenblick voll ins Gesicht, und das scharfe Auge Taddeos bemerkte, wie der Marchese vom Kopf bis zu den Füßen zitterte, als stehe er auf dem Sprunge, hinauszustürzen und die Sängerin draußen zu erwürgen. Gleich darauf war er wieder Herr seiner selbst. Geh, sagte er mit gelassener Stimme. Es bleibt bei allem, was ich dir gesagt habe.

Als Taddeo hinaus war, warf sein Herr sich in den Sessel und vergrub das Gesicht in seine Hände. Was für Gedanken mochten ihn bestürmen?

Spät kam der Mond. Eugen hatte schon lange am Fenster gestanden und auf ihn gewartet, und doch, wie jetzt der erste schmale Streif über die Talwand heraufglänzte, erschrak er unwillkürlich. Es stritt wunderlich in ihm. Jetzt konnte er die Zeit nicht erwarten, durch die verbotenen Türen zu schleichen, jetzt wieder, wenn das ernste Gesicht des Marchese vor ihn trat, wünschte er, dies Haus nie betreten zu haben. Er ging dann wieder in den wüsten Saal nebenan und spähte in den Hof. Aber unten blieb alles dunkel. Das Herz klopfte ihm, wenn er dachte, wozu er hierhergekommen sei und was jetzt all seine Gedanken beschäftigte. Aber es riß ihn vorwärts.

Zur Stunde, die ihm die Alte bestimmt, tappte er sich im Finstern die Turmtreppe hinab, ein Glas zum Wasserschöpfen in der Hand, um, wenn er auf den Einäugigen stieße, einen Vorwand bereit zu haben. Aber er blieb im Hofe ganz allein, saß auf dem Steinrande des Brunnens und hörte, wie das schwarze Laub über ihm in der Nachtluft säuselte. Der Zypressengarten ward immer heller, so viel auch die traurigen dunklen Bäumchen vom Mond einsorgen; aber die breiten Feigenblätter troffen förmlich von Glanz und die weiße Mauer starrte mit ihren versilberten Zinnen in den grauen Himmel, daß der Widerschein alles lichtete.

Plötzlich ging verstohlen eine Tür, Schritte kamen durch den dunklen Hof herangehuscht, und er hörte die gedämpfte Stimme der Barborin: Seid Ihr's? Kommt!

Dann, während sie auf den Zehen über die Steinplatten des Hofes gingen, sagte sie: Alles ist in Ordnung. Es traf sich gut, daß er gerade heut durstig war wie ein Schwamm. Gar nicht erst ins Glas goß er seinen Wein, sondern stürzte ihn nur so aus dem Kruge hinunter, und dann hatte er Not, sein Bett zu finden. Wir müssen durch seine Kammer, aber fürchtet Euch nicht, er schnarcht, daß ein Regiment Soldaten mit der Musik an ihm vorbeimarschieren könnte. Da seht! – und sie schob ihren Begleiter durch die schmale Tür in ein winkliges Zimmerchen, das nur durch ein kleines Rundfenster einen schwachen Mondschimmer empfing. Im Hintergrunde lag auf einem niedrigen Bett lang ausgestreckt und in seinen Kleidern Taddeo und atmete so schwer, daß es fast wie Röcheln klang.

Wohl bekomm's ihm! sagte die Alte und ballte die Faust gegen den Verhaßten. Der hat die sechsfache Portion von unsern Pulvern. Ich wollt', es machte sich jetzt eine wilde Katze über ihn her und drosselte ihn, daß er sein Schelmenauge nie wieder auftäte. Nur immer mir nach, Herr Capitano? Hier – und sie öffnete die Tür zu dem geräumigen Gemach, in das er gestern abend durch die Lücke im Laden geblickt hatte – es ist dunkel hier, aber haltet nur meine Hand fest. Nebenan wohnt meine Frau, die ist schon zwei Stunden auf und schreibt und schreibt, der Himmel mag wissen, was? in ein Buch, das sie immer vor mir verschließt. Und seht, durch diese Tür geht's in den Garten, den Schlüssel hab' ich dem schnarchenden Ungeheuer abgenommen, da lass' ich Euch vorangehen, und dann red' ich meiner armen Frau zu, ein wenig Luft zu schöpfen, und bringe sie hinaus. Ihr aber haltet Euch im Schatten, und erst, wenn ich huste, tretet Ihr vor. Denn noch hat sie keine Ahnung, daß sie einen Fremden sehen soll, seit drei Jahren zum ersten Male!

Damit schloß sie eine Tür auf, neben dem Betschemel, den er auch in der Dämmerung wohl wiedererkannte, und ließ ihn in das Gärtchen treten. Es war so eng und klein, daß es ihm, von den himmelhohen Mauern umschlossen, vorkam, als befinde er sich auf dem Grunde eines ausgetrockneten Brunnens, wo die letzte Feuchtigkeit allerlei Grün emporgetrieben habe. Schauerlich war's ihm, zu denken, daß ein schönes, junges Leben hierher flüchte, um vor dem Auge des Tages versteckt frischere Luft zu atmen. Alle Bedenken, ob er sich nicht gegen die Pflicht der Gastfreundschaft vergehe, wenn er in das Geheimnis dieser unseligen Ehe einbreche, fielen auf einen Schlag von ihm ab. Er glühte von Grimm und ritterlichem Mut, als er die Höhe der Mauern maß und im stillen überlegte, wie man wohl am besten sie übersteigen könnte, wenn kein anderer

Weg zur Rettung offen bliebe. Erst als er hinter sich in dem großen Zimmer die Stimme der Alten wieder hörte, tat er, wie sie ihn gebeten, und trat zwischen zwei Zypressen, die drüben an der Mauer standen.

Gleich darauf öffnete sich die Tür. Die junge Frau trat in den Mondschein hinaus, blieb aber auf der steinernen Stufe wie eine Bildsäule stehen, die großen, schwarzen Augen mit einem unbeschreiblichen Ausdruck gegen den Nachthimmel gerichtet, an dem eben der Mond die Zinne übersteigend heraufschwebte. Sie war ganz in ein graues, schlichtes Gewand gekleidet, ohne Zierat und Schmuck irgendwelcher Art, nur ein kleines goldenes Kreuz hing an einem schwarzen Bande auf ihrer Brust. Dabei war das schöngeformte junge Gesicht von so geisterhafter Blässe, als habe sie sich eben von der Bahre erhoben, auf die man sie scheintot hingelegt; ihr Gang, als sie jetzt auf Zureden der Barborin den engen Kiesgrund betrat, war müde und unsicher, wie eine Halbwache oder Schwerverwundete schreitet. Der Lauscher in seinem dunklen Winkel erschrak, als sie dicht an ihm vorbeiglitt. War das dieselbe Gestalt, die vor wenig Jahren, von Lebenslust beflügelt, an seinem Arm durch den Ballsaal geschwebt war? Das unerbittlichste Strafgericht über den, der sie dahin gebracht hatte!

Sie schien auch heute kaum acht darauf zu geben, was die Alte in sie hineinwisperte. Nachdenklich stand sie an dem Rosengebüsch in der Mitte des Gärtchens; sie pflückte ein einziges Blatt einer roten Rose und schien mit dem Tau, der daran hing, ihre Lippen zu kühlen. Was Barborin ihr sagte, verstand Eugen nicht. Er sah aber, daß sie plötzlich heftig zusammenfuhr und dann einen hastigen Blick umherwarf. In diesem Augenblick hustete die Alte, und er, der ohnehin sich kaum länger bezwungen hätte, trat rasch aus seinem Versteck.

Aber entsetzt blieb er stehen, als er den Ausdruck der tiefsten

Angst und des tödlichsten Schreckens auf ihrem Gesicht gewahrte. Eine dunkle Röte stieg ihr in die Wangen, sie versuchte zu sprechen, öffnete aber nur tonlos die Lippen und erhob beide Hände gegen ihn, wie wenn sie eine furchtbare Erscheinung abwehren wollte. Da benutzte er ihre ohnmächtige Bestürzung, trat einen Schritt näher und begann in der ehrerbietigsten Haltung sein Eindringen, seine Kühnheit und Eigenmächtigkeit zu entschuldigen. Der reinste Anteil an ihrem unerhörten Geschick habe ihn getrieben, er habe keinen andern Zweck vor Augen, als ihr seine Dienste anzubieten, und wenn sie nur ein Wort sage, das ihm zu handeln erlaube, werde er sein Leben dafür einsetzen, sie aus dieser mörderischen Haft zu befreien. Ich bin Ihnen nicht ganz fremd, Frau Marchesa, schloß er seine sich überstürzende Anrede. Vor Jahren sah ich Sie, als Sie noch von Glück und Freude umgeben waren. Sie haben mich damals kaum beachtet; ich aber habe Ihr Bild lange in mir bewahrt, und jetzt –

Genug! sagte sie, und ihre Augen hefteten sich fest auf den Boden. Gehen Sie – und – wo bist du, Barborin? Sag ihm –

Hört ihn doch nur an, teuerste Herrin, flehte die Alte. Er will ja nichts, als daß Ihr ihm erlaubt, zu Eurer Frau Mutter zu gehen und ihr zu sagen, daß Ihr nicht krank und schwach im Haupte seid, und wenn es ihn jammert, wie mich selbst, daß Ihr durchaus sterben wollt –

Und wenn ich es wollte, wer könnte mich hindern? sagte sie plötzlich mit entschlossener starker Stimme und sah den Fremden mit einer überlegenen Hoheit an, daß er bestürzt die Augen niederschlug. Gehen Sie, mein Herr, und versuchen Sie nie mehr, in mein Leben einzugreifen. Sie haben gemeint, mir damit wohlzutun; darum soll niemand erfahren, was Sie gewagt haben. Ein zweitesmal würde ich es dem sagen müssen, welcher der Herr meines Schicksals ist. Nie wieder – nie – Sie kennen jetzt meinen Entschluß!

Damit wandte sie sich rasch zur Tür und ehe er ein Wort erwidern konnte, war sie im Hause verschwunden.

O barmherzige Mutter der Gnaden! jammerte die Alte, die Hände ringend. Habt Ihr's nun gehört? Ist noch mit ihr zu reden? Und was fangen wir nun an? Ach Gott, ich erlebe es noch, daß sie mit der Stirn gegen die Mauer rennt, wenn es ihr zu lange dauert mit dem Verschmachten! Sagt' ich's Euch nicht, daß sie in diesem Käfig noch endlich ganz um den Verstand kommen wird, wie eine geblendete Nachtigall? Wenn ich sterben wollte, wer könnte mich hindern? – ist da noch ein Körnchen Vernunft drin, wenn man zweiundzwanzig Jahre alt ist und eine so schöne vornehme Kreatur? Sagt doch nur um Gottes willen etwas, lieber Herr Capitano, daß mir nicht die Verzweiflung das Herz abstößt, wenn ich das Elend so allein in mich hineinschlucken muß!

Jetzt erst schien er zu sich zu kommen. Wir haben es verkehrt und plump angestellt, Barborin, sagte er, düster zu Boden starrend. Wir hätten bedenken sollen, wie lange sie kein fremdes Gesicht gesehen hat, und muß nicht auch die Furcht, ihr Schicksal am Ende noch zu verschlimmern, sie vor jedem Schein von Rettung zurückbeben machen? O, was ist hier alles zerstört! wie lange Zeit wird es brauchen, bis dies arme Leben sich wieder an Licht und Freiheit gewöhnt! O Barborin –

Er schwieg, die Tränen traten ihm in die Augen. Führe mich zurück, sagte er dann, und höre, ich will einen andern Versuch machen. Ich Tor, daß ich den Weg nicht zuerst einschlug! Meinst du, daß sie einen Brief, den ich ihr schriebe, zurückweisen würde? Gleichviel, du könntest ihn dann behalten und, sie möchte wollen oder nicht, ihr immer wieder damit kommen. Es muß endlich wirken.

Tut das, lieber Herr, sagte die Alte, während sie die dunklen Räume wieder durchschritten. Seht, da liegt das Tier, der Taddeo, noch immer wie ein toter Sack und schläft seinen Rausch aus. Aber ich fürchte, er merkt es hinterdrein, daß man ihm was eingegeben hat. Denn das ist ihm noch nie passiert, und an mir läßt er dann seine Wut aus. Also muß ich doppelt vorsichtig sein und darf nicht mehr mit Euch zu handeln haben. Aber wenn Ihr den Brief unter den Trittstein am Brunnen legtet, da würde ihn niemand suchen außer mir, und dann macht's ihr nur recht eindringlich, und besonders ihre Mutter müßt Ihr ihr zu Gemüt führen; denn die hat sie außer ihrem Gino am meisten geliebt, und wenn sie mir nicht so streng verboten hätte, nie mehr von der Frau Gräfin zu reden…

Die Stimme der Alten war flüsternder, als sie mit dem Fremden in den dunklen Hof hinaustrat. Kaum aber hatte sie den Rücken gewendet, so rührte sich der Schläfer im Winkel, öffnete das einzige Auge und kroch wie eine Katze an die Wand, wo er durch das Rundfenster auf den Hof sehen konnte. Wenige Minuten darauf, als Barborin zurückkam, um nun ebenfalls zu Bett zu gehen, lag er wieder in der vorigen Stellung, als wenn er sie nie verlassen hätte.

Keine Viertelstunde war vergangen, so klopfte Taddeo oben an der Tür seines Herrn und trat dann mit seiner gewöhnlichen halb lauernden, halb dummen Miene in das Zimmer, wo der Marchese vor einem aufgeschlagenen Buche saß. Er hätte eher sich selbst als seinem Diener vorspiegeln können, daß er darin gelesen habe.

Alles besorgt, Eccellenza, sagte er, alles glatt abgelaufen, wie ich mir's gedacht habe. Den Turm offen gelassen, den Wein mit dem Schlafgift weggegossen, mich traumselig gestellt und zu Bette getorkelt und drauf hingefallen wie ein Scheit Holz. Dann gleich die verfluchte Hexe über mich her, mir den Schlüssel weggefingert und hinaus, und kaum daß man drei Vaterunser hätte beten können, wieder durch mein Zimmer, den Herrn Österreicher hinter sich und ihn in den Garten bugsiert und dann mausestill.

Der Marchese bewegte sich unwillkürlich auf seinem Stuhl, biß aber die Lippen zusammen und schwieg.

Ich mußte noch ein Weilchen liegenbleiben, fuhr Taddeo fort, bis sie erst alle drei im Garten waren. Dann aus den Stiefeln geschlüpft und an die Tür, die in den Garten geht.

Du hörtest alles?

Alles, Herr. Und er berichtete, auf seine Art, aber in der Hauptsache der Wahrheit gemäß. Und dann plötzlich, schloß er seine Erzählung, schoß die Frau Marchesa wie ein Pfeil durch die Tür herein, daß ich schon dachte: Nun sieht sie dich. Aber nichts da! Sie stürzte nur geradeswegs nach ihrem Schlafzimmer, und ich hörte, daß sie den Schlüssel hinter sich umdrehte. Ich dann wieder nach meinem Bett getappt und die Komödie weiter gespielt. Und da hört' ich noch, daß der Kapitän ihr schreiben will, nämlich der Frau Marchesa, und die Vettel von Barborin will den Brief unterm Stein am Brunnen abholen. Befehlen der Herr Marchese, daß ich der gottverfluchten Hexe den Hals umdrehe?

Der Marchese, der die letzte Frage überhört zu haben schien, stand auf, in einer Bewegung, die er nicht mehr zu verbergen suchte. Er ging einigemal die ganze Länge des Zimmers auf und ab, hastige Worte vor sich hinmurmelnd; dann erst schien er sich zu besinnen, daß er nicht allein war.

Du hast nichts weiter zu berichten? sagte er, indem er vor Taddeo stehenblieb und ihn durchdringend ansah.

Noch mehr? erwiderte der Bursche und zwinkerte halb possenhaft mit dem Auge und dem linken Mundwinkel. Dann aber, als er sah, daß sein Herr nicht in der Laune war, Spaß zu verstehen, setzte er wieder in unterwürfigem Ton hinzu: Befehlen der Herr Marchese, daß ich den Brief abfangen soll?

Eine kurze Pause trat ein. Dann sagte der Marchese: Geh jetzt zu Bett, Taddeo, und fahre fort, auf alles acht zu geben, was geschieht. Den Brief will ich nicht sehen, hörst du? – nur wissen, ob er geschrieben und angenommen worden ist. Gute Nacht!

Wohl zu schlafen, Herr Marchese!

Und der Diener schlich aus dem Zimmer, nicht in der besten Stimmung. Die Art, wie sein Herr die Sache behandelte, wollte ihm nicht in den Kopf. Aber wart' nur, murmelte er ingrimmig, während er sich wieder in seine Kammer stahl, dir ist's nicht geschenkt, vermaledeite Giftmischerin! Und den Brief – wenn er ihn nicht zu lesen begierig ist – ich will den Krebs schon aus dem Loche holen, wenn er mich auch in die Finger zwickt!

Dann entschlief er, einen Fluch auf den Fremden zwischen den Zähnen.

Droben im Turmzimmer brannte um dieselbe Stunde noch die Lampe und brannte noch lange fort, als der Mond schon untergegangen war. Eugen saß am Tisch und schrieb mit Bleistift auf ein Blatt, das er aus seinem Zeichenbuch ausgerissen hatte. Lange war er unschlüssig geblieben, ob er es tun solle und dürfe. Nicht, daß ihn ihre Drohung geschreckt hätte, es dem Marchese zu sagen, wenn er sich ihr noch einmal näherte. Ihr selbst zu mißfallen fürchtete er, ihre gute Meinung zu verscherzen, ihr zudringlich und vorwitzig zu erscheinen. Aber wenn er schwieg, in einem wie zweideutigen Lichte mußte sie ihn sehen, da er kaum wußte, was er ihr im Garten gesagt und ob sie ihn richtig verstanden hatte! Und es war ihm unerträglich, so von ihr zu scheiden, das Haus zu verlassen und denken zu müssen, daß hier alles seinen unglückseligen Gang fortgehe, weil er, der einzige, der vielleicht hätte retten können, nach dem ersten Fehlschlag sich zurückgezogen habe. Also schrieb er, ganz wie es ihm ums Herz war, mit schlichter, soldatischer Geradheit, erst sich entschuldigend, dann in sie dringend, ihr Leben nicht ein für allemal verloren zu geben. Er wisse nur wenig von den Ereignissen, die sie bewogen hätten, diese furchtbare Einsamkeit aufzusuchen. Aber da ihn der Zufall zum Mitwisser gemacht, könne er den Gedanken nicht ertragen, daß er nun wieder ins Leben zurück solle und sie hier in freiwilligem Hinsterben wissen, in langsamer Selbstvernichtung, ehe er überzeugt sei, daß es gegen den Kummer, der ihr zu leben verwehre, kein Heilmittel mehr gebe. Er gestand ihr, wie lange er damals sich mit ihrem Bild beschäftigt habe. Er versicherte, nicht eine selbstische leidenschaftliche Regung treibe ihn jetzt, sich ihr zu jedem Dienste anzubieten. Er habe keinen höheren Wunsch, als sie aus dieser tödlichen Luft wieder ins Leben zurückkehren zu sehen, und wenn sie selbst jede Kraft, zu hoffen und zu wünschen, in diesem Schattendasein eingebüßt habe, so stehe er nicht dafür, daß er nicht eigenmächtig handle, wie ihm gutdünke, auf die Gefahr hin, das unheilvoll Verworrene nur noch schlimmer zu verwirren. Er bat sie zum Schlusse, ihm schriftlich zu sagen, ob er mit ihrer Mutter reden dürfe, der sie es doch schuldig sei, ihr das einzige Kind zu erhalten. Dann unterzeichnete er mit seinem vollen Namen, faltete das Blatt, so gut es ging, zusammen, und da es ihm an Siegellack und Oblaten fehlte, verschloß er den Brief mit einem Wachstropfen von einer alten Kerze, die er im Schrank gefunden, und drückte seinen Siegelring darin ab.

Noch in der Nacht trug er das Blatt hinunter an den Brunnen, hob den Trittstein behutsam auf und legte den Brief glatt darunter. Die Nachtkühle tat ihm wohl. Er ließ den Eimer hinunterrollen und schöpfte sich einen frischen Trunk. Dann saß er noch lange auf dem Brunnenrand und sah in großer Traurigkeit durch das Gitter, das den jetzt ganz dunklen Garten verschloß. Er sagte sich in Gedanken noch alles vor, was er geschrieben hatte. Kein Wort hatte er zurückzunehmen. Und doch fühlte er mehrmals einen seltsamen Zug in sich, das Blatt wieder hervorzuholen und zu vernichten. Endlich, um den peinlichen Zwiespalt abzuschneiden, stieg er rasch wieder in sein Zimmer hinauf und versuchte zu schlafen, so gut es gehen wollte.

Der folgende Tag war neblig und schwül. Ein schwerer Schirokko wehte die Dünste des Sees in das Gebirge hinauf, und die Sonne drang nicht durch. Unter der Platane am Brunnen schien es heute nicht Tag werden zu wollen.

Schon so früh auf den Beinen, altes Ungewitter? sagte Taddeo, als er, mit den Stiefeln des Fremden aus dem Turm tretend, die Barborin am Brunnen fand. Und bist doch gestern lange spazieren gegangen, wenn mir recht ist.

Was weißt du davon, Murmeltier? brummte die Alte. Dich hat man schnarchen hören, daß die Mauern einem über den Kopf zu fallen drohten.

Gott sei Dank! sagte der Bursch mit einem höhnischen Auflachen. Ich schlafe den Schlaf des Gerechten. Wer ein böses Gewissen hat, den sticht jede Daunenfeder ins Fleisch.

Man kennt dich, erwiderte die Alte, daß dich eine glühende Kohle nicht brennen würde, solch ein ausgeglühter Höllenbraten, wie du bist. Geh nur deiner Wege! Gute Worte zerbrechen einem nicht die Zähne, aber ich will lieber den Gottseibeiuns Gevatter nennen, als an dich ein gutes Wort wenden.

Sie füllte rasch ihren Krug und trug ihn ins Haus. Ob er was gemerkt hat? murmelte sie für sich. Es ist sonst nicht meine Zeit, an den Brunnen zu gehen, und wie er aus der Tür trat, hatte ich den Brief erst halb in der Tasche. Gleichviel! Wenn der Himmel helfen will, muß der Teufel mit langer Nase abziehen. Ach, du armes Herz! Da geht sie noch immer ohne Schlaf und Ruhe auf und ab. Frau Marchesa! und sie klopfte mit ihren krummen, alten Fingern leise an die Tür. Jawohl, sagte sie dann, nun soll ich glauben, daß sie schläft! Aber Barborin ist nicht so leicht anzuführen. Sie will mich nicht sehen, ich weiß wohl. Was soll sie mir für ein Gesicht machen? Daß ich den Herrn Capitano hereingelassen habe, das muß sie mir übelnehmen, denkt sie, und doch weiß sie am besten, es meint's kein Mensch so gut mit ihr, wie das alte garstige Geschöpf von Barborin. Wart, ich will ihr den Brief unten durch die Türspalte ins Zimmer schieben. Da mag sie ihn dann nehmen oder nicht, ich wasche meine Hände.

Gesagt, getan. Die Spalte war breit genug, um den Brief mit einem geschickten Wurf so weit ins Zimmer zu bringen, daß er nicht übersehen werden konnte. Als es geschehen war, setzte sich die Alte mit zufriedener Miene an den Spinnrocken neben das Fenster, durch dessen zerbrochenen Laden ein grauer Tageschimmer hereindrang. Sie summte wieder das Lied von der Donna Lombarda vor sich hin:

Des Schlängleins Kopf zerstoßt im Mörser,
Zerstoßet ihn, zerstoßet ihn!

Das schüttet in den Wein dem Gatten,
Von dem er trinkt, von dem er trinkt,

Wenn er zu Nacht vom Jagen heimkommt
Und durstig ist, und durstig ist – – –

Da ging plötzlich die Tür des Schlafzimmers auf, und ihre junge Herrin trat herein. Barborin, sagte sie, und ihre schönen, dunklen Augen blickten sehr ernst und strenge, ich hatte mir vorgenommen, dir kein Wort über dein wahnwitziges Treiben gestern abend zu sagen. Ich weiß, du hattest es gut im Sinn, und darum wollt' ich dir verzeihen, wenn du von jetzt an dich vernünftig betrügest. Aber daß du die Stirn hast, das Spiel fortzusetzen, ist zu stark. Und hiermit sag' ich dir's: Noch der leiseste Versuch dieser Art, und wir sind geschieden! Was den Fremden betrifft, so dauert er mich noch mehr, als ich ihm zürne, und darum will ich das letzte noch unterlassen und dem Marchese nichts sagen. Ich weiß, er verließe das Schloß nicht lebendig, wenn mein Gemahl von diesem Briefe wüßte. Aber so kann's nicht bleiben. Ich will, daß du dich gleich aufmachst und Fra Ambrogio bittest, ungesäumt zu mir zu kommen. Der soll dem Tolldreisten meinen Willen mitteilen, und ihm raten, je eher je lieber fortzugehen. Hast du gehört, was ich dir gesagt habe, Barborin?

Die Alte starrte ihre Herrin mit weitgeöffnetem Mund und Augen an. Um Gott, Frau, sagte sie, dazu den Fra Ambrogio? Das könnt ja ich –

Still! herrschte die Marchesa. Ich wiederhole dir's: Wenn du nur das geringste Zeichen, nur einen Blick oder Wink mit dem Fremden wechselst, so darfst du mir nie wieder vors Angesicht. Eile dich und hole den Alten. Ich habe ihm noch mehr zu sagen. Am Nachmittag kann er schon hier sein.

Damit ging sie, ohne die Erwiderung ihrer erschrockenen Getreuen abzuwarten, in ihr Zimmer zurück und schloß sich von neuem ein. Die Alte kannte sie hinlänglich, um zu wissen, daß nichts übrigbleibe, als zu gehorchen. Es war ihr nie so sauer geworden, wie diesmal.

Mit Ächzen und Seufzen machte sie sich auf und vergaß sogar, ihre Dose einzustecken. Taddeo, dem sie im Hof von dem eiligen Auftrag ihrer Gebieterin sagte – sie durfte ohne sein Wissen nicht aus dem Kastell – sah an ihrem verstörten Wesen, daß etwas nicht richtig sei, daß der Brief, den er selbst vor Tage noch gelesen, eine unerwünschte Wirkung gehabt habe. Er zerbrach sich den Kopf darüber, was der Kapuziner solle. Endlich beschloß er, seine Schuldigkeit, diesmal blindlings, zu tun und seinem Herrn das Neueste zu hinterbringen.

Er fand ihn mit einem überwachten Gesicht am Fenster stehen, als ob er ihn längst erwartet hätte. Auch die Meldung hörte er an, als habe er sich auf das und anderes völlig gefaßt gemacht.

Taddeo, sagte er, während er Briefe und Geld in eine kleine Kassette tat, wir verreisen in einer Stunde. Du wirst mich diesmal begleiten. Geh sogleich zu meiner Frau und sag es ihr in

Die Scaligerburg im malerisch gelegenen und heute sehr betriebsamen Sirmione

meinem Auftrage, hörst du? Wie lange ich fortbleibe, sei noch ungewiß, vielleicht Monate. Wenn sie einen Wunsch oder eine Beschwerde habe, der ich abhelfen könne, solle sie mir's sagen lassen. Was stehst du und gaffst?

Herr Marchese – stotterte der Bursch, der seinen Herrn fast wie einen Irrsinnigen anstarrte, Sie wollten – Sie könnten? – Aber das ist ja unmöglich!

Es geschieht! sagte der Marchese. Geh und packe dann meinen Koffer. Die Martina soll ihn uns nachtragen den Berg hinunter, bis wir einen Schiffer unten am See finden. Du selbst nimmst nur das Nötigste in deinen Mantelsack. Geh und laß mich nicht warten.

Als der Diener hinaus war, schloß der Marchese die Kassette, dann warf er sich in den hohen Sessel wie ein tief Erschöpfter und blieb so liegen, die Augen fest auf die Tür geheftet. Er rührte sich nicht; in furchtbarer Spannung aller Sinne horchte er hinaus. Lange hörte er nichts, als das Ticken von Ginos goldener Uhr, die neben der Kassette auf seinem Tische lag.

Da endlich vernahm er Schritte im Vorzimmer draußen, Schritte, deren schwebender Hall ihn plötzlich aus seiner Lage emporriß. Mit der rechten Hand stützte er sich scheinbar nachlässig auf die Lehne des Sessels, mit der Linken drückte er sein Herz zusammen, das zu springen drohte.

Es klopfte leise an die Tür. Mit gepreßter Stimme, kaum hörbar, rief er »Herein!« Die Tür ging auf, und seine Frau trat über die Schwelle.

Er erschrak vor der Blässe ihres jungen Gesichts, das er so lange nur in dem grauen Zwielicht der Schloßkapelle gesehen hatte und auf das jetzt der kalte Tagesschein fiel. Ein scheuer Blick aus ihren schwarzen Augen streifte ihn; gleich darauf waren ihre Wangen tief in Glut getaucht. Sie mochte gesehen haben, was neben der Kassette lag.

Sie tat unwillkürlich einen Schritt zurück, als hätte sie sich in ein falsches Zimmer verirrt. Aber sie blieb am Türpfosten gelehnt stehen und sammelte all ihren Mut.

Ihr wollt verreisen, mein Gemahl? sagte sie tonlos, mit der Hand das Kreuz festhaltend, das auf ihrer Brust hing. Ich habe kein Recht zu fragen, warum Ihr geht und wohin. Aber die Angst hat mich überfallen, es möchte meiner Mutter etwas zugestoßen sein, das Euch so plötzlich nach Mailand riefe. Ich hatte einen ängstlichen Traum, wo ich sie sterbend sah. Sagt mir aus Barmherzigkeit nur das eine, ob ich mich täuschte oder nicht.

Ich hoffe, die Gräfin ist wohl, erwiderte er mit gewaltsamer Fassung. Wenigstens habe ich keine Nachricht, die das Gegenteil sagte. Wenn ich reisen muß, so sind es andere Gründe, die es mir dringend machen. Aber da ich vielleicht lange von hier abwesend bin, wollte ich vorher erfahren, ob Euch die Luft hier noch zusagt. Ihr seht blaß aus, Giovanna. Der Aufenthalt in dieser Enge mag Euch nicht länger zuträglich sein. Sagt es offen. Ich würde dann Vorkehrungen treffen, daß Ihr den Winter in Venedig zubrächtet, wo die feuchte Seeluft Euch ohne Zweifel heilsam wäre.

Ich danke Euch, sagte sie, und ihre Stimme bebte, ich verdiene nicht so viele Güte und Rücksicht. Laßt mich, wo ich bin. Ich möchte nirgend anders sterben, als in dieser Einsamkeit. Aber, wenn Ihr für eine Bitte von mir ein Ohr habt, so reist heute noch nicht; verschiebt es bis morgen – oder übermorgen – je nachdem.

Und aus welchem Grunde? fragte er.

Ich möchte ihn Euch lieber nicht sagen, um Euch Unangenehmes zu ersparen. Wenn Ihr mir glauben wolltet, daß es besser wäre – aber Ihr habt recht; Euer Vertrauen wäre ein zu große Gunst für mich.

Er schwieg und ließ seine Augen fest auf ihren gesenkten Wimpern ruhen.

Nun denn, fuhr sie fort, so muß ich wohl sprechen, auf alle Gefahr. Ich habe es dem Fra Ambrogio vertrauen wollen, der sollte mir raten. Nicht, was ich Euch schuldig bin. Darüber braucht mich niemand zu belehren. Aber ob es nicht einen schonenderen Weg gäbe, auch einen Dritten, der mitbeteiligt ist, in seine Schranken zurückzuweisen, ohne Euch zu kränken. Nun wollt Ihr so eilig fort; da bleibt nichts übrig, als alles Eurer großmütigen Entscheidung zu überlassen.

Wovon redet Ihr, Giovanna?

Sie trat einen Schritt näher und zog die Tür hinter sich zu. Ein Gast ist im Hause, sagte sie, der ohne mein Wissen und wahrlich sehr gegen meinen Willen erfahren hat, was für ein unglückliches Leben noch unter diesem Dach atmet. Er hat Mittel gefunden, mich bei Nacht im Garten anzusprechen. Ich habe ihm mit aller Entschiedenheit bedeutet, daß ich ein zweites Einmischen in mein Schicksal ihm nicht verzeihen würde. Nun hat eine törichte, fast wahnwitzige Teilnahme an meiner Lage, die er doch nur von außen kennt, ihn so kühn gemacht, mir zu schreiben – diesen Brief. Lest ihn, mein Gemahl. Er wird Euch überzeugen, daß ich mich hier nicht sicher fühlen würde, wenn Ihr mich mit diesem überspannten Mann allein ließet. Ich wollte ihm durch Fra Ambrogio einen Schwur abnehmen lassen, nie von dem, was er hier gesehen, zu einer lebenden Seele zu reden. Das, oder wie Ihr sonst mit ihm zu verfahren denkt, sei nun Eure Sache. Aber laßt mich noch auf meinen Knien bitten, weder an ihm noch an jemand sonst wegen dessen, was geschehen, rasch und grausam zu handeln. Sie meinen es gut, so verkehrt sie denken. Sie wissen alle nicht, daß ich nichts anderes wünsche, als was mir hier bereitet ist.

Jetzt erst, während er den Brief in zitternden Händen hielt und lange hineinstarrte, wagte sie ihn anzusehen. Die Herrschaft über sich selbst, die ihn auch jetzt nicht verließ, hielt die Bewegung in ihm so weit nieder, daß sich nichts davon auf dem düsteren Gesicht spiegelte. Und so sagte er endlich mit gelassenem Ton, wie wenn er das Gleichgültigste hinwürfe:

Ich finde diesen Brief ganz vernünftig. Der Schreiber sieht die Lage der Dinge zwar von außen, aber darum nur desto unbefangener, und Ihr tut ihm sehr unrecht, wenn Ihr ihn für halb wahnwitzig haltet. In der Tat, auch mir ist der Gedanke mehr als einmal gekommen, daß es nicht so fortgehen könne. Denn einen Mord auf mich zu laden, jetzt mit kaltem Blute, nachdem ich damals mit meinem heißen es nicht habe über mich gewinnen können, dazu spüre ich keine Lust. Und doch wird das das Ende sein, wenn Ihr so fortlebt.

Gewiß, sagte sie, ich werde sterben, aber daran habt Ihr keine Schuld, mein Gemahl. Und wenn Ihr es hättet, so würde ich Euch auch dafür danken; denn ich habe nichts mehr im Leben zu hoffen.

Ihr seid jung, Giovanna. Der Schatten, der auf Euer Leben gefallen ist, wird sich lichten. Was geschehen ist, stirbt endlich ab und läßt das Herz wieder los. Dann werdet Ihr Euch eines Tages wundern, wie Ihr so lange in dieser Dumpfheit ausgehalten habt, und wenn ich, der ich so viel älter bin, dann aus dem Leben gehe und Eure Hand wieder frei gebe, die ich nie hätte ergreifen sollen, da ich wohl wußte, daß Euer Herz sich von mir abwandte –

Ihr habt keine Schuld, unterbrach sie ihn. Ich habe Euch nie gesagt, daß ich schon vor Euch geliebt hatte.

Aber ich wußte es. Ich sah es mit diesen meinen Augen. Leidenschaft verblendete mich. Ich hoffte, wenn Ihr mein wäret und den Ernst und die Stärke meiner Gefühle sähet, ich würde endlich den Nebenbuhler aus dem Felde schlagen. Ich hatte nicht bedacht, daß eine erste Neigung in einem Gemüt, wie das Eure, die tiefsten Wurzeln treiben müsse; dann kam alles, wie es kommen mußte, wie es der Lauf der Welt mit sich brachte.

Nein, mein Gemahl, sagte sie mit erhobener Stimme und einem vollen Aufleuchten ihres traurigen Blickes. Ihr tut Euch sehr unrecht, wenn Ihr sagt, es sei hier nichts geschehen, was nicht alltäglich wäre. Ich war jung, als ich mich mit Euch verband, aber nicht so jung, daß ich nicht Euren Wert hätte erkennen sollen, wenn nicht ein kindischer Trotz, den ich in mir selbst nährte, sich in mir aufgelehnt hätte, je edler und gütiger Ihr waret, desto ungebärdiger Euch fremd zu bleiben, ja eine Todsünde zwischen uns zu stellen, die nichts auslöschen, keine Reue und Buße vergessen machen kann. Ob das noch alltäglich war, ich weiß es nicht, ich habe die Welt zu wenig gesehen. Aber, daß Ihr handeltet, wie es wenige Euch nachtun würden, davon bin ich in meinem Innersten überzeugt. Ihr hattet das Recht, mich und ihn in die ewige Nacht zu schicken. Niemand hätte Euch einen Mörder geheißen. Aber Ihr hättet Schande auf meinen Namen, auf den Namen meiner Eltern gehäuft, und das edelste Mitleiden hielt Eure Hand zurück, in der schon der Degen nach meinem schuldigen Blute zuckte. Und dann, statt mich in der Stille dieses Hauses mit Füßen zu treten, wie den Auswurf des Geschlechts, und davon zu gehen und mich meinen Qualen zu überlassen, habt Ihr es ertragen, die Luft mit mir zu teilen, und mir Muße gegönnt, in mich zu gehen und zu erkennen, wer ich bin und wie tief ich unter Euch stehe. Ich weiß, ich werde nie ins Leben zurückkehren. Es ist ein Ekel in mir an allen Freuden, an die ich früher mein Herz gehängt habe. Und was hätte ich auch vom Leben, selbst wenn Ihr mir zureden wolltet, die Welt wieder zu sehen, da ich nie hoffen darf, wieder für Euch zu leben? Aber da wir gerade von all diesem Trostlosen sprechen – und ich danke Euch aufs innigste, daß Ihr mich anhört nach so langem Verstummen – eine Hoffnung hege ich, mein Gemahl, eine Bitte, die ich Euch in dieser glücklichen Stunde sagen will: Wenn ich sterbe, so bleibt mir nicht fern; wenn ich Euch dann bitten lasse, noch einmal zu mir zu kommen, so kommt und verweigert mir nicht Eure

Hand, und wenn ich dann nicht mehr sprechen kann, Euch nur noch ansehe, so wißt, was der Blick bedeutet, daß er Euch anfleht, mir nur einmal die Hand auf die Stirn zu legen und zu sagen: Ich habe dir verziehen!

Er schwieg eine Weile und stand, die Augen fest geschlossen, im Kampf mit einer übermächtigen Bewegung. Nein, sagte er endlich und seine Stimme bebte, das kann ich nicht, das ist zu viel verlangt!

Was, mein Gemahl? sagte sie erschreckend und trat einen Schritt zurück.

Daß ich warten soll, bis du stirbst, um dir das zu sagen! rief er und öffnete plötzlich die Arme, während ihm ein Strom von Tränen aus den Augen stürzte. Halb blind stürzte er ihr entgegen, verworrene Worte stammelnd: Mein Weib! – mein armes Weib! – Vergib – komm an meine Brust – sei mein – laß mich dein sein! – Gott – allbarmherziger Gott – diese Stunde nur überleben und dann dich preisen – ewig!

Er haschte nach ihren Händen. Sie aber war dicht an der Schwelle zusammengesunken. Das Übermaß der Freude schien sie entseelt zu haben. Da versuchte er sie aufzuheben und ließ sie dann wieder niedersinken, kniete neben ihr und lehnte ihr ohnmächtiges Haupt an sein Knie, Stirn und Lippen ihr mit Küssen und Tränen bedeckend. Wach auf, rief er ihr ins Ohr, wir fangen ja erst zu leben an, wir haben es uns hart verdienen müssen, noch einmal glücklich zu werden; nun laß uns keine Zeit verlieren. Ich geize mit jeder Minute, da ich Jahre verloren habe. Wach auf, Giovanna, mein armes geliebtes Weib, wach auf!

Da schlug sie endlich die Augen langsam wieder auf, aber sie konnte noch nicht sprechen, sie lag ganz still auf dem Teppich in seinen Armen und sah ihn groß und ruhig an, als wollte sie aus seinen Augen erforschen, ob dieses Märchen Wahrheit sei. Geht es denn schon zu Ende? war das erste, was sie hervorbringen konnte. Und er: Wir fangen erst an, wiederholte er. Komm, hier gebe ich dir den ersten Kuß als dein verlobter Bräutigam. Ehe du heute meine Braut wurdest, hast du viel Dunkles und Trauriges erlebt. Aber die Liebe, die mir nun überm Haupt zusammenschlägt, spült alles von dir ab, du gehst mir entgegen wie ein neuer Mensch, und so nehme ich dich an mein Herz und danke Gott für dich, der dich mir neu erschaffen hat. Richte dich auf. Nein, warte noch einen Augenblick, bis ich dich in meinen Armen aufhebe.

Er ließ sie sanft auf den Teppich nieder und schloß ihr mit seinen Lippen die Augen. Dann erhob er sich, trat zu dem Tisch am Fenster und warf etwas, das darauf lag, mit raschem Griff in die Schlucht, die sich jäh hinuntersenkte.

Die Luft ist völlig rein, sagte er, sich wieder zu ihr wendend, die still wie schlafend auf dem Teppich ruhte. Komm! Wir wollen nun miteinander sprechen wie zwei vernünftige Brautleute, die miteinander ausmachen, wie sie ihr Leben einrichten sollen.

Nun hob er sie auf und führte sie zu seinem Sessel, dem Fenster gegenüber. Da setzte er sich und zog sie auf seine Knie, während sie wie träumend vor sich niedersah und ihn sprechen ließ, wie man einer Musik zuhört. Er sagte ihr mancherlei, auf das sich wohl eine Antwort geziemt hätte. Aber wenn sie dann stumm blieb, sprach er ruhig weiter. Nur von Zeit zu Zeit bückte sie sich auf seine Hand nieder und küßte sie leidenschaftlich.

Der Tag hatte sich aufgehellt nach einem leichten warmen Regen. Oben in den Klippen, nah am Steinbruch, irrte Eugen seit mehreren Stunden umher. Ihn hatte der Regen nicht erfrischt; unter seiner Stirn blieb es schwer und schwül und seine Augen, in die über Nacht kein Schlaf gekommen war, schweiften traurig und unstet über das kahle Hochland.

Er hatte am Morgen die Barborin über die Zugbrücke gehen

und den Weg nach dem Kloster einschlagen sehen. Diesmal aber sang sie nicht und gab ihm kein Zeichen. Vielmehr, als sie sich zufällig umwendete und ihn oben am Fenster stehen sah, hatte sie, sichtlich erschreckend, das Tuch dichter über den Kopf gezogen und war eiliger bergan gestiegen.

Was sollte er davon denken? War das schon eine Antwort auf seinen Brief? Oder war eine Gefahr im Anzuge und sie wollte ihn sich nachlocken, um droben in der einsamen Wildnis ihr Herz gegen ihn auszuschütten?

Droben aber hatte er sie vergebens stundenlang gesucht und sich endlich, als die Sonne stechend zwischen den Dünsten hereinbrach, in die Hütte am Steinbruch zurückgezogen. Er mußte voraussetzen, daß sie ihn hier aufsuchen würde, wenn sie ihm etwas zu sagen hätte.

Der Ort schien ihm noch öder, als das erstemal. Nicht einmal eine Ziege verirrte sich zu ihm. Die Spinne, die an den grauen Balken ihr Netz angehängt hatte, saß schläfrig im Winkel und wartete, daß die Sonne die angesprengten Regentropfen wieder aufsaugen sollte. Da warf er sich in die dunkelste Ecke, und über dem Horchen hinaus in die lautlose Mittagsluft schlief er endlich fest ein.

Das Geräusch eines stark herniederprasselnden Gewitterregens weckte ihn nach einigen Stunden. Er sprang auf und fühlte sich jetzt erleichtert und wie von einem unnatürlichen Druck befreit. Während er in der Tür der Hütte stehend abwartete, daß das Wetter vorbeizöge, faßte er einen klaren Entschluß. Sein nächstes Geschäft in dieser Gegend war mit der Weigerung des Marchese, seinen Besitz zu verkaufen, so gut wie erledigt, denn die Rekognoszierung, die er gestern angestellt, hatte seinem geübten Blick bald gezeigt, daß jede Befestigung des Passes, die das Kastell nicht in ihren Plan aufnähme, eine vergebliche Arbeit sei. Bis an den anderen Morgen wollte er nun noch eine Antwort auf seinen Brief abwarten. Wenn alles stumm bliebe, sollte es ihm ein Zeichen sein, daß ihm das Schicksal keine Rolle in diesem Trauerspiel zuerteilt habe.

Inzwischen hatte sich's abgeregnet, und er verließ festen Schrittes die Hütte. Doch stand er oft still und sah zurück, als erwarte er hinter jedem Gebüsch die Alte hervortreten zu sehen. So brauchte er wohl eine Stunde, um den Weg bis zum Kastell hinabzusteigen.

Zu seinem größten Erstaunen fand er unten das schwere Hoftor halb offen, ein Haufe von Bauernweibern und Kindern stand davor, gaffte durch den dunklen Bogen ins Tor hinein und machte kaum Platz, als Eugen sich näherte. Im Hofe drinnen sah er einen Bauernwagen, auf dem Kisten und Koffer standen, während Barborin und eine mürrisch aussehende Magd noch immer neue Gegenstände aus dem Erdgeschoß herausschleppten und sorgfältig zwischen der übrigen Last verpackten. Als die Alte den jungen Offizier herantreten sah, tat sie einen unverständlichen Ausruf, kletterte hurtig von dem Wagen herunter und zog – indem sie der Martina zurief, das Gepäck zu bewachen, es sei dem Diebesvolk nicht zu trauen – den Überraschten ins Haus hinein, wo sie erschöpft, unter lebhaften Gebärden des Wunderns und Sichfreuens, auf Taddeos Bett niedersank.

Was werdet Ihr für Augen machen, Herr Capitano! rief sie und schnupfte, wie um sich selbst Fassung zu gewinnen. Heilige Mutter der Gnaden, wer hätte das gedacht! Heute früh – meinte ich doch, wir zwei würden in alle Ewigkeit kein Wort mehr miteinander reden; denn sie hatte mir gedroht, mich fortzujagen, wenn ich Euch auch nur noch Guten Tag sagte, alles um Euren Brief, und der Herrgott, der mich geschaffen hat, weiß, mit wie viel Seufzern ich den Berg hinaufstieg, um den Fra Ambrogio zu holen, denn ich dachte nicht anders, als sie will ihm zum letzten Male beichten und sich dann ein Leids antun, so entsetzlich hatte sie mich angesehen. Und den ganzen

Weg hin und zurück nichts als Stiche hier in der linken Seite, wo ich's gleich spüre, wenn ich Kummer habe, und was der gute Frate sagte, mich zu trösten, half mir nicht mehr als Limonade gegen das kalte Fieber. Aber wie wir hier ankommen und ich frage: Wo ist unsere Frau, Taddeo? – und der Spitzbube sagt mit einem Gesicht, wie wenn einer den Jüngsten Tag prophezeit: Sie ist beim Herrn droben – und ich: Du willst mich foppen, Tückebold! sag' ich; das ist ja unmöglich! – Hm! sagt er, unmöglich oder nicht, aber wahr ist es, altes Ungewitter, und wir verreisen, dahin, wo ich hoffentlich deine gelbe Fratze nicht mehr zu sehen brauche! – wie mir da wurde, lieber Herr, und wie ich dann mit dem Fra Ambrogio die Treppe hinaufhaspelte, zwei Stufen auf einmal mit meinen bald sechzigjährigen Spazierstöcken – und droben, was denkt Ihr? wer sitzt bei dem Herrn und läßt sich schön tun, und wie wir zwei unangemeldet hereinplatzen, springt sie auf ihre Füße und wird Euch rot wie ein ganz junges verliebtes Ding, das man bei seinem Schatz ertappt? Nun, ich sage nichts weiter, ich weiß auch nicht viel weiter, als daß ich, so alt ich noch werden mag, so einen Tag nicht wieder erlebe.

Wie das alles gekommen – ja, du lieber Himmel, wer das wüßte! Die Martina hab' ich gefragt, die weiß aber kein Sterbenswort; selbst dem Spitzbuben, dem Taddeo, hab' ich das Wort gegönnt, und der tat mächtig verschmitzt und geheimnisvoll, aber ich merkte wohl, daß auch er nichts weiß und erhorcht hat, und darum gerade war er so schlechter Laune. Hernach aber wurde er plötzlich umgedreht wie ein Handschuh. Denn meine Frau, als sie eben von ihrem Gemahl herunterkam und ihn im Hof bei seiner Arbeit stehen sah, ging auf ihn zu und sprach eine Weile mit ihm und gab ihm endlich die Hand, und da sah ich wohl, daß er ganz auseinander war und die Hand festhielt und küßte, was sie aber nicht leiden wollte. Und hernach sang und pfiff er, der garstige Heimtükker, und war um den Finger zu wickeln. Zu mir dagegen sprach die Frau kein Wort, obwohl sie sehr sanft und gut war, und mir und der Martina hat sie all ihre Kleider geschenkt, die sie hier getragen. Dann zog sie selbst ein ganz weißes an, das mußt' ich ihr aus dem untersten Fach herausholen, wo es seit zwei Jahren die Sonne nicht beschienen hatte, und wie sie fertig angezogen war: meiner Seel', sagt' ich, Ihr seht ja förmlich aus wie eine ganz junge Braut! – Ich bin's auch, Barborin, sagte sie, und nun komm mit mir. – Und da ging sie voran in die Kapelle hinauf, da war schon der Marchese und auch Taddeo, und Fra Ambrogio ließ die Herrschaften beide auf einen Schemel am Altar niederknien und sprach den Segen über sie, als würden sie da zum ersten Male zusammengegeben. Und ich heulte vor Freuden und sah, wie auch der hartgesottene Sünder, der Taddeo, den Mund und sein eines Auge verzog, aber geweint hat er denn doch nicht.

Ach, lieber Herr, was haben wir erleben müssen! Und wie anders ist es gekommen, als wir noch gestern um diese Zeit dachten! Denn kaum war der Pater fertig, da stand unser Herr auf, küßte die Frau auf den Mund und führte sie hinaus. Mich sah er nicht einmal von der Seite an, aber ich merkte doch, er dachte nicht daran, mich totzuschießen. Er führte seine Frau, ohne sich irgend aufzuhalten, hinunter und über den Hof und zum Tor hinaus, so wie sie ging und stand, und der Taddeo hatte nur noch Zeit, mir zu bestellen, ich solle alles einpacken und morgen mit dem Gepäck den Herrschaften nachfahren, und dies Briefchen, sagt' er, sei für den Herrn Österreicher, also für Euch, und im übrigen könntet Ihr ihm, nämlich dem Taddeo, gestohlen werden – der schlechte Kerl, der er ist! – und dann lief er den Herrschaften nach, die noch draußen auf der Brücke von Fra Ambrogio Abschied nahmen. Seht, das ist alles, was ich weiß. Vielleicht steht das übrige in dem Briefchen hier.

Das Blatt aber, das Eugen in seltsamer Bewegung beim

letzten Tagesschein entzifferte, enthielt, mit Bleistift von der Hand des Marchese hingeworfen, nur die Worte: »Ihr seid ein Ehrenmann. Ihr werdet wissen, was Ihr der Gastfreundschaft schuldig seid. Lebt wohl!«

Eine Stunde darauf, als er in tiefer Dämmerung mit einem Knaben, der sein Gepäck trug, den Berg hinunterstieg – er hatte sich nicht entschließen können, trotz Barborins heftigem Zureden, noch eine Nacht im Kastell zu bleiben – sah er unten, wo die Steine im Bett des Wildbachs weiß heraufschimmerten, etwas Glänzendes, das ihn, ohne daß er wußte warum, zu dem halsbrechenden Umweg in die Tiefe lockte. Er hieß den Knaben warten und stieg von Klippe zu Klippe hinab, die Augen fest auf das Blinkende geheftet. Als er es aufhob, durchzuckte ihn eine seltsame Empfindung. Er zweifelte keinen Augenblick, daß er dieselbe Uhr in den Händen hielt, die so viel bittere Stunden gezeigt hatte seit jener ersten entscheidenden Mitternacht. Nun stand sie für immer still, das Werk war zerschmettert.

Der Finder steckte sie mechanisch in die Tasche; er dachte wohl daran, sie zum Andenken an diese Tage aufzuheben. Als ihn aber in dunkler Regennacht ein Kahn nach Riva hinübertrug, zog er plötzlich mitten auf dem See die Uhr hervor und warf sie über Bord.

Christian Morgenstern
An Sirmio

(Catulls Ode)

Kaum glaub ich's noch! Catull, du bist daheim!
Daheim auf deinem lieben Sirmio!
Oh Sirmio, Sirmio, Kronjuwel Neptuns!
In allen Meeren, Strömen, Seen sucht

Deingleichen man umsonst: Kein Vorgebirg,
kein Halbeiland, kein Eiland kommt dir gleich!
Wie gern bin ich zu dir zurück geeilt!
Wie schön, die Sorg und all den fremden Kram,
der mir nichts ist, im Rücken weit, weit, weit,
am eignen Tisch, im eignen Bett zu ruhn!
Das ist doch noch ein Lohn nach so viel Plag!
Mein Zauber-Sirmio, freust du dich denn auch?
Und du, mein See, brandest du mir Willkomm?
Ja, alles lacht und ruft: Catull ist da!

Georg von der Vring
Verona

Die Brücke der hundert Zinnen hält
Dem Abend ihr Rot bereit,
Doch spät, wenn das Schwalbenspiel ist vorbei,
Dunkelt sie aus der Welt;

Die nachts den Wassern der Zeitlichkeit
Pfeiler entgegenstellt,
Auf dreien Bögen steigt sie und fällt
Und kommt in keine Zeit.

Georg Britting
Markt in Verona

Gemüsemarkt – doch unter den Schirmen klagt
Bei Obst und Kraut langhalsiger Vogelmord:
Die stumm gewordnen Lerchen, Amseln
Harren der gnädigen Köchin, die sie

Am heißen Bratspieß wieder zum Singen bringt.
Soldaten ziehn bei gellendem Hörnerklang:
Die Mädchen winken ihnen zu, die
Nonne sogar in gestärkter Haube

Ist fromm verwirrt und lächelt zum Fähnrich hin.
Da klatscht ein wilder Wind von der Etsch herauf
Den schwarzen Rock ihr an den Leib: sie
Schaudert, die Jungfrau, und flüchtet eilig

Zur Kirchentür. Wie himmlische Mahnung schwirrt
Ihr weiß ums Haupt vielwissend ein Taubenschwarm.
Die Bauern in dem Rauch der Schenke
Laben sich lärmend an Speck und Rotwein.

Paul Heyse
Frühling am Gardasee

> Und so seh' ich doch dich wieder,
> Mein Italien, teures Land! –
> *Vincenzo Monti*

Vorfrühling

Sieh, die Kastanien – noch nicht entfalten
Sie ihre Knospen, harzig gebräunt.
Den weißen Schneehut hat aufbehalten
Der Monte Baldo, mein alter Freund.

Der schöne Frühling kommt zögernd heuer;
So warm der Mittag, die Nacht ist rauh.
Auch im Kamin ist ein kleines Feuer
Noch sehr willkommen der lieben Frau.

Zypressen und Olivenbäume im grünen Hinterland von Bardolino

Jungfräulich herbe sind noch die Lüfte,
Noch hat kein Vogel sein Nest gebaut,
Doch von der Halde wehn Veilchendüfte,
Süß wie der Atem der jungen Braut.

Wer weiß, wie bald uns der Lenz beschieden,
Des holde Nähe sich schon verriet.
Ich fand heut früh an des Märzen Iden
Schon Pfirsichblüten und dieses Lied.

Lebensgeheimnis

Und sie fragen, was mich jung erhält,
Da ich lang' schon wandre durch die Welt,
Und sie staunen, daß noch nicht sich satt
Meine Seel' am Licht getrunken hat!

Fangt nur auch, so wie ich stets getan,
Jedes Frührot neu zu leben an,
Jedes Tags alltäglichen Gewinn
Als ein neues Wunder nehmt ihn hin!

Ist's der Jugend holdes Vorrecht doch:
Alles Leben überrascht sie noch.
Unerschöpft im Brunnenschacht der Brust
Sprudeln Quellen ihr der Lebenslust.

Ein Geheimnis dünkt ihr jedes Ding,
Märchenhaft, im weiten Weltenring.
Noch verhüllt ihr eines Zaubers Duft
Den erbarmungslosen Spuk der Gruft.

Noch umfangen zukunftslos vom Heut,
Rafft sie an sich, was die Stunde beut,
Und doch hebt sie überm Wust das Haupt,
Da sie schwärmend noch an Ew'ges glaubt.

Oft betrogen immer neu vertraun,
Freudig auf den Sieg der Wahrheit baun,
Als ein arglos frommes Kind der Welt –
Und sie fragen, was mich jung erhält!

Abschied

Zum letztenmal
Meinen Lieblingspfad
Am Bergesabhang
Durch Rebengärten,
Wo zartverschränktes Olivenlaub
Unter den dunklen Lorbeerwipfeln
Freundlichen Schatten streut,
Wandl' ich dahin.

Still ist die Luft.
Nur ein lichtes Wölkchen
Steht regungslos
Drüben auf der weißen Stirn
Des greisen Monte Baldo,

Und die kleinen Städtchen, gelagert
Zu Füßen des Alten
Wie artige Kinder,
Torri und Garda
Mit San Vigilios Kap

Und südlicher Bardolino
Schimmern mit blanken Häuschen
Ober der purpurnen Bläue des Sees,
Den nicht ein Windhauch kräuselt.

Wonniger Frieden weitum.
Still atmet die Natur
Der Nacht entgegen,
Und drüben im Äther hängt
Die Mondenscheibe,
Eine Silberflocke,
Wie eine Blüte des Frühlingshimmels.

Dort aber das Haus,
Zu dem ich oft den Schritt gelenkt –
Vor dem niederen Eingang
Auf verwitterter Treppenstufe
Die spielenden Knäbchen
Verstummen, da sie mich sehn,
Das Hündchen belfert mich an,
Das magre, scharrende Hühnervolk
Stiebt auseinander,
Nur die Kaninchen fahren
Sorglos fort, die Kräuter zu rupfen
Im hohen Gras.
Und jetzt die junge Herrin der Hütte.
Der zweite Knabe
Hat die blauen Augen der Mutter,
Der ältre des Vaters Augen –
Occhi furbi.
Der mag wohl sitzen
Heut am Sonntag
In der Schenke drunten,

Über deren Tür man liest:
Al tempo perduto.

Lächelnd bietet das junge Weib
Mir guten Abend
Und steht, indem ich raste,
Vor mir, und wir plaudern
Von ihrem mühsamen Tagwerk,
Ihrer Kindersorge,
Die selten nur ihr erlaubt
Den Gang zur Messe.
Die höre der Mann statt ihrer.
Brav sei er und fleißig
Und halte sie gut.

Und das junge Gesicht
Von zarter Blässe,
Indem die Augen
Ruhn auf den Kleinen,
Strahlt von geheimem Stolz und Glück,
Wie jener Römerin,
Die ihre Kinder der Freundin zeigte
Als ihren Schatz an Kleinoden.

– Und da in der Schürze, Frau,
Was tragt Ihr her aus dem Gärtchen?
– Eine Handvoll Salat,
Heut abend zur Polenta.
Siam poveri!

O reiche Armut!
Erhalte sie dir ein gnädig Geschick
Und schütze deine Reben

Vor Hagelsturm
Und böser Krankheit
Und diese Kinderhäupter
Vor argen Gedanken,
Daß, wenn ich wiederkehre
Zu dieser Stätte,
Ich unversehrt noch finde
Deinen reichen Besitz
Am Köstlichsten der Welt:
Ein Haus voll Liebe,
Lebensgenüg' und Frieden!

Johann Wolfgang Goethe
In Malcesine

[Gardasee] Den 14. September 1786.
Der Gegenwind, der mich gestern in den Hafen von Malcesine trieb, bereitete mir ein gefährliches Abenteuer, welches ich mit gutem Humor überstand und in der Erinnerung lustig finde. Wie ich mir vorgenommen hatte, ging ich morgens beizeiten in das alte Schloß, welches ohne Tore, ohne Verwahrung und Bewachung jedermann zugänglich ist. Im Schloßhofe setzte ich mich dem alten, auf und in den Felsen gebauten Turm gegenüber; hier hatte ich zum Zeichnen ein sehr bequemes Plätzchen gefunden: neben einer drei, vier Stufen erhöhten verschlossenen Türe im Türgewände ein verziertes steinernes Sitzchen, wie wir sie wohl bei uns in alten Gebäuden auch noch antreffen.

Ich saß nicht lange, so kamen verschiedene Menschen in den Hof herein, betrachteten mich und gingen hin und wider. Die Menge vermehrte sich, blieb endlich stehen, so daß sie mich zuletzt umgab. Ich bemerkte wohl, daß mein Zeichnen Aufsehen erregt hatte, ich ließ mich aber nicht stören und fuhr ganz gelassen fort. Endlich drängte sich ein Mann zu mir, nicht von dem besten Ansehen, und fragte, was ich da mache? Ich erwiderte ihm, daß ich den alten Turm abzeichne, um mir ein Andenken von Malcesine zu erhalten. Er sagte darauf: es sei dies nicht erlaubt, und ich sollte es unterlassen. Da er dieses in gemeiner venezianischer Sprache sagte, so daß ich ihn wirklich kaum verstand, so erwiderte ich ihm, daß ich ihn nicht verstehe. Er ergriff darauf mit wahrer italienischer Gelassenheit mein Blatt, zerriß es, ließ es aber auf der Pappe liegen. Hierauf konnt ich einen Ton der Unzufriedenheit unter den Umstehenden bemerken, besonders sagte eine ältliche Frau, es sei nicht recht! man solle den Podestà rufen, welcher dergleichen Dinge zu beurteilen wisse. Ich stand auf meinen Stufen, den Rücken gegen die Türe gelehnt, und überschaute das immer sich vermehrende Publikum. Die neugierigen starren Blicke, der gutmütige Ausdruck in den meisten Gesichtern, und was sonst noch alles eine fremde Volksmasse charakterisieren mag, gab mir den lustigsten Eindruck. Ich glaubte das Chor der Vögel vor mir zu sehen, das ich als Treufreund auf dem Ettersburger Theater oft zum besten gehabt. Dies versetzte mich in die heiterste Stimmung, so daß, als der Podesta mit seinem Aktuarius herankam, ich ihn freimütig begrüßte und auf seine Frage: warum ich ihre Festung abzeichnete, ihm bescheiden erwiderte: daß ich dieses Gemäuer nicht für eine Festung anerkenne. Ich machte ihn und das Volk aufmerksam auf den Verfall dieser Türme und dieser Mauern, auf den Mangel von Toren, kurz auf die Wehrlosigkeit des ganzen Zustandes und versicherte, ich habe hier nichts als eine Ruine zu sehen und zu zeichnen gedacht.

Man entgegnete mir: wenn es eine Ruine sei, was denn dran wohl merkwürdig scheinen könne? Ich erwiderte darauf, weil ich Zeit und Gunst zu gewinnen suchte, sehr umständlich, daß sie wüßten, wie viele Reisende nur um der Ruinen willen nach

Italien zögen, daß Rom, die Hauptstadt der Welt, von den Barbaren verwüstet, voller Ruinen stehe, welche hundert- und aber hundertmal gezeichnet worden, daß nicht alles aus dem Altertum so erhalten sei wie das Amphitheater zu Verona, welches ich denn auch bald zu sehen hoffte.

Der Podestà, welcher vor mir, aber tiefer stand, war ein langer, nicht gerade hagerer Mann von etwa dreißig Jahren. Die stumpfen Züge seines geistlosen Gesichts stimmten ganz zu der langsamen und trüben Weise, womit er seine Fragen hervorbrachte. Der Aktuarius, kleiner und gewandter, schien sich in einen so neuen und seltnen Fall auch nicht gleich finden zu können. Ich sprach noch manches dergleichen, man schien mich gern zu hören, und indem ich mich an einige wohlwollende Frauengesichter wendete, glaubte ich Beistimmung und Billigung wahrzunehmen.

Als ich jedoch des Amphitheaters zu Verona erwähnte, das man im Lande unter dem Namen Arena kennt, sagte der Aktuarius, der sich unterdessen besonnen hatte: das möge wohl gelten, denn jenes sei ein weltberühmtes römisches Gebäude; an diesen Türmen aber sei nichts Merkwürdiges, als daß es die Grenze zwischen dem Gebiete Venedigs und dem östreichischen Kaiserstaate bezeichne und deshalb nicht ausspioniert werden solle. Ich erklärte mich dagegen weitläufig, daß nicht allein griechische und römische Altertümer, sondern auch die der mittlern Zeit Aufmerksamkeit verdienten. Ihnen sei freilich nicht zu verargen, daß sie an diesem von Jugend auf gekannten Gebäude nicht so viele malerische Schönheiten als ich entdekken könnten. Glücklicherweise setzte die Morgensonne Turm, Felsen und Mauern in das schönste Licht, und ich fing an, ihnen dieses Bild mit Enthusiasmus zu beschreiben. Weil aber mein Publikum jene belobten Gegenstände im Rücken hatte und sich nicht ganz von mir abwenden wollte, so drehten sie auf einmal, jenen Vögeln gleich, die man Wendehälse nennt, die Köpfe herum, dasjenige mit Augen zu schauen, was ich ihren Ohren anpries, ja der Podestà selbst kehrte sich, obgleich mit etwas mehr Anstand, nach dem beschriebenen Bilde hin. Diese Szene kam mir so lächerlich vor, daß mein guter Mut sich vermehrte und ich ihnen nichts, am wenigsten den Efeu schenkte, der Fels und Gemäuer auf das reichste zu verzieren schon Jahrhunderte Zeit gehabt hatte.

Der Aktuarius versetzte drauf, das lasse sich alles hören, aber Kaiser Joseph sei ein unruhiger Herr, der gewiß gegen die Republik Venedig noch manches Böse im Schilde führe, und ich möchte wohl sein Untertan, ein Abgeordneter sein, um die Grenzen auszuspähen.

Weit entfernt, rief ich aus, dem Kaiser anzugehören, darf ich mich wohl rühmen, so gut als ihr, Bürger einer Republik zu sein, welche zwar an Macht und Größe dem erlauchten Staat von Venedig nicht verglichen werden kann, aber doch auch sich selbst regiert und an Handelstätigkeit, Reichtum und Weisheit ihrer Vorgesetzten keiner Stadt in Deutschland nachsteht. Ich bin nämlich von Frankfurt am Main gebürtig, einer Stadt, deren Name und Ruf gewiß bis zu euch gekommen ist.

Von Frankfurt am Main! rief eine hübsche junge Frau, da könnt Ihr gleich sehen, Herr Podestà, was an dem Fremden ist, den ich für einen guten Mann halte; laßt den Gregorio rufen, der lange daselbst konditioniert hat, der wird am besten in der Sache entscheiden können.

Schon hatten sich die wohlwollenden Gesichter um mich her vermehrt, der erste Widerwärtige war verschwunden, und als nun Gregorio herbeikam, wendete sich die Sache ganz zu meinem Vorteil. Dieser war ein Mann etwa in den Funfzigen, ein braunes italienisches Gesicht, wie man sie kennt. Er sprach und betrug sich als einer, dem etwas Fremdes nicht fremd ist, erzählte mir sogleich, daß er bei Bolongaro in Diensten gestanden und sich freue, durch mich etwas von dieser Familie und von der Stadt zu hören, an die er sich mit Vergnügen erinnere. Glücklicherweise war sein Aufenthalt in meine jüngeren Jahre gefallen, und ich hatte den doppelten Vorteil, ihm genau sagen zu können, wie es zu seiner Zeit gewesen, und was sich nachher verändert habe. Ich erzählte ihm von den sämtlichen italienischen Familien, deren mir keine fremd geblieben; er war sehr vergnügt, manches einzelne zu hören, z. B. daß der Herr Allesina im Jahre 1774 seine goldene Hochzeit gefeiert, daß darauf eine Medaille geschlagen worden, die ich selbst besitze; er erinnerte sich recht wohl, daß die Gattin dieses reichen Handelsherrn eine geborne Brentano sei. Auch von den Kindern und Enkeln dieser Häuser wußte ich ihm zu erzählen, wie sie herangewachsen, versorgt, verheiratet worden und sich in Enkeln vermehrt hätten.

Als ich ihm nun die genaueste Auskunft fast über alles gegeben, um was er mich befragt, wechselten Heiterkeit und Ernst in den Zügen des Mannes. Er war froh und gerührt, das Volk erheiterte sich immer mehr und konnte unserm Zwiegespräch zuzuhören nicht satt werden, wovon er freilich einen Teil erst in ihren Dialekt übersetzen mußte.

Zuletzt sagte er: Herr Podestà, ich bin überzeugt, daß dieses ein braver kunstreicher Mann ist, wohlerzogen, welcher herumreist, sich zu unterrichten. Wir wollen ihn freundlich entlassen, damit er bei seinen Landsleuten Gutes von uns rede und sie aufmuntere, Malcesine zu besuchen, dessen schöne Lage wohl wert ist, von Fremden bewundert zu sein. – Ich verstärkte diese freundlichen Worte durch das Lob der Gegend, der Lage und der Einwohner, die Gerichtspersonen als weise und vorsichtige Männer nicht vergessend.

Dieses alles ward für gut erkannt, und ich erhielt die Erlaubnis, mit Meister Gregorio nach Belieben den Ort und die Gegend zu besehen. Der Wirt, bei dem ich eingekehrt war, gesellte sich nun zu uns und freute sich schon auf die Fremden, welche auch ihm zuströmen würden, wenn die Vorzüge Malcesines erst recht ans Licht kämen. Mit lebhafter Neugierde betrachtete er meine Kleidungsstücke, besonders aber beneidete er mich um die kleinen Terzerole, die man so bequem in die Tasche stecken konnte. Er pries diejenigen glücklich, die so schöne Gewehre tragen dürften, welches bei ihnen unter den peinlichsten Strafen verboten sei. Diesen freundlich Zudringlichen unterbrach ich einigemal, meinem Befreier mich dankbar zu erweisen. Dankt mir nicht, versetzte der brave Mann, mir seid Ihr nichts schuldig. Verstünde der Podestà sein Handwerk, und wäre der Aktuar nicht der eigennützigste aller Menschen, Ihr wäret nicht so losgekommen.

Jener war verlegener als Ihr, und diesem hätte Eure Verhaftung, die Berichte, die Abführung nach Verona auch nicht einen Heller eingetragen. Das hat er geschwind überlegt, und Ihr wart schon befreit, ehe unsere Unterredung zu Ende war.

Gegen Abend holte mich der gute Mann in seinen Weinberg ab, der den See hinabwärts sehr wohl gelegen war. Uns begleitete sein funfzehnjähriger Sohn, der auf die Bäume steigen und mir das beste Obst brechen mußte, indessen der Alte die reifsten Weintrauben aussuchte.

Zwischen diesen beiden weltfremden wohlwollenden Menschen, in der unendlichen Einsamkeit dieses Erdwinkels ganz allein, fühlte ich denn doch, wenn ich die Abenteuer des Tages überdachte, auf das lebhafteste, welch ein wunderliches Wesen der Mensch ist, daß er dasjenige, was er mit Sicherheit und Bequemlichkeit in guter Gesellschaft genießen könnte, sich oft unbequem und gefährlich macht, bloß aus der Grille, die Welt und ihren Inhalt sich auf seine besondere Weise zuzueignen.

Gegen Mitternacht begleitete mich mein Wirt an die Barke, das Fruchtkörbchen tragend, welches mir Gregorio verehrt hatte, und so schied ich mit günstigem Wind von dem Ufer, welches mir lästrygonisch zu werden gedroht hatte.

Martin Greif
Mittag am Gardasee

I.
Im alten Olivenhaine
Am felsigen Seegestad'
Um Mittag wandl' ich alleine
Auf schattenbestreutem Pfad.

Die Ora spielt in den Zweigen
Und kräuselt den silbernen Baum,
Die Gipfel der Felsen steigen
Im blauen ätherischen Raum.

II.
Stets reger zu meiner Seite
Erbraust die bewegte Flut,
Stets blendender in die Weite
Ergießt sich die strahlende Glut,

Bis alles im Lichte vergangen,
Sogar der Berge Gestalt,
Und Schlummer die Welt umfangen
Mit stiller Zaubergewalt.

Am Iseosee

Lago d'Iseo

Kasimir Edschmid
Am Lago d'Iseo

Einsam wie der Ortasee, klein und scharf begrenzt, angesichts der schneebedeckten bergamaskischen Alpen ins Brescianer Bergland gebettet, von Höhen umgeben, die sich wie stumme Figuren über seine Wasserfläche hin zu begrüßen scheinen, liegt, östlich vom Comer See, der See von Iseo. Ein See ohne Geschichte. Ein See ohne Welt. Ein See ohne Ruhm.

Aber wie grün steigen die Bergkape mit ihren Baumterrassen in seine Flut hinein. Wie zierlich ziehen die Dampfboote durch die Fjorde und verschwinden wieder im Schatten der großen Montisola, der Insel, die ein einziger Berg ist, ein Gebirge mit Dörfern, die bunt an seinem Fuß sich spiegeln, mit Kastellen, Häfen und Graten, auf deren oberstem die weiße Wallfahrtskapelle der Madonna della Seriola liegt.

Zierlich wie Schwäne, die einen Schiffsbug umrudern, schimmern auf der Flut neben dem Inselgiganten die Zypresseneilande S. Paolo und Loreto ... und über ihnen erhebt sich, wie ein Falter, mit ausgebreiteten Flügeln der Monte Guglielmo, von dessen Spitze man den Monte Rosa und die Hügel von Verona sieht.

Ein ländlicher und abseitiger See.

Zwischen der Mauer, welche die Straße einfaßt, und dem Ufer ziehen alte Olivenbäume wie gute Freunde der Wellen dahin, bei Marone und Pisogne aber treten die Bergmassive so schroff an die Küste heran, daß die Straße für eine Weile in den Fels verschwindet. Doch dieser Ueberfall der Steinhänge ist nur wie ein Aufruhr der Engel, stürmisch, aber rasch beruhigt ... und von Lòvere aus stehen die Höhen wieder in der seltsamen Zeremonie da, mit der sie sich bei Iseo zu Beginn des Sees entfalteten.

Menaggio, lebhaftes Fischerstädtchen am Comer See

Lago di Como

Alessandro Manzoni
Eine Begegnung am Wege

Jener Arm des Comer Sees, der sich nach Süden wendet und dessen Gestade zwischen zwei fortlaufenden Gebirgsketten so buchtenreich ihrem Vordrängen und Zurückschwingen folgt, verengt sich fast urplötzlich und nimmt, zwischen einem Vorgebirge zur Rechten und einer weiten Uferhalde gegenüber, Gestalt und Verlauf eines Stromes an. Die Brücke, welche ebenda beide Ufer verbindet, dürfte diese Verwandlung wohl noch augenfälliger machen und den Punkt bezeichnen, wo der See aufhört und die Adda wieder beginnt. Dann aber, wenn die Uferränder sich abermals voneinander entfernen, um die Wellen sich ausbreiten und in neuen Buchten aufs neue verebben zu lassen, wird das Gewässer wiederum als See bezeichnet.

Das aus den Ablagerungen dreier mächtiger Wildbäche entstandene Gestade folgt in seinem Gefälle zwei benachbarten Bergmassiven. Das eine heißt San Martino und das andere, wegen seiner vielen hingereihten Zacken, die es wirklich einer Säge ähneln lassen, auf lombardisch »Resegone«. Es gibt denn auch niemanden, der es in der langen und weiten Gebirgskette nicht an diesem Merkmal von anderen Graten mit minder berühmten Namen und von gewöhnlicherer Form auf den ersten Blick unterscheiden könnte. Man muß ihm allerdings gegenüberstehn, wie etwa auf den nach Norden gewandten Stadtmauern von Mailand. Eine gute Strecke weit steigt der Küstenstreifen allmählich und gleichmäßig an, bis er – je nach dem Gefüge der beiden Bergmassive und der Wirkung der Gewässer – in Kuppen und Talmulden, in Steilhänge und Almen übergeht.

Der von den Mündungen der Wildbäche durchschnittene Ufersaum besteht fast ganz aus Geröll und Kieseln, das übrige Gestade aus Feldern und Weingärten mit Dörfern, Landsitzen und Gehöften hie und da; mancherorts auch mit Wäldern, die sich ins Gebirge hinaufziehen.

Lecco, die wichtigste Ortschaft, welche dem Gebiet auch ihren Namen gibt, liegt nicht weit von der Brücke entfernt am Seeufer, ja zuweilen im See selbst, wenn dieser ansteigt. Heute ist es ein großer Marktflecken und auf dem besten Wege, Stadt zu werden. Zu der Zeit, in der sich die Vorgänge abspielten, die wir erzählen wollen, war der schon beachtliche Ort auch eine Feste und hatte daher die Ehre, einen Kommandanten zu beherbergen, und den Vorzug, eine feste Garnison von spanischen Soldaten zu besitzen. Diese brachten den Frauen und Mädchen der Umgebung Unterwürfigkeit bei und walkten hin und wieder einen Ehemann oder Vater tüchtig durch. Gegen Ende des Sommers verfehlten sie niemals, in die Weingärten auszuschwärmen, um die Traubenfülle zu lichten und den Winzern die Mühsal der Lese zu erleichtern.

Von einer Ortschaft zur anderen, vom Gebirge zum Seeufer, von einer Kuppe zur nächsten liefen und laufen auch heute noch mehr oder weniger steile oder ebene Straßen und Pfade. Bald versinken sie, zwischen zwei Mauern begraben, so daß dem Blick nur oben ein Fetzen Himmel und ein Gipfel zu erspähen bleibt, bald führen sie hoch auf offener Wegstrecke, wo man eine mehr oder weniger weite, jedoch immer abwechslungsreiche Aussicht genießen kann, je nachdem, ob die verschiedenen Blickpunkte mehr oder weniger von der weiten Szenerie ringsum erfassen, und je nachdem, ob der oder jener Teil hervor- oder zurücktritt, bald auftaucht, bald verschwindet.

Einmal hier, einmal dort leuchtet ein Stück jenes weiten und wandelbaren Wasserspiegels auf und erstreckt sich manchmal weithin. Zuweilen erscheint er als See: im Hintergrund von einer Berggruppe abgeriegelt oder vielmehr in einem Labyrinth von Gebirgsketten verloren, verbreitert er sich allmählich zwischen anderen Bergen, die nacheinander ins Blickfeld treten und sich mit ihren Ufersiedlungen in den Wellen spiegeln. Zuweilen aber wird er auch zur Stromstrecke, danach wiederum See, bis er sich abermals in leuchtenden Windungen als Strom zwischen den Bergen verliert, die ihn begleiten und – immer niedriger – gleichfalls am Horizonte zu entschwinden scheinen. – Der Standort selbst, der so wechselnde Eindrücke vermittelt, bietet wiederum nach allen Seiten neue Ausblicke: der Berg, über dessen Abhang man wandert, enthüllt einem droben ringsum klar seine Gipfel und Schroffen. Fast Schritt für Schritt erkennt man, wie wandelbar sich als viele Grate herausstellt, was zunächst als einziger Grat erschienen war, und als Gipfel tritt hervor, was sich soeben noch am Hang gezeigt. Die anheimelnde Lieblichkeit dieser unteren Berghänge mildert wohltuend den wilden Eindruck des Gebirges und steigert die sonstige großartige Aussicht nur um so mehr.

Auf einem solchen Wege kehrte am Abend des 7. November 1628 Don Abbondio – der Pfarrer einer der oben erwähnten Ortschaften – gemächlich von seinem Spaziergang nach Hause zurück. (Weder der Ortsname noch der Geschlechtsname der Person sind in unserer Handschrift an irgendeiner Stelle überliefert.) Don Abbondio sprach ruhig seine Gebete und schloß zuweilen zwischen zwei Psalmen sein Brevier. Dabei ließ er den Zeigefinger der rechten Hand als Lesezeichen darin, verschränkte beide Hände auf dem Rücken und setzte seinen Weg fort. Er schaute vor sich hin und stieß die Steine, die ihm im Wege lagen, mit dem Fuß an die Mauer. Dann erhob er das Haupt, ließ die Augen müßig in die Ferne schweifen und heftete seine Blicke schließlich auf einen Steilhang, der nach Sonnenuntergang hie und da noch in den Strahlen erglühte, die zwischen den Zacken des gegenüberliegenden Berges vorbrachen und die kantigen Massen mit großen, ungleichen Purpurflächen bedeckten.

Nachdem er das Brevier erneut geöffnet und einen weiteren Abschnitt hergebetet hatte, kam er an eine Wegbiegung, an der er gewöhnlich die Augen vom Buche zu erheben und nach vorn zu schauen pflegte. So tat er auch diesmal. Nach der Krümmung führte seine Straße etwa sechzig Schritt weit geradeaus und teilte sich dann in zwei Pfade in Gestalt eines Ypsilon. Der rechte führte den Berg hinan zum Pfarrhaus, der andere ins Tal hinab bis zu einem Wildbach. Nach dieser Seite zu ging die Mauer dem Wanderer nur bis zur Hüfte. Die inneren Mauern der beiden Pfade vereinigten sich nicht zu einem spitzen Winkel, sondern endeten in einem Marterstein, auf dem gewisse lange, sich windende Gebilde gemalt waren, die in eine Spitze ausliefen und die nach der Absicht des Künstlers und in den Augen der Anwohner Flammen darstellten. Mit ihnen wechselten irgendwelche anderen Gestalten ab, die schwer zu beschreiben sind und Seelen im Fegefeuer vorstellen sollten. Seelen und Flammen waren ziegelrot auf fahlgrauem Grunde gemalt. Hie und da war der Kalk ein wenig abgebröckelt.

Als der Pfarrer um die Kehre gelangt war und wie gewöhnlich den Blick auf den Marterstein richtete, erblickte er etwas, auf das er nicht gefaßt war und das er lieber nicht bemerkt hätte.

Am Zusammenfluß der beiden Pfade – wenn ich so sagen darf – befanden sich zwei Männer einander gegenüber. Der eine von ihnen hockte rittlings auf dem niederen Mäuerchen und ließ ein Bein nach außen baumeln, während sein anderer Fuß auf dem Wege stand. Sein Gefährte lehnte stehend an der Mauer und hatte die Arme auf der Brust verschränkt. Die Kleidung, das Gebaren der beiden, und was man sonst an äußeren Merkmalen von der Stelle aus erkennen konnte, die der Pfarrer erreicht hatte, alles ließ keinen Zweifel über ihr Gewerbe. Beide trugen ein grünes Netz um den Kopf gewunden, das mit einer großen Quaste über die linke Schulter fiel und auf der Stirn einen gewaltigen Haarbusch frei ließ. Ihre langen Schnauzbärte waren spitz aufgezwirbelt. Ein Ledergürtel mit zwei Pistolen darin glänzte um ihren Leib, und ein wohlgefülltes kleines Pulverhorn baumelte auf ihrer Brust wie ein Geschmeide. Aus einer Tasche der weiten Pumphosen schaute ein Messergriff heraus. Dazu trugen sie ein Rapier mit großem durchbrochenem Korb, auf dem glänzend geputzte Messingplättchen wie zu einem Namenszug angeordnet waren. Auf den ersten Blick erkannte man in den beiden Leute aus der Gilde der Bravi.

Diese heute ganz verschollene Menschenklasse stand damals in der Lombardei in höchstem Flore, und das schon von alters her. Sollte jemand davon keinen Begriff haben, so können folgende urkundliche Angaben hinreichend über ihre Hauptmerkmale unterrichten sowie über die Bemühungen, sie auszurotten, und über ihre strotzende und zähe Lebenskraft.

Der Durchlauchtigste und Hochberühmbte Herr Don Carlos von Aragon, Fürst von Castelvetrano, Herzog von Terranuova, Markgraf von Avola, Graf von Burgeto, Großadmiral und Großkonnetabel von Sizilien, Statthalter von Mailand und Generalkapitän Seiner Katholischen Majestät in Italien, erklärt schon am 8. April 1583 »in voller Kenntnis des unerträglichen Elends, in dem Unsere Stadt Mailand wegen der Bravi und Landstreicher gelebt hat und lebt« diese öffentlich in Acht und Bann. Er erklärt und bestimmt, daß diese Acht über alle verhängt ist, »die – ob fremd oder einheimisch – keiner Beschäftigung nachgehen oder aber ihren Beruf nicht ausüben und die daher als Bravi oder Landstreicher zu betrachten sind, auch wenn sie mit oder ohne Entgelt an einen Ritter oder Edelmann, eine Amtsperson oder einen Kaufmann sich anschließen, um denen Beistand oder Vorschub zu leisten oder – wie man annehmen kann – anderen nachzustellen ...« All diesen befiehlt er, binnen sechs Tagen sein Gebiet zu verlassen, droht bei Nichtbefolgung mit der Galeere und gibt allen Gerichtspersonen erstaunlich weitgehende, ja, nahezu unbeschränkte Vollmachten zur Durchführung dieses Befehls.

Doch im folgenden Jahre stellt besagter Herr am 12. April fest, »daß diese Stadt weiterhin voll solcher Bravi steckt ... die ihr altes Leben fortführen, ihre Sitten in nichts verändert und ihre Zahl nicht verringert haben«, und er erläßt daher eine neue, noch schärfere und denkwürdigere Verordnung, in welcher er unter anderem verfügt: »... daß jedwede Person, sowohl aus dieser Stadt wie auch von außerhalb, von der durch zwei Zeugen feststeht, daß sie gemeinhin für einen Bravo gehalten wird und in solchem Rufe steht, bei solchem Leumund, auch wenn sie keines Verbrechens überführt werden könnte ... einfach auf diesen Ruf hin, ohne alle weiteren Beweise, von den obengenannten Richtern, alle wie sie da sind, der Folter und Tortur im hochnotpeinlichen Verhör unterworfen werden kann ... Und sollte sotane Person auch keinerlei Vergehen eingestehen, ist sie nichtsdestoweniger für obvermeldte Frist von drei Jahren auf die Galeere zu schicken, einzig auf den Ruf und Namen eines Bravo hin.« All dies – und mehr noch, das ich auslasse –, weil »Seine Exzellenz entschlossen sind, von jedermann Gehorsam zu erzwingen«.

Vernimmt man von einem so großen Herrn derartig geharnischte und selbstgewisse Worte im Verein mit solchen Anordnungen, so möchte man gerne annehmen, daß bei ihrem bloßen Aufdröhnen bereits alle Bravi für immer verschwunden wären. Aber das Zeugnis eines nicht minder gewichtigen Herrn mit nicht weniger Titeln zwingt uns, das genaue Gegenteil anzunehmen. Es ist dies der Durchlauchtigste, Hochberühmbte Herr Juan Fernandez de Velasco, Konnetabel von Kastilien, Großkämmerer Seiner Majestät, Herzog der Stadt Frias, Graf von Haro und Castelnovo, Chef des Hauses Velasco und des Hauses der Sieben Infanten von Lara, Statthalter des Staates von Mailand und so weiter. Auch seinerseits »in voller Kenntnis des schädlichen und verderblichen Treibens der Bravi und Landstreicher und des schlimmen Einflusses dieses Gesindels und seiner Mißachtung der Justiz auf das gemeine Wohl«, kündigt er ihnen am 5. Juni des Jahres 1593 erneut an, daß sie binnen sechs Tagen das Gebiet zu räumen hätten, wobei er ungefähr dieselben Anweisungen und Drohungen wie sein Vorgänger bei der Hand hat.

Am 23. Mai des Jahres 1598 ist er dann »zur nicht geringen Betrübnis seines Herzens ... in Kenntnis gesetzt, daß die Anzahl sotaner (Bravi und Landstreicher) im Stadt- und Staatsgebiet immer weiter anwächst und daß Tag und Nacht von ihnen nichts anderes verlautet als Anschläge auf Leib und Leben, Mord und Raub und alle nur denkbaren Verbrechen, zu denen sie sich um so leichter hergeben, als diese Bravi darauf bauen, von ihren Rädelsführern und Schutzherrn unterstützt zu werden ...« weshalb er dann von neuem zum herkömmlichen Heilmittel greift, wobei er die Dosis steigert, wie man bei hartnäckigen Krankheiten zu tun pflegt. Dann schließt er: »Jedermann hüte sich also durchaus, in irgendeinem Teile gegenwärtiger Verfügung entgegenzuhandeln, weil er statt der Milde Seiner Exzellenz deren rücksichtslose Strenge und Zorn erfahren wird; da bestimmt und beschlossen wurde, daß dieses die unwiderruflich letzte Mahnung bleiben soll.«

Diese Ansicht wurde indessen nicht geteilt von dem Durchlauchtigsten und Hochberühmbten Herrn Don Pietro Enriquez de Acevedo, Graf von Fuentes, Hauptmann und Statthalter des Staates von Mailand. Und zwar aus guten Gründen. »In voller Kenntnis des Elendes, in welchem diese Stadt und der Staat sich wegen der großen Anzahl von Bravi befinden, die in ihnen überhand nehmen ... und entschlossen, eine so verderbliche Saat zu vertilgen ...« erläßt er am 5. Dezember 1600 eine neue Verordnung, die gleichfalls voll allerschwerster Drohungen ist, »mit dem festen Vorsatz, sie restlos mit aller Schärfe und ohne Aussicht auf Schonung durchzusetzen.«

Es ist jedoch anzunehmen, daß er sich dieser Aufgabe nicht mit all jenem Eifer unterzog, der ihm zu Gebote stand, wenn es Ränke zu spinnen und seinem großen Widersacher Heinrich IV. von Frankreich Feinde zu machen galt. Für diese Tätigkeit bestätigt nämlich die Geschichte, daß es ihm gelang, gegen jenen König den Herzog von Savoyen aufzuwiegeln, den er mehr als eine Stadt verlieren ließ, und daß es ihm ferner gelang, den Herzog von Biron zu einer Verschwörung zu bewegen, die ihm den Kopf kostete*. Was aber jene so verderbliche Saat der Bravi betrifft, steht fest, daß sie am 22. September 1612 noch munter weitersproßte.

Der Durchlauchtigste und Hochberühmbte Herr Don Giovanni de Mendozza, Markgraf von Hynojosa, Edelmann und so weiter, Statthalter und so weiter, dachte an diesem Tage daran, sie auszurotten. Er sandte deshalb an Pandolfo und Marco Tullio Malatesti, die königlichen Hofbuchdrucker, die übliche Verordnung mit Zusätzen und Verbesserungen, damit sie zwecks Ausrottung der Bravi gedruckt würde. Diese aber gediehen prächtig weiter und erhielten am 24. Dezember des Jahres 1618 dieselben und noch gewaltigere Schläge von dem Durchlauchtigsten und Hochberühmbten Herrn Señor Don Gomez Suarez de Figueroa, Herzog von Feria und so weiter, Statthalter und so weiter.

Da sie aber auch daran nicht zugrunde gingen, hatte sich der Durchlauchtigste und Hochberühmbte Herr Señor Gonzalo Fernandez di Cordova, unter dessen Regierung der Spaziergang des Don Abbondio stattfand, gezwungen gesehen, die hergebrachte Verordnung gegen die Bravi zu verbessern und am 5. Oktober 1627 erneut bekanntzugeben, das heißt ein Jahr, einen Monat und zwei Tage vor jenem denkwürdigen Ereignis.

Auch das war nicht die letzte Verlautbarung, doch glauben wir, auf die Aufzählung der späteren verzichten zu können, da sie den Zeitraum unserer Erzählung überschreiten. Erwähnt sei nur noch eine vom 13. Februar des Jahres 1632, in welcher der Durchlauchtigste und Hochberühmbte Herr Herzog von Feria, der damals zum zweiten Male Statthalter war, uns verkündet, daß »die größten Verbrechen von jenen herrühren, welche man Bravi nennt«. Das genügt, um uns zu bestätigen, daß es in der Zeit, von der wir reden, beständig Bravi gab.

Daß die beiden oben beschriebenen Gestalten dastanden, um jemanden zu erwarten, war nur allzu offensichtlich. Was Don Abbondio aber weit mehr mißfiel, war der Umstand, daß er aus gewissen Gebärden schließen mußte, daß er selbst der Erwartete sei. Denn bei seinem Erscheinen hatten jene sich angesehn und die Köpfe mit einer Bewegung erhoben, welche die Vermutung nahelegte, daß alle beide auf einmal gesagt hatten: »Da ist er!« Derjenige, der zuvor rittlings dagesessen war, hatte sein Bein auf die Straße geschwungen und sich erhoben. Der andere hatte die Mauer verlassen, und selbander kamen sie ihm nun entgegen. Er hielt weiter das offene Brevier vor sich hin, als ob er läse. Dabei schielte er aber darüber hinweg, um die Bewegungen der beiden zu verfolgen. Als er sie geradenwegs auf sich zukommen sah, stand er auf einmal tausend Ängste aus. Blitzschnell fragte er sich, ob zwischen den Bravi und ihm irgendein Ausweg nach rechts oder links wäre, und er wurde sich sofort darüber klar, daß es dergleichen nicht gab. Er erforschte schleunigst sein Gewissen, ob er gegen irgendeinen Machthaber, irgendeine rachsüchtige Seele gefehlt hätte. Doch selbst in dieser Aufregung beruhigte ihn das tröstliche Zeugnis der inneren Stimme einigermaßen. Die Bravi aber näherten sich und behielten ihn unverwandt im Auge. Er steckte Zeige- und Mittelfinger der Linken in den Kragen, wie um ihn zurechtzuschieben, und während er sich mit der Hand um den

Hals fuhr, drehte er das Gesicht mit verkniffenen Lippen zurück und spähte aus den Augenwinkeln, soweit er konnte, ob keiner des Weges käme. Doch er gewahrte niemanden. Er warf einen Blick über das Mäuerchen auf die Felder: gar niemand! Er spähte noch vorsichtiger auf die Straße vor sich: keine Menschenseele außer den Bravi! Was tun? Zum Umkehren war es nicht mehr der richtige Augenblick. Ausreißen hieß soviel wie: Verfolgt mich! oder gar Schlimmeres. Da er der Gefahr nicht ausweichen konnte, ging er darauf zu, weil die Augenblicke jener Ungewißheit nun so quälend für ihn wurden, daß er nichts anderes mehr wünschte, als sie abzukürzen. Er beschleunigte seine Schritte, sprach einen Abschnitt mit lauterer Stimme, verlieh seinem Gesicht soviel Ruhe und Heiterkeit, wie er nur immer konnte, und gab sich alle Mühe, sich ein Lächeln abzugewinnen. Als er sich den beiden dunklen Ehrenmännern gegenüber befand, sagte er sich im Geiste: Es ist soweit! und machte entschlossen halt. »Herr Pfarrer«, sagte der eine der beiden und heftete seinen Blick auf ihn.

»Was steht zu Diensten?« antwortete Don Abbondio rasch und hob die Augen vom Buche, das er offen wie auf einem Lesepult in Händen behielt.

»Sie haben die Absicht«, fuhr der andere in der drohenden und entrüsteten Haltung eines Mannes fort, der einen Untergebenen bei irgendeiner Schlechtigkeit ertappt, »Sie haben die Absicht, morgen Renzo Tramaglino und Lucia Mondella zu trauen.«

»Das heißt ...« antwortete Don Abbondio mit zitternder Stimme. »Nun ja, die Herren sind doch Männer von Welt und wissen am besten, wie diese Dinge vor sich gehen. Der arme Pfarrer hat nichts damit zu tun. Da haben sie so ihre Techtelmechtel, und dann ... dann kommen sie zu uns, wie man zu einer Bank zum Kassieren geht; und wir ... wir sind nun einmal Diener der Gemeinde.«

»Schon gut!« sagte der Bravo ihm ins Ohr, aber in gemessenem Befehlston, »diese Ehe wird nicht geschlossen, weder morgen noch jemals sonst!«

»Aber, meine Herren«, erwiderte Don Abbondio sanft und liebenswürdig, wie jemand, der einem Brausekopf gut zureden will, »aber, meine Herren, versetzen Sie sich doch gütigst in meine Lage. Wenn die Sache von mir abhinge ... Sie sehen aber doch wohl ein, daß ich gar nichts davon habe ...«

»Ach was!« unterbrach ihn der Bravo, »wenn die Sache durch Geschwätz zu erledigen wäre, würden Sie uns in die Tasche stecken. Wir wissen weiter nichts und wollen nichts weiter erfahren. Wer aber nicht hören kann ... Wir haben uns verstanden!«

»Aber die Herren sind doch einsichtig und vernünftig genug ...« Diesmal unterbrach ihn der andere Geselle, der bisher noch nicht gesprochen hatte: »Kurz und gut, die Trauung findet nicht statt, oder« – es folgte ein kräftiger Fluch –, »oder wer sie vollzieht, braucht das nicht mehr zu bereuen, weil er nämlich dazu keine Zeit mehr findet, und ...« Er fluchte abermals.

»Laß doch!« nahm der erste Sprecher wieder das Wort, »der Herr Pfarrer weiß doch, wie es in der Welt zugeht, und wir sind anständige Kerle, die ihm kein Härchen krümmen, wenn er klug ist. Herr Pfarrer, Seine Durchlaucht Don Rodrigo, unser Herr und Gebieter, lassen sich Ihnen bestens empfehlen.«

Dieser Name wirkte auf Don Abbondio wie ein Blitz im Toben eines nächtlichen Gewitters, der mit einem Schlage die Gegenstände flackernd erhellt und die Ängste steigert. Unwillkürlich machte er eine tiefe Verbeugung und sagte: »Wenn Sie mir einen Rat geben könnten ...«

Wieder unterbrach ihn der Bravo mit einem halb unverschämten, halb grimmigen Lachen: »Ihnen, der Latein kann, einen Rat geben? Sie müssen sich schon selber helfen! Vor allem aber lassen Sie kein Sterbenswörtchen über diesen Wink verlauten, den wir Ihnen da zu Ihrem Besten gegeben haben; sonst – hm! –, sonst wäre es genauso gut, wie diese Trauung zu vollziehen. Los! Was sollen wir in Ihrem Auftrage Seiner Durchlaucht Don Rodrigo ausrichten?«

»Versichern Sie ihn meiner Ergebenheit!«

»Drücken Sie sich deutlicher aus!«

»Zu Diensten, immer gehorsamst zu Diensten!«

Während er diese Worte hervorbrachte, war er sich nicht einmal selber im klaren darüber, ob er ein Versprechen abgab oder nur ein Kompliment machte. Die Bravi faßten es als Verpflichtung auf oder stellten sich wenigstens so.

»In Ordnung! Gute Nacht, Hochwürden!« sagte der eine von ihnen und wandte sich mit seinem Spießgesellen zum Gehen. Don Abbondio, der vor wenigen Augenblicken ein Auge darum gegeben hätte, sie loszuwerden, hätte nunmehr gerne die Unterredung und Verhandlung fortgesetzt. »Meine Herren...« begann er und klappte das Buch in seinen Händen zu. Ohne ihm jedoch weiter Gehör zu schenken, schlugen jene den Weg ein, auf dem er gekommen war, und sangen beim Abschied einen Gassenhauer, den ich nicht wiedergeben mag. Der arme Don Abbondio blieb einen Augenblick mit offenem Munde wie vom Donner gerührt stehen. Dann schlug er den Pfad zu seinem Haus ein und setzte langsam Schritt vor Schritt, als hätte er einen Krampf in den Beinen.

Hermann Hesse
Spaziergang am Comer See

Der Spätnachmittag schwankte unentschlossen zwischen böiger Heiterkeit und stillem Regen, es war kühl, und von den Bergen blickte frischer bleicher Schnee herab. Ich war in Como ausgestiegen, weil mir das der schönste Eintritt ins italienische Land scheint, wenn man vom Gotthard kommt. Man ist den Bergen noch nahe und spürt doch schon mit ahnendem Verlangen Ebene und weite, stille Fruchtbarkeit, und das Städtchen Como ist vom guten oberitalienischen Typ, sauber und wohlhabend, freundlich und gastlich.

Im Gegensatz zu Lugano und allen den berühmten Seestädtchen wendet Como dem See den Rücken zu, und man hat selbst an dem hübschen kleinen Hafenplatz nicht das langweilend beängstigende Gefühl, auf dem Sperrsitz einer wohlarrangierten Landschaft gegenüber zu sitzen, mit dem Billett in der Tasche und mit der Verpflichtung, die Sache schön zu finden. Man schlendert harmlos in einer hübschen lebendigen Stadt, die reich genug an alter Schönheit ist und doch nirgends den Eindruck eines Museums macht. Der Fremde ist hier freundlich geduldet, er wird weder als Wundertier bestaunt noch als Spekulationsobjekt mißbraucht. Und schon hier hat das Leben der Gasse italienischen Zauber, singende Handwerker arbeiten im Freien, und schöne, leichtfüßige Mädchen und Frauen bewegen sich in den hübschen Straßen wie wohlbeschaffene Vögel in ihrem Walde, ohne Schwere und ohne andere Gefallsucht als die des Vogels und Schmetterlings.

Als ich nach einem stillen Gang durch die Gassen auf den leeren Platz am Hafen kam, schien das Wetter eine gute Stunde zu versprechen, und da gerade ein kleines Dampfschifflein bereit lag und zur Abfahrt pfiff, lief ich rasch über den Steg und fuhr mit, noch ohne zu wissen, wohin es gehe. Wir fuhren aus

Der Park der Villa d'Este in Cernobbio

dem bescheidenen Becken von Como, das eigentlich nur ein großer Hafen ist, an Villen und Frühlingsgärten vorüber in den größeren Seearm, der Wind fegte kalt über das kleine Deck, und die paar Reisenden drängten sich bei der Maschine zusammen. Ich habe diesen See niemals richtig lieben können, er ist gar zu schön und glänzend, er bietet seinen Reichtum allzu willig dar, und es fehlt ihm das Schönste, was ein See haben kann, ein ruhiges, schöngebreitetes Ufer. Die Berge sind drükkend hoch und fallen erbarmungslos steil herab, oben wild und kahl, unten überreich mit Dörfern, Gärten, Sommersitzen und Gasthöfen bedeckt, alles ist herrliche, nahe, prangende Wirklichkeit, alles schmettert und glänzt von Pracht und Fülle, nirgends ist ein Ort für Traum und Ahnung geblieben, ein schilfiges Moor oder ein schlafender Weidenstand, eine nasse Uferwiese oder eine lockende Buschwildnis.

Dennoch zog und bestrickte mich die satte Schönheit auch diesmal wieder stark, die Felsenromantik steilhängender Dörfer, der selbstbewußte Ernst aristokratischer Villen mit Garten, Park und Bootshafen, die gesellige Nachbarlichkeit der Landgüter und Bauten. Eines von den Dörfern, es hieß Torno, lag sogar so fein und apart auf seiner koketten Landzunge, daß ich beinahe ausgestiegen wäre. Das Schiff lief nahe beim Ufer einer launigen Bucht nach, hinter dem dünnen Grün junger Buchen floß zauberhaft weiß und schleierig ein langer, geräuschloser Wasserfall herab, so verborgen und still, wie ich es hier nirgends gesucht hätte. Das Dorf selber lag klein und leicht ansteigend am Hügel und bot dem See eine entzückend reingestimmte Schauseite dar: ein Landungs- und Wäscheplatz mit breiten, flachen Steinstufen, angebundene Boote zu Füßen, ein grünbewachsenes Haus mit Torbogen und kleinen Balkonen, ein stiller heller Steinplatz und dahinter Fassade und Turm einer schönen Kirche, eine sanfte halbrunde Hafenmauer mit jungen Bäumen darauf. Es war ein vollkommenes, wohl abgewogenes Bild, und es war so lieblich, daß ich im letzten Augenblick mich nicht entschließen konnte, es mir vielleicht zu zerstören. Ich blieb auf meinem Platz und ließ das kleine Juwel vorüberziehen und sich verschieben und kleiner werden, nickte ihm dankbar zu und nahm leichten Abschied. Die »Liebe auf den ersten Blick« habe ich bei Gemälden und namentlich bei Architekturen häufiger bewährt gefunden als bei Landschaften.

In Moltrasio, überm Seearm drüben, hielt das Schiff, und ich erfuhr, daß es hier eine Stunde liegenbleibe, um dann nach Como zurückzufahren. So stieg ich denn aus und schlenderte ins Dorf, mit einem angenehmen Fremdlingsgefühl. Außer einer imponierend großen, stillen Villa mit geschlossenen Fensterläden in der glatten, ruhigen Fassade war nichts Verlockendes zu sehen. Ich stand am hohen Eisengitter des Portals und sah in den streng symmetrischen, ruhig ansteigenden Garten, wo über einem kleinen ovalen Teiche Kamelien blühten und blaue Sternblumen im Rasen und wo ein breiter fürstlicher Parkweg hinauf zum Hause führte.

Dann ging ich weiter und den ersten Pfad berganwärts. Er führte über ungezählte Steinstufen an einer hohen unendlichen Steinmauer hin, und über der Mauer stiegen streng und regelmäßig in kleinen Terrassen die hohen Zypressen mit. Häuser tauchten auf, ein fallendes Wasser wurde hörbar, verworren mit dunklen Menschenlauten aus nahen Gassen, der Pfad führte eng und unter dunkelnden Dächern hindurch auf den kleinen Vorplatz einer Kirche. Ich ging hinein, sie war leer, ich verweilte Augenblicke vor einem Chor mit hübschen, schönfarbigen Fresken, ging zurück und unter einer Bogenhalle weiter, und plötzlich stand ich auf einer kleinen, schwach gebogenen Brücke, über mir stürzte steil und schäumend ein wilder Bach herab, der unterhalb, wieder unter schwebenden Brücken hin, in drei, vier kühnen Fällen zwischen bemoosten

Mauern und grünen Gartenhecken das Tal erreichte. Hübsche Mädchen trugen Wasser in Kupferkesseln auf dem Kopfe, schwebten balancierend über eine der Brücken und verschwanden im feuchten Dunkel der engen Gäßchen.

Ich ging in der Höhe weiter, an frisch bestellten Gemüsegärten hin, da und dort tat sich der Blick in die Tiefe und nach der Seeweite auf. Meine Stunde war bald abgelaufen, ich begann mich nach einem Wege zur Schifflände umzusehen.

Da geriet ich unversehens auf einen grasigen Weg zwischen hohen Zypressen, oben und unten die begrünten Mauern großer Gärten, daneben grau und verwittert ein baufälliger Glokkenturm, alles schweigend und kühl und märchenhaft verschlafen. Suchend ging mein Blick über die lange Gartenmauer zur Linken, ich fand sie von einem fensterartigen, schwarzdrohenden Loche unterbrochen und trat näher. Da gähnte im alten Steinwerk eine tiefe finstere Nische, mit einem eisernen Gitter verschlossen, und hinter dem Gitter in kalter Dämmerung glomm und schien etwas seltsam Bleiches in unfroher Helle, und da ich näher zusah, war es eine große Pyramide von Totenschädeln, die hier, zu Gedächtnis und Mahnung aufgestellt, im Düstern den Zeiten standhielten. Der Anblick war mir nicht fremd, ich hatte in Österreich und im Elsaß mehrmals solche Schädelpyramiden gesehen und sie nie sonderlich geschätzt. Diese aber entzückte mich und bleibt mir unvergeßlich. Denn das finstere schwarze Gitter, hinter dem die Zeichen der Vergänglichkeit in ihrer steifen Ordnung grinsten, war von Kinderhänden über und über mit frischen, hellblutroten Kamelienblüten besteckt, und in meiner Erinnerung ist stärker als Seefahrt und Uferpracht, stärker als Wasserfall und friedlich bemalter Kirchenchor das lichte, kindliche Blumenspiel am Schädelgitter eingegraben geblieben.

Richard Gerlach / German M. Vonau
Die holden Gestade

Die holden Gestade

Ein Sturm hatte den Comer See aufgepeitscht, die weißen Dampfer stampften und schaukelten. Aus der Kirche, an deren Portal Plinius der Ältere und Plinius der Jüngere standen, hatten Mönche in einem gläsernen Sarge das Gerippe eines Heiligen in das helle Licht gefahren, und es geschah, was uns unheimlich und fast unbegreiflich vorkam: die Menge der Andächtigen und Schaulustigen klatschte dem Totenschädel, der vor Jahrhunderten einem Arzt und Wohltäter gehört hatte, Beifall, die Hände prasselten aufeinander wie im Theater. Merkwürdig vermischt war das aus der Antike Überlieferte hier mit dem Mittelalter. Wir spürten, daß der Augenblick das Gelebte längst vergangener Zeiten mit enthalten kann.

Die Signorina Spinelli, mit der wir auf dem Dampfer ins Gespräch kamen, war am Gestade des Sees zu Hause. Zuweilen begegnen uns Mädchen, in denen unbewußt die Seele der Landschaft Gestalt geworden ist, und so war es hier. Die Kleine trug ein Sommerkleid nach der letzten Mode, aber sie hatte gewiß noch vor kurzem dem Mirakel ihren Beifall gespendet. Nun aber wiesen uns ihre lächelnden Augen die Terrassen von Moltrasio, die Lorbeerbäume von Brienno, die Bucht von Molina. An einem der Felsennester stieg sie aus. Sie winkte uns noch zu, als sie auf der Brücke stand. Ihr Name, den sie uns auf einen Zettel geschrieben hatte, weil wir sie, vom Schiff auf den See blickend, photographiert hatten, war an einem stattlichen Hause zu lesen. Ihr Vater war also der Konditor des Ortes, und wir hätten seine Torten und Pasteten gern probiert.

Zwei oder drei Stationen später stiegen auch wir aus. Der

See weitet sich hier zu einem Sammelbecken des Lichts, grandios von der schneebedeckten Bergkette übergipfelt. Die linde Schönheit und das schwelgerische Wachstum der Vegetation hat etwas Paradiesisches. In einem der Gärten auf der Höhe hätten wir bleiben mögen, in einer Grotte verharrend, dem Genuß der Aussicht hingegeben.

Weil uns nur eine kurze Frist gesetzt ist, müssen wir das Glück jetzt und ohne Zaudern hinnehmen. Es gehört uns nur solange, wie wir es liebend anschauen oder träumend in uns wieder erwecken können.

Der Selige See
Menaggio

Das Mädchen, das uns am Kai von Menaggio eine Schale Kaffee und Kuchen gebracht hatte, sah, daß wir an diesem Morgen unsere Koffer mit uns hatten. Es war außer freundlichen Blikken und sachlichen Bestellungen nie zu Äußerungen ihres oder unseres Wohlgefallens gekommen. Aber an diesem Morgen blickte sie traurig und fragte in überraschend gutem Deutsch: »Wollen Sie schon abreisen?« Denn wir waren nicht nur gutgelaunte Gäste gewesen, sondern zuweilen überhaupt die einzigen Gäste in diesen Tagen.

Wir fragten dagegen: »Wie kommen Sie denn zu dem guten Deutsch?« Sie war eine Zeitlang in der Schweiz gewesen. Ihr Gesicht hatte, wie das fast aller Mädchen am Comer See, die Herbheit der Bergmenschen. In ihren Augen war der Süden, aber noch nicht Italien. In der Stunde unserer Abreise wurden wir so vertraut miteinander, daß sie schließlich ein Album holte, und uns bat, ihr etwas hineinzuschreiben. Da standen wir dann mit ihren Eltern, Schwestern, Freundinnen, dem Lehrer und dem Pfarrer in einem Buch und hatten über unsere

Namen nur das Bedauern geschrieben, daß wir schon abreisen mußten: »Mi dispiace molto che non puo rimanere qui«. Denn zu Versen von Petrarca langte das Gedächtnis nicht und zu eigenen mangelte es an der nötigen Beherrschung der Sprache. Aber wir hätten ihr ja auf Deutsch etwas weniger Sachliches sagen können, sogar etwas, das vielleicht die Lehrer und Schwestern nicht hätten lesen dürfen. Indessen, wir waren verwirrt genug, uns hinter einigen sachlichen Worten zu verbergen, denn das Mädchen war jung und von einer Unschuld im Blick, die uns an die Madonnen von Fra Angelico erinnerte.

Wenige Zeit später saßen wir in einem alten überfüllten Autobus und rumpelten die gewundenen Straßen den Berg hinauf zu dem Grat, der den Comer und Luganer See trennt. Das Mädchen lehnte in der Tür und winkte uns nach. Wir waren nicht fröhlich. Wir konnten nicht fröhlich sein; denn der Comer See war das letzte Stück Italien, das wir hinter uns ließen. Nun kam nur noch ein Stück Schweiz, ein paar Stunden deutscher Süden und die Heimat, die Arbeit und der Alltag.

Von der Höhe sahen wir noch einmal den Comer See. Wir hatten seine Schönheit fast allein besessen. Die Hotelpaläste in Bellagio waren noch leer gewesen. Die Kellner standen vor den Toren und taten, als wären sie guter Dinge. Der Wirt fragte jeden Morgen: »Essen Sie heute nicht bei mir?« Nein, wir seien »außerhalb«. Zum Beispiel in der Hafenkneipe auf der anderen Seite der Halbinsel. Da gab es frisch gefangene Seeforellen, riesige Schüsseln voll Salat und besseren Wein.

Wir schlenderten ziellos durch die Landschaft: Überall Parks, Gärten, Villen; aber sie waren so alt, daß der feste Plan zur Natur geworden war. Und die Namen der alten Römer, die sich hier im Hochsommer im Anblick der Schneeberge abkühlten und an die Germanen jenseits dachten, kamen in unser Gedächtnis. Wo einmal die Villa des Plinius stand, wohnte jetzt eine Fürstin von Thurn und Taxis, Nachfahrin der ersten deutschen Postmeister. Sie ließ zu bestimmten Stunden, gegen gute Gebühr, Fremde in den Park, der den ganzen Bergrücken bedeckte und die schönste Aussicht auf beide Arme des Sees und die Alpen bot. Leider war es verboten, auf eigene Faust im Park zu spazieren. Als es uns einmal gelang, nach verschiedenen Seiten des Parks auszubrechen, rannte der Custode erst hinter mir her, und dann fing er auch den Freund wieder ein. Wir gaben es auf: In allen Paradiesen gibt es Wächter mit flammenden Schwertern, nur gelegentlich halten sie anstatt der Schwerter offene Hände hin – nach dem Trinkgeld. Wo die Erde schön ist, hat man sie in Parzellen zerstückelt, und diese sind nicht an die Schönheitsdurstigen oder Naturliebenden verteilt, sondern an die Inhaber von Bankkonten.

Wir ließen dies Eldorado im Rücken und stiegen auf den Sattel der Halbinsel. Hier waren keine Villen und Zypressenalleen mehr. Bäuerinnen sangen in den Gärten und auf dem Acker. Auf der Pergola vor einer Wirtschaft ließ sich unter freiem Himmel herrlich pokulieren. Der Blick ging über den See hinweg zu den Schneebergen, die über die Menschenwelt hinausleuchteten.

Stendhal
»Alles ist edel und zärtlich…«

… Nun, da der Abend unser Aug umflort,
Betracht ich zukunftssüchtig die Gestirne,
Durch die uns Gott in Lettern, wohl zu deuten,
Der Kreaturen Los und Schicksal kündet.
Denn der aus Himmelshöhn den Menschen schaut,
Weist ihm aus Mitleid oft den rechten Pfad
In seiner Sternenschrift am Firmament
Und sagt das Glück, das Unglück uns voraus.
Doch wir, am Staube haftend, sündenschwer,
Verachten solche Schrift und sehn sie nicht.

Ronsard

Der Marchese bekundete einen starken Haß gegen jede Aufklärung. »Die modernen Ideen«, pflegte er zu sagen, »haben Italien ins Verderben gestürzt.« Er wußte nicht recht, wie er diese heilige Scheu vor der Bildung mit dem Wunsch vereinigen sollte, daß sein Sohn Fabrizio die so glänzend begonnenen Studien bei den Jesuiten vollende. Um die Gefahr möglichst abzuleiten, beauftragte er den braven Abbate Blanio, den Pfarrer von Grianta, den lateinischen Unterricht mit Fabrizio fortzusetzen. Dazu hätte der Geistliche diese Sprache verstehen müssen; nun war sie aber gerade der Gegenstand seiner Abneigung. Seine Kenntnisse auf diesem Gebiet beschränkten sich auf das Auswendighersagen der Gebete seines Missales, deren Sinn er seinen Pfarrkindern mit knapper Not erklären konnte. Gleichwohl war der Pfarrer nicht weniger geachtet und sogar in seinem Sprengel gefürchtet. Er hatte immer gesagt, daß die berühmte Prophezeiung des heiligen Giovita, des Schutzpatrons von Brescia, weder in dreizehn Wochen noch auch in dreizehn Monaten in Erfüllung ginge. War er unter sicheren Freunden, so fügte er hinzu, die Zahl dreizehn sei so zu deuten, daß alle Welt staunen werde, wenn er es aussprechen dürfte (1813!).

Tatsächlich war der Abbate Blanio ein Mann von altfränkischer Tugend und Biederkeit und übrigens kein Dummkopf. Nachts hielt er sich mit Vorliebe oben auf seinem Kirchturm auf. Er war nämlich versessen auf Astrologie. Tagsüber pflegte er die Konjunkturen und Stellungen der Gestirne zu berechnen, und manche schöne Nacht verbrachte er damit, sie am Himmel zu verfolgen. Bei seiner Armut hatte er kein anderes Instrument als ein langes Fernrohr aus Pappe. Man kann sich denken, welche Geringschätzung dieser Mann für Sprachstudien hatte, der sein Leben darein setzte, aus den Sternen den genauen Zeitpunkt abzulesen, da große Reiche stürzen und Revolutionen das Antlitz der Welt verändern. »Weiß ich mehr über das Pferd«, sagte er zu Fabrizio, »wenn man mir beigebracht hat, daß es auf lateinisch equus heißt?«

Die Bauern fürchteten den Abbate Blanio als großen Zauberer, und er jagte ihnen durch sein Observatorium auf dem Kirchturm so viel Schrecken ein, daß sie nicht stahlen. Seine Amtsbrüder, die Geistlichen der Umgegend, waren wegen dieser Macht neidisch und verwünschten ihn. Der Marchese del Dongo verachtete ihn schlechtweg, weil er für einen Mann seines niedrigen Standes viel zu gelehrte Dinge im Kopf habe. Fabrizio schwärmte für ihn; um ihm zu gefallen, verbrachte er mitunter ganze Abende damit, riesenhafte Additions- oder Multiplikationsexempel auszurechnen. Seitdem durfte er mit auf den Kirchturm klettern. Das war eine große Gunst, die der Abbate Blanio noch niemandem zugestanden hatte; aber er liebte den Knaben seiner Unbefangenheit wegen. »Wenn du kein Heuchler wirst«, pflegte er zu ihm zu sagen, »wirst du vielleicht ein Mann.«

Infolge der Unerschrockenheit und Leidenschaftlichkeit, die Fabrizio bei allen seinen Belustigungen an den Tag legte, wäre er im Laufe der Jahre mehrmals beinahe im See ertrunken. Bei den Streichen der Bauernjungen von Grianta und Cadenabbia war er der Anführer. Diese Burschen hatten sich verschiedene Nachschlüssel zu verschaffen gewußt, mit denen sie in besonders finsteren Nächten die Schlösser der Ketten zu öffnen trachteten, womit die Barken an großen Steinen oder an Bäumen nahe am Ufer befestigt waren. Auf dem Comer See legen nämlich die Fischer schwimmende Angeln in ziemlich weiter Entfernung vom Ufer aus. Das obere Ende der Schnur ist an einem mit Kork unterlegten Brettchen befestigt, auf dem eine elastische Haselrute mit einem Glöckchen angebracht ist; es klingelt, sobald der Fisch angebissen hat und an der Schnur zerrt.

Der Hauptzweck der nächtlichen Seezüge, die Fabrizio befehligte, war, diese Nachtangeln aufzusuchen, ehe die Fischer auf das Klingelzeichen aufmerksam wurden. Man wählte zu diesen waghalsigen Ausfahrten stürmisches Wetter und schiffte sich meist in der Frühe ein, eine Stunde vor Sonnenaufgang. Daß die Jungen beim Einsteigen in die Barken glaubten, sie stürzten sich in die größten Gefahren, darin lag das Schöne ihres Tuns, und nach dem Vorbild ihrer Väter beteten sie andächtig ein Ave-Maria. Nun geschah es zuweilen, daß Fabrizio im Augenblick der Abfahrt oder kurz nach dem Ave-Maria von einem Vorzeichen betroffen wurde. Das war die Frucht der astrologischen Studien seines Freundes, des Abbaten Blanio. Bei seiner jugendlichen Einbildungskraft kündigte ihm das Vorzeichen mit Sicherheit den guten oder schlimmen Ausgang an, und da er der Beherzteste unter seinen Kameraden war, so gewöhnte sich allmählich die ganze Schar so an die Vorbedeutungen, daß, wenn im Augenblick der Abfahrt ein Bettelmönch sichtbar ward oder linker Hand ein Rabe flog, die Barken schleunigst wieder angekettet wurden und jeder wieder schlafen ging. So hatte der Abbate Blanio seine ziemlich schwierige

Wissenschaft Fabrizio zwar nicht gelehrt, aber er hatte ihm, ohne daß er es selber wußte, ein grenzenloses Vertrauen in alle Vorzeichen künftiger Geschehnisse eingeimpft.

Der Marchese hegte das Gefühl, daß ihn bei seinem geheimen Briefwechsel einmal ein unglücklicher Zufall in die Lage bringen könne, des Einflusses seiner Schwester zu bedürfen; und so erhielt Fabrizio alljährlich am Feste der heiligen Angela, dem Namenstage der Contessa Pietranera, die Erlaubnis, acht Tage in Mailand zu verbringen. Das ganze Jahr zehrte er von der Hoffnung auf diese acht Tage oder von der Erinnerung daran. Um diesem großen Ereignis noch mehr Bedeutung zu geben, händigte der Marchese seinem Sohn jedesmal vier Taler ein, während er seiner Gattin, die Fabrizio begleitete, nichts zu geben pflegte. Dafür reisten am Tage vor der Abreise ein Koch, sechs Bediente und ein Wagen mit zwei Pferden nach Como ab, und die Marchesa hatte in Mailand eine Kutsche und eine Tafel mit zwölf Gedecken zur Verfügung.

Eine grollende Lebensweise, wie sie der Marchese del Dongo führte, war sicherlich sehr wenig unterhaltsam, aber sie hatte den Vorteil, daß sie den Reichtum der Familien, die sich darein verloren, ungeheuer aufschwellte. Der Marchese, der mehr als zweihunderttausend Lire Jahreseinkommen hatte, verbrauchte davon nicht ein Viertel. Er lebte von der Hoffnung. Während der dreizehn Jahre von 1800 bis 1813 glaubte er immer felsenfest, daß Napoleon binnen einem halben Jahre gestürzt wäre. Man kann sich sein Entzücken vorstellen, als er zu Beginn des Jahres 1813 das Unglück an der Beresina erfuhr. Die Einnahme von Paris und der Sturz Napoleons hätten ihn beinahe um den Verstand gebracht. Nun erlaubte er sich die kränkendsten Äußerungen gegen seine Frau und seine Schwester. Endlich, nach vierzehn Jahren des Harrens, hatte er die unsägliche Freude, die österreichischen Truppen wieder in Mailand einrücken zu sehen. Auf Anweisung von Wien empfing der österreichische

General den Marchese del Dongo mit einer Hochachtung, die an Ehrfurcht grenzte. Man trug ihm alsbald eine der höchsten Stellen der Landesverwaltung an, die er wie die Rückzahlung einer Schuld hinnahm. Sein ältester Sohn erhielt eine Leutnantsstelle in einem der besten Regimenter der Monarchie, der jüngere jedoch wollte die ihm angebotene Würde eines Kadetten nie und nimmer annehmen. Dieser Triumph, den der Marchese mit seltener Unverschämtheit auskostete, dauerte aber nur wenige Monate und hatte ein demütigendes Nachspiel. Geschäftliche Begabung besaß er nicht, und die vierzehn Jahre, die er auf seinem Landschloß im Verkehr mit seinen Dienern, seinem Notar und seinem Hausarzt verbrachte, hatten ihn im Verein mit den Grillen des herannahenden Alters zu einem gänzlich unfähigen Menschen gemacht. Nun ist es in österreichischen Landen ein Unding, sich auf einem wichtigen Posten zu halten, ohne die gewisse Befähigung zu besitzen, die die langsame und umständliche, aber sehr vernünftige Verwaltungsweise dieser alten Monarchie erheischt. Die Mißgriffe des Marchese del Dongo stießen die Beamten vor den Kopf und hemmten den Gang der Geschäfte. Seine ultramonarchischen Redensarten reizten die Bevölkerung, die man in sorglosen Schlummer einlullen wollte. Eines schönen Tages erfuhr er, daß Seine Majestät Allergnädigst geruht hatte, sein Gesuch um die Entlassung aus Allerhöchsten Diensten unter gleichzeitiger Ernennung zum Vize-Oberhofmarschall des lombardisch-venezianischen Königreiches huldvollst entgegenzunehmen. Der Marchese war empört über die maßlose Ungerechtigkeit, deren Opfer er geworden. Er ließ einen Brief an einen Freund veröffentlichen, er, der die Pressefreiheit so sehr verabscheute. Schließlich schrieb er an den Kaiser, seine Minister seien Verräter und nichts weiter als Jakobiner. Darauf zog er sich wieder traurig auf sein Schloß Grianta zurück. Er fand einen Trost. Nach Napoleons Sturz ließen gewisse einflußreiche Persönlichkeiten den Grafen Prina, den ehemaligen Minister des Königs von Italien, einen im höchsten Grade verdienstvollen Mann, in Mailand auf offener Straße ermorden. Der Graf Pietranera setzte sein Leben aufs Spiel, um das des Ministers zu retten, der mit Regenschirmen erschlagen wurde und dessen Todesqualen fünf Stunden lang dauerten. Ein Priester, Beichtvater des Marchese del Dongo, hätte Prina retten können, wenn er ihm das Gitter der Kirche San Giovanni geöffnet hätte, vor die man den unglücklichen Minister schleppte, nachdem man ihn sogar eine Weile im Rinnstein mitten auf der Straße hatte liegen lassen. Aber er weigerte sich höhnisch, sein Gittertor aufzuschließen, und ein halbes Jahr später gelang es dem Marchese glücklich, ihm eine höhere Stellung zu verschaffen.

Er verabscheute seinen Schwager, den Grafen Pietranera, der mit einem Jahreseinkommen von nicht fünfzig Louisdor leidlich zufrieden zu sein wagte und es sich einfallen ließ, dem, was er lebenslang geliebt hatte, die Treue zu wahren, ja die Unverschämtheit besaß, sich offen als Anhänger des gleichen Rechts für alle zu bekennen, was der Marchese schändliches Jakobinertum nannte. Der Graf hatte sich geweigert, in österreichische Dienste zu treten. Man beutete diesen Trotz aus, und ein paar Monate nach der Ermordung Prinas setzten die nämlichen Persönlichkeiten, die Prinas Mörder gedungen hatten, die Verhaftung des Generals Pietranera durch. Darauf ließ sich die Gräfin, seine Gemahlin, einen Paß ausfertigen und bestellte Postpferde, um nach Wien zu fahren und dem Kaiser die Wahrheit zu sagen. Die Mörder Prinas bekamen es mit der Angst zu tun, und einer von ihnen, ein Vetter der Gräfin Pietranera, überbrachte ihr mitternachts eine Stunde vor ihrer Abfahrt nach Wien, die Order zur Freilassung ihres Mannes. Anderntags ließ der österreichische General den Grafen Pietranera zu sich bitten, empfing ihn mit größter Achtung und versicherte ihm, seine Pensionsangelegenheit werde binnen kurzem auf das beste geregelt. Der brave General Bubna, ein Mann von Geist und Herz, war wegen Prinas Ermordung und der Verhaftung des Grafen sichtlich in starker Verlegenheit.

Nachdem diese Gefahr durch die Entschlossenheit der Gräfin abgewendet war, lebte das Ehepaar schlecht und recht von dem Ruhegehalt, das dank der Fürsprache des Generals Bubna nicht auf sich warten ließ.

Zum Glück traf es sich nach fünf oder sechs Jahren, daß die Gräfin eine große Freundschaft zu einem sehr reichen jungen Manne faßte, der auch Busenfreund des Grafen war und es sich nicht nehmen ließ, ihnen das schönste englische Vollblutgespann, das es damals in Mailand gab, seine Loge in der Scala und sein Landschloß zur Verfügung zu stellen. Aber der Graf ließ sich im Vollgefühl seiner Tapferkeit und seiner edlen Gesinnung leicht hinreißen und führte dann gern absonderliche Reden. Als er eines Tages mit jungen Leuten auf der Jagd war, begann einer von ihnen, der unter anderen Fahnen als er gedient hatte, Witze über die Tapferkeit der Soldaten der Zisalpinischen Republik zu machen. Der Graf gab ihm eine Ohrfeige. Es kam sofort zu einem Zweikampf, und da der Graf unter allen diesen jungen Menschen keinen auf seiner Seite hatte, so fiel er. Man munkelte allerlei über diese Art von Zweikampf, und die Beteiligten entschlossen sich zur Abreise nach der Schweiz.

Jener lächerliche Mut, den man Gottergebenheit nennt, der Mut eines Toren, der sich hängen läßt, ohne ein Wort zu sagen, war nicht Sache der Gräfin. Wütend über ihres Gatten Tod, hätte sie es am liebsten gesehen, wenn Limercati, jener reiche junge Mann, ihr Vertrauter, gleichfalls auf den Einfall geraten wäre, nach der Schweiz zu fahren und den Mörder des Grafen Pietranera zu erschießen oder wenigstens zu ohrfeigen.

Limercati fand dieses Ansinnen reichlich lachhaft, und die Gräfin bemerkte, daß ihre Verachtung ihre Liebe ertötet hatte.

Sie verdoppelte ihre Aufmerksamkeiten gegen Limercati. Sie wollte seine Leidenschaft schüren, ihn dann sitzenlassen und der Verzweiflung preisgeben. Um diesen Racheplan einem Franzosen verständlich zu machen, muß ich sagen, daß man in Mailand, das freilich sehr fern von Paris liegt, aus Liebe noch in Verzweiflung gerät. Die Gräfin, die in ihren Trauerkleidern alle Nebenbuhlerinnen bei weitem hinter sich ließ, tat schön mit den jungen Herren, die auf der Straße schlenderten, und einer von ihnen, der Graf Nani, der schon immer gesagt hatte, er fände Limercati zu schwerfällig, zu steif für eine so begabte Frau, verliebte sich toll in die Gräfin. Sie schrieb an Limercati:

»Wollen Sie sich einmal als geistreicher Mann betätigen? Bilden Sie sich ein, Sie hätten mich nie gekannt!

Ich bin, vielleicht nicht ohne Mißachtung,

Ihre untertänigste

Gina Pietranera.

Als Limercati dieses Briefchen gelesen, reiste er nach einem seiner Schlösser ab. Seine Liebe wuchs ins Grenzenlose; er wurde toll und sprach von Selbstmord, etwas Ungebräuchlichem in einem Lande, wo man an den Teufel glaubt. Gleich am ersten Morgen schrieb er der Gräfin und bot ihr die Ehe und seine zweihunderttausend Lire Rente an. Sie schickte ihm seinen Brief unerbrochen durch den Reitknecht des Grafen Nani zurück. Darauf verbrachte Limercati drei Jahre auf seinen Gütern. Alle acht Wochen kehrte er nach Mailand zurück, hatte aber nie den Mut, dort zu bleiben, und langweilte seine Freunde mit seiner leidenschaftlichen Liebe zur Gräfin und mit umständlicher Aufzählung aller einst bei ihr genossenen Gunstbezeigungen. Anfangs pflegte er hinzuzufügen, daß sie sich mit dem Grafen zugrunde richte und daß dieses Verhältnis sie entehre.

Die Villa del Balbianello bei Lenno am Comer See
ist nur mit dem Boot zu erreichen

In der Tat empfand die Gräfin für den Grafen Nani keinerlei Liebe, und das sagte sie ihm offen, als sie der Verzweiflung Limercatis ganz sicher war. Der Graf, ein Weltmann, bat sie, die ihm anvertraute betrübliche Wahrheit nicht etwa stadtbekannt werden zu lassen. »Wenn Sie die außerordentliche Nachsicht üben wollten«, fügte er hinzu, »mich auch fernerhin vor der Welt mit all den Vergünstigungen zu behandeln, die man einem erklärten Liebhaber zukommen läßt, so werde ich mich vielleicht darein schicken.«

Nach ihrer heldenmütigen Erklärung mochte die Gräfin weder mehr die Pferde noch die Loge des Grafen Nani. Aber seit fünfzehn Jahren an den vornehmsten Lebenszuschnitt gewöhnt, stand sie nun dem schwierigen oder, besser gesagt, unlösbaren Rätsel gegenüber, mit einer Pension von fünfzehnhundert Lire in Mailand zu leben. Sie verließ ihren Palast, mietete zwei Zimmer in einem vierten Stock, entließ alle Dienstboten, ja selbst ihre Kammerjungfer, und nahm sich an deren Stelle eine arme, alte Aufwartefrau. In Wirklichkeit war dieses Opfer weniger heldenhaft und hart, als es scheint. In Mailand ist die Armut nichts Lächerliches und wird folglich nicht von ängstlichen Seelen als der Übel größtes angesehen. Einige Monate waren in dieser edlen Armut verflossen, während deren sie fortgesetzt von Limercati und sogar vom Grafen Nani, der sie ebenfalls heiraten wollte, durch Briefe bestürmt wurde, als der Marchese del Dongo, sonst ein abscheulicher Geizhals, auf den Gedanken kam, seine Feinde könnten am Ende ihre Freude am Elend seiner Schwester haben. Was, eine del Dongo sollte ihr Leben kümmerlich mit dem Gnadengeld fristen, das ihr der Wiener Hof, über den er so viel Anlaß zu klagen hatte, als Generalswitwe auszahlte?

Er schrieb ihr also, seine Schwester fände im Schloß Grianta eine Wohnung und angemessene Aufnahme. Das bewegliche Gemüt der Gräfin griff den Gedanken an eine neue Lebensweise mit Begeisterung auf. Seit zwanzig Jahren hatte sie dieses ehrwürdige Schloß nicht betreten, das unter uralten Kastanien, die in den Zeiten der Sforza gepflanzt waren, majestätisch emporragte. ›Dort‹, sagte sie sich, ›werde ich Ruhe finden, und ist Ruhe in meinem Alter nicht Glück?‹ Da sie einunddreißig Jahre alt war, meinte sie, die Stunde ihres Abschieds von der großen Welt sei gekommen. ›Am Gestade jenes herrlichen Sees, wo meine Wiege stand, harrt meiner endlich ein friedsames, glückliches Leben.‹

Ich weiß nicht, ob sie sich täuschte, aber so viel steht fest, daß diese leidenschaftliche Seele, die so leichten Herzens zweimal ein Riesenvermögen verschmäht hatte, das Glück ins Schloß Grianta brachte. Ihre beiden Nichten waren närrisch vor Freude. »Du hast mir die schönen Tage der Jugend wiedergebracht!« jubelte die Marchesa ihr zu und schloß sie in ihre Arme. »Am Tage vor deiner Ankunft war ich hundert Jahre alt.«

Die Gräfin besuchte mit Fabrizio alle bezaubernden Orte der Umgebung des Schlosses Grianta wieder, die von den Reisenden so gepriesen werden: die Villa Melzi auf dem anderen Seeufer, auf das man vom Schloß einen Ausblick hat, darüber den heiligen Hain der Sfondrata und das kecke Vorgebirge, das die beiden Arme des Sees scheidet, den wonnigen von Como und den tiefernsten von Lecco, erhabene und liebliche Landschaften, denen nur die berühmteste Gegend der Erde, der Golf von Neapel, gleicht, ohne sie zu übertreffen. Mit Entzücken lebte die Gräfin die Erinnerungen ihrer Kindheit wieder durch und verglich sie mit ihrem jetzigen Gemütszustand. ›Der Comer See‹, sagte sie sich, ›ist nicht wie der Genfer See von großen abgegrenzten und nach allen Regeln der Kunst bebauten Feldstücken umrahmt, die an Geld und Gelderwerb erinnern. Hier umgeben mich ringsum Hügel, von ungleicher Höhe, mit Baumgruppen bedeckt, die der Zufall gepflanzt, von Menschenhänden noch nicht verunziert und gezwungen, ihnen etwas einzubringen. Inmitten dieser wunderbar geformten Hügel, die in absonderlichen Hängen nach dem See abstürzen, kann ich alle Illusionen der Schilderungen Tassos und Ariosts bewahren. Alles ist edel und zärtlich, alles spricht von Liebe, nichts erinnert mich an die Häßlichkeiten der Zivilisation. Die auf halber Höhe verstreuten Dörfer sind hinter großen Bäumen versteckt, über deren Wipfel die gefälligen Linien ihrer Kirchtürme hervorlugen. Wenn hier und da ein bebautes Fleckchen von fünfzig Schritt im Geviert die Gruppen der Kastanien und wilden Kirschbäume unterbricht, so schaut das Auge dort zu seiner Befriedigung ein üppigeres und gedeihlicheres Wachstum als anderswo. Und über diese Hügel hinaus, deren Rücken einsame Stätten bieten, die man alle bewohnen möchte, gewahrt der staunende Blick die fernen, von ewigem Schnee bedeckten Spitzen der Alpen, deren ernste Erhabenheit an alles Weh des Lebens erinnert, das einem die Wonne des Augenblicks um so wertvoller macht. Der ferne Glockenton eines unter Bäumen versteckten Dorfkirchleins rührt die Phantasie; dieser gedämpft über das Wasser herdringende Klang nimmt die Farbe süßer Schwermut und Entsagung an und scheint dem Menschen zuzuflüstern: Das Leben flieht dahin. Sei darum nicht allzu wählerisch im Glück, das sich dir darbietet! Eile, es zu genießen!‹ Die Sprache dieser entzückenden Landschaft, die ihresgleichen nirgends auf Erden hat, machte das Herz der Gräfin wieder jung wie damals, als sie sechzehn Jahre zählte. Sie begriff nicht, wie sie so lange Zeit hatte verbringen können, ohne den See wiederzusehen. ›Hat sich also mein Glück auf die Schwelle des Alters geflüchtet?‹ fragte sie sich. Sie kaufte eine Barke, die sie mit Fabrizio und der Marchesa eigenhändig ausschmückte, denn trotz aller fürstlichen Herrlichkeit hatte man für nichts Geld. Seit der Marchese del Dongo in Ungnade gefallen war, hatte er seinen aristokratischen Aufwand verdoppelt. Zum Beispiel hatte er, um dem See zehn Schritt Land abzugewinnen, an der berühmten Platanenallee nach Cadenabbia einen Damm aufwerfen lassen, der achtzigtausend Lire kostete. Am Ende dieses Dammes erhob sich, nach Plänen des berühmten Marchese Cagnola eine Kapelle aus Granitquadern, in der ihm Marchesi, der Modebildhauer von Mailand, ein Grabmal erbaute, dessen zahlreiche Reliefs die Taten seiner Vorfahren rühmten.

Fabrizios älterer Bruder, der Marchesino Ascanio, zeigte Lust, an den Ausflügen der Damen teilzunehmen; aber seine Tante goß ihm Wasser über sein gepudertes Haar und hatte täglich eine neue kleine Neckerei, um ihn aus seiner Schwerfälligkeit herauszubringen. Endlich befreite er die lustige Schar, die in seiner Gegenwart nicht zu lachen wagte, vom Anblick seines dicken, bleichen Gesichts. Man hielt ihn für den Spion seines Vaters, des Marchese, und man mußte sich vor diesem, der seit seiner unfreiwilligen Verabschiedung ein strenger und allzeit wütiger Despot geworden war, in acht nehmen.

Ascanio schwur dem Fabrizio Rache.

Bei einem Unwetter geriet man in Gefahr; obgleich das Geld äußerst knapp war, belohnte man die beiden Ruderknechte reichlich, damit sie vor dem Marchese ihren Mund hielten, der schon genug murrte, daß man ihm immer seine beiden Töchter entführe. Sie wurden ein zweites Mal vom Sturm überfallen. Unwetter sind auf diesem schönen See von furchtbarer Plötzlichkeit; ganz jäh brechen Windstöße aus zwei entgegengesetzten Gebirgsschluchten hervor und kämpfen über den Fluten. Die Gräfin wollte landen, während der Sturm tobte und der Donner krachte. Sie behauptete, von einem einsamen Felsen in der Seemitte, der kaum die Größe eines Zimmers hatte, genösse man ein einzigartiges Schauspiel; man sähe sich ringsum von wilden Wogen umbraust. Aber beim Herausspringen aus der Barke fiel sie ins Wasser. Fabrizio sprang ihr sofort nach, um sie zu retten, doch wurden beide ziemlich weit weggetrieben. Zweifellos ist es kein Vergnügen, beinahe zu ertrinken, aber es bannte die Langeweile ganz erstaunlich aus der Ritterburg. Die Gräfin hatte sich für das altfränkische Wesen und für die Astrologie des Abbaten Blanio begeistert. Das wenige Geld, das ihr nach Ankauf der Barke verblieben war, hatte sie dazu verwendet, ein kleines Spiegelfernrohr zu kaufen, und fast allabendlich stellte sie es mit Fabrizio und ihren Nichten auf der Plattform eines der gotischen Schloßtürme auf. Fabrizio mußte den Gelehrten spielen, und man verlebte da droben, fern von Spionen, manche höchst heitere Stunde.

Es muß zugegeben werden, daß es Tage gab, da die Gräfin mit keinem Menschen ein Wort sprach. Dann sah man sie unter den hohen Kastanien hinwandeln, in düstere Träumereien versunken. Ihr Geist war zu rege, als daß sie nicht bisweilen den Mangel an Gedankenaustausch empfunden hätte. Aber anderntags lachte sie wieder wie sonst. Besonders waren es die Klagen ihrer Schwägerin, der Marchesa, die ihre von Natur so tatenlustige Seele schwermütig machten.

»Sollen wir denn den Rest unserer Jugend in diesem traurigen Schloß verbringen?« jammerte die Marchesa.

Vor der Ankunft der Gräfin hatte sie nicht einmal den Mut zu solchen Klagen gehabt.

So verlebte man den Winter von 1814 auf 1815. Zweimal ging die Gräfin ungeachtet ihrer Armut auf ein paar Tage nach Mailand. Der Zweck war, ein köstliches Ballett von Viganò zu sehen, das in der Scala gegeben wurde, und der Marchese hatte nichts dagegen, wenn seine Frau ihre Schwägerin begleitete. Sie hob den Vierteljahrsbetrag der kleinen Pension ab, und so war es die arme Witwe des zisalpinischen Generals, die der steinreichen Marchesa del Dongo ein paar Zechinen borgte. Diese kleinen Reisen waren entzückend. Die Damen luden sich alte Freunde zum Mittagsmahl ein und trösteten sich wie Kinder, indem sie über alles lachten. Diese italienische Heiterkeit, voller Leidenschaft und Laune, ließ sie die düstere Trübsal vergessen, die ihnen in Grianta die Blicke des Marchese und seines ältesten Sohnes bereiteten. Der kaum sechzehnjährige Fabrizio spielte seine Rolle als Familienhaupt vorzüglich.

Am 7. März 1815 waren die Damen gerade den zweiten Tag von solch einem herrlichen kleinen Ausflug nach Mailand zurück. Sie lustwandelten in der schönen Platanenallee, die neuerdings bis unmittelbar an das Seegestade verlängert worden war. Eine Barke tauchte aus der Richtung von Como auf und machte sonderbare Zeichen. Ein Agent des Marchese sprang auf den Damm: Napoleon sei im Golf von Juan gelandet. Europa in seiner Gutmütigkeit war ob dieses Ereignisses überrascht, der Marchese del Dongo ganz und gar nicht. Er schrieb an seinen kaiserlichen Gebieter einen überschwenglichen Brief, bot ihm seine Talente und mehrere Millionen an und wiederholte ihm, seine Minister seien Jakobiner und stäken unter einer Decke mit den Pariser Rädelsführern.

Am 8. März, um sechs Uhr früh, ließ sich der Marchese, seine Orden auf der Brust, von seinem ältesten Sohne den Entwurf einer dritten politischen Depesche diktieren und brachte sie würdevoll in seiner wohlgepflegten Handschrift ins reine. Das Papier trug als Wasserzeichen das Bildnis des Kaisers. Zur selben Stunde ließ sich Fabrizio bei der Gräfin Pietranera melden.

»Ich gehe fort«, sagte er zu ihr, »ich will zum Kaiser, der auch König von Italien ist. Er hat deinem Gatten so viel Gutes erwiesen. Ich reise durch die Schweiz. Mein Freund Vasi, der Barometerhändler in Menaggio, hat mir seinen Paß gegeben. Gib mir jetzt ein paar Napoleons, denn ich besitze nur zwei. Aber wenn es sein muß, gehe ich auch zu Fuß!«

Die Gräfin weinte vor Freude und Schrecken. »Mein Gott«, rief sie aus und faßte ihn bei den Händen, »warum mußtest du auf diesen Einfall kommen?«

Sie stand auf und holte eine kleine, perlenbestickte Börse aus dem Wäschespind, wo sie sorglich versteckt lag; sie enthielt alles, was sie auf der Welt besaß.

»Nimm das!« sagte sie zu Fabrizio. »Aber, um Gottes willen, laß dich nicht töten! Was bliebe uns dann noch, deiner unglücklichen Mutter und mir, wenn du nicht wiederkämst? An Napoleons Erfolg kann ich nicht glauben, mein armer Junge; die Unseren werden ihn bald unterkriegen. Hast du nicht vor acht Tagen in Mailand die Geschichte von den dreiundzwanzig ausgeklügelten Mordanschlägen gehört, denen er nur durch ein Wunder entgangen ist? Und damals war er allmächtig! Auch hast du gesehen, daß es unseren Feinden nicht am Willen fehlt, ihn zu verderben. Frankreich war nichts mehr seit seiner Abdankung.«

Und im Ton der lebhaftesten Erregung sprach die Gräfin vom künftigen Schicksal Napoleons. »Wenn ich dir erlaube, zu ihm zu gehen«, sagte sie, »bringe ich ihm mein Liebstes auf der Welt zum Opfer.« Fabrizios Augen wurden feucht. Er umarmte die Gräfin unter Tränen, aber sein Entschluß wurde nicht einen Augenblick erschüttert. Das Herz ging ihm über, als er seiner teueren Freundin die Gründe auseinandersetzte, die ihn dazu bestimmten und die recht merkwürdig zu finden wir uns erlauben.

»Gestern abend, es war sieben Minuten vor sechs, gingen wir, wie du weißt, in der Platanenallee unterhalb der Villa Sommariva am See spazieren. Wir wanderten südwärts. Da gewahrte ich als erster in der Ferne das Boot, das von Como kam und uns eine so bedeutsame Kunde brachte. Gar nicht an den Kaiser denkend, war ich beim Anblick des Schiffes nur neidisch auf alle, denen das Schicksal zu reisen erlaubt, und ganz plötzlich ergriff mich eine tiefe Bewegung. Das Schiff legte an. Der Bote sprach leise mit meinem Vater. Der wurde blaß und nahm uns beiseite, um uns die ›schreckliche Nachricht‹ mitzuteilen. Ich schaute nach dem See hinaus, ohne andere Absicht, als meine Freude zu verbergen, von der mir die Augen überliefen. Plötzlich, in unendlicher Höhe, rechter Hand von mir, sah ich einen Adler, den Vogel Napoleons; er flog majestätisch dahin, in der Richtung nach der Schweiz also auf Paris zu. Auch ich, sagte ich mir sofort, will die Schweiz mit Adlerschnelle durcheilen und hingehen und dem großen Mann alles darbieten, was ich ihm darzubieten vermag. Es ist wenig genug: die Hilfe meines schwachen Armes! Er wollte uns ein Vaterland geben. Und er liebte meinen Onkel. Im Augenblick, während ich noch den Adler sah, versiegten seltsamerweise meine Tränen, und der Beweis, daß mein Einfall von oben stammt, ist der: blitzartig kam mir mein Entschluß, und zugleich sah ich die Mittel, wie ich die Reise ausführen könne. Im Nu war all meine Schwermut, die mir das Leben vergällt – du weißt, besonders an Sonntagen –, wie durch einen göttlichen Hauch weggeweht. Ich sah das hehre Bild der Italia wieder aus dem Schmutz emporsteigen, in den es die Deutschen niederdrückten.* Sie streckte ihre zerschundenen Arme, noch halb mit Ketten belastet, ihrem König und Befreier entgegen. Und ich, sagte ich mir, ich noch unbekannter Sohn meiner unglücklichen Heimat, ich will hingehen und sterben oder siegen mit diesem Mann; ihn hat das Schicksal ausersehen, uns reinzuwaschen von der Verachtung, mit der uns sogar die gemeinsten Knechtsseelen Europas überschütten.

Du kennst«, fuhr er im Flüsterton fort, indem er ganz nahe an die Gräfin herantrat und sie flammenden Auges ansah, »du kennst den jungen Kastanienbaum, den meine Mutter in dem Winter, da ich geboren wurde, mit eigenen Händen gepflanzt hat, am Rand der großen Quelle in unserem Walde, zwei Mei-

* Hier spricht eine leidenschaftliche Figur, er übersetzt einige Verse des berühmten Monti in Prosa.

len von hier. Ich wollte nichts unternehmen, ehe ich ihn nicht besucht hatte. Der Frühling ist noch im Rückstand, sagte ich bei mir. Gerade darum! Wenn mein Baum schon Blätter hat, soll mir das ein Zeichen sein! Auch ich soll aus dem Winterschlaf aufwachen, in dem ich in diesem öden, kalten Schloß hinsieche. Findest du nicht, daß diese altersschwarzen Mauern, einst Mittel und heute Sinnbilder der Gewalt, ein wahres Abbild des traurigen Winters sind? Sie sind für mich, was der Winter für meinen Baum ist.

Wirst du es glauben, Gina? Gestern abend, um halb acht Uhr, kam ich zu meinem Kastanienbaum. Er hatte Blätter, schöne kleine Blätter, ja schon ziemlich kräftige. Ich küßte sie behutsam und grub die Erde rund um den lieben Baum ehrfurchtsvoll um. Dann ging ich, von frischer Leidenschaft erhoben, über die Berge nach Menaggio; ich mußte mir einen Paß nach der Schweiz verschaffen. Die Zeit verstrich im Fluge. Es war bereits ein Uhr nachts, als ich an Vasis Tür anlangte. Ich hatte gedacht, ich müßte lange klopfen, um ihn wach zu kriegen; aber er war noch auf mit drei Freunden. Ehe ich Worte fand, rief er mir entgegen: ›Du willst zu Napoleon!‹ und flog mir um den Hals. Auch die anderen umarmten mich freudig. ›Warum bin ich verheiratet!‹ sagte der eine.«

Die Gräfin war nachdenklich geworden; sie meinte, ein paar Einwände vorbringen zu sollen. Mit der geringsten Welterfahrung hätte Fabrizio merken müssen, daß seine Tante selbst nicht an die guten Ratschläge glaubte, die sie ihm in aller Eile zu geben versuchte. Für den Mangel an Erfahrung besaß er Entschlossenheit. Er hörte gar nicht auf die trefflichen Lehren. Schließlich bestürmte ihn die Gräfin, er möge wenigstens seine Mutter in seinen Plan einweihen.

»Sie wird es meinen Schwestern sagen, und diese Frauenzimmer werden mich ungewollt verraten!« rief Fabrizio in gewisser Heldengröße.

»Sprich doch mit etwas mehr Achtung«, entgegnete die Gräfin, unter Tränen lächelnd, »von dem Geschlecht, das einst dein Glück bilden wird, denn den Männern wirst du allezeit mißfallen. Du bist zu feurig für die prosaischen Seelen.«

Die Marchesa zerfloß in Tränen, als sie den absonderlichen Plan ihres Sohnes erfuhr. Sie hatte kein Verständnis für Heldentum und tat alles mögliche, um ihn zurückzuhalten. Als sie überzeugt war, daß ihn nichts auf der Welt zu hemmen vermochte, höchstens Kerkermauern, händigte sie ihm das wenige Geld aus, das sie besaß. Da fiel ihr ein, daß ihr der Marchese tags zuvor acht oder zehn Brillanten anvertraut hatte, die in Mailand gefaßt werden sollten. Sie waren etwa zehntausend Franken wert. Als die Gräfiin diese Diamanten in den Rock unseres Helden einnähte, kamen Fabrizios Schwestern hinzu. Er gab den armen Damen die armseligen Goldstücke zurück. Seine Schwestern waren von seinem Vorhaben dermaßen begeistert, sie umarmten ihn mit so ungestümer Freude, daß er die noch nicht eingenähten Diamanten in die Hand nahm und Hals über Kopf abreisen wollte.

»Ihr werdet mich, ohne daß ihr es wollt, verraten!« sagte er zu seinen Schwestern. »Da ich so viel Schätze besitze, ist es unnötig, Sachen einzupacken. Ich bekomme überall das Nötige.« Damit umarmte er diese Menschen, die ihm so lieb und wert waren, und reiste unverzüglich ab, ohne sein Zimmer noch einmal zu betreten. Er ging, so schnell er konnte, immer in Furcht, er werde von Berittenen verfolgt. So kam er noch am nämlichen Abend in Lugano an.

Stefan Zweig
Sommernovellette

Den Augustmonat des vergangenen Sommers verbrachte ich in Cadenabbia, einem jener kleinen Orte am Comer See, die dort zwischen weißen Villen und dunklem Wald so reizvoll sich bergen. Still und friedsam wohl auch in den lebendigeren Tagen des Frühlings, wenn die Reisenden von Bellagio und Menaggio den schmalen Strand beschwärmen, war das Städtchen in diesen warmen Wochen eine duftende, sonnenbeglänzte Einsamkeit. Das Hotel war fast ganz verlassen: ein paar versprengte Gäste, jeder dem andern durch die Tatsache merkwürdig, sich so verlorene Stelle zum Sommeraufenthalt erwählt zu haben, wunderten sich jeden Morgen, den andern noch standhaft zu finden. Am erstaunlichsten war dies mir bei einem älteren, sehr vornehmen und kultivierten Herrn, der – dem Aussehen nach ein Mitteltypus zwischen korrektem englischem Staatsmann und einem Pariser Coureur –, ohne zu irgendwelchem Seesport Zuflucht zu nehmen, den Tag damit verbrachte, den Rauch von Zigaretten sinnend vor sich in der Luft zergehen zu sehen oder ab und zu in einem Buche zu blättern. Die drückende Einsamkeit zweier Regentage und sein offenes Entgegenkommen gaben unserer Bekanntschaft rasch eine Herzlichkeit, die der Jahre Ungleichheit fast ganz überbrückte. Livländer von Geburt, in Frankreich und später in England erzogen, berufslos seit je, ohne ständigen Aufenthalt seit Jahren, war er heimatlos in dem edlen Sinne derer, die, Wikinger und Piraten der Schönheit, aller Städte Kostbarkeiten im räuberischen Flug in sich versammelt haben. Dilettantisch war er allen Künsten nahe, aber stärker als die Liebe war seine vornehme Verachtung, ihnen zu dienen: er dankte ihnen tausend schöne Stunden, ohne ihnen eine einzige schöpferischer Not gewidmet zu haben. Er lebte eines jener Leben, die überflüssig scheinen, weil sie sich keiner Gemeinsamkeit einketten, weil all der Reichtum, den tausend einzelne kostbare Erlebnisse in ihnen aufgespeichert haben, mit ihrem letzten Atemzug unvererbt zerrinnt.

Davon sprach ich eines Abends zu ihm, als wir nach dem Diner vor dem Hotel saßen und sahen, wie sich der helle See langsam vor unserem Blick verdunkelte. Er lächelte: »Vielleicht haben Sie nicht unrecht. Ich glaube zwar nicht an Erinnerungen: das Erlebte ist erlebt in der Sekunde, da es uns verläßt. Und Dichtung: geht das nicht ebenso zugrunde, zwanzig, fünfzig, hundert Jahre später? Aber ich will Ihnen heute etwas erzählen, wovon ich glaube, daß es eine hübsche Novelle wäre. Kommen Sie! Solche Dinge sprechen sich besser im Gehen.«

So gingen wir den wunderbaren Strandweg entlang, überschattet von den ewigen Zypressen und verworrenen Kastanienbäumen, zwischen deren Gezweige der See unruhig spiegelte. Drüben lag die weiße Wolke Bellagio, sanft getönt von den hinrinnenden Farben der schon gesunkenen Sonne, und hoch, hoch oben über dem dunklen Hügel glänzte, von den Strahlen diamanten umfaßt, die funkelnde Mauerkrone der Villa Serbelloni. Die Wärme war leicht schwülend und doch nicht lastend; wie ein sanfter Frauenarm lehnte sie sich zärtlich an die Schatten und füllte den Atem mit dem Dufte unsichtbarer Blüten.

Er begann: »Ein Geständnis soll den Anfang machen. Ich habe Ihnen bislang verschwiegen, daß ich schon im vergangenen Jahre hier war, hier in Cadenabbia, zur gleichen Jahreszeit und im gleichen Hotel. Das mag Sie wundern, um so mehr als ich Ihnen ja erzählte, daß ich es von je vermied, etwas in meinem Leben zu wiederholen. Aber hören Sie! Es war natürlich ebenso einsam wie diesmal. Der gleiche Herr aus Mailand war hier, der den ganzen Tag Fische fängt, um sie abends wieder loszulassen und am nächsten Morgen wieder einzufangen; es

Blick von der Villa Carlotta auf den Comer See

waren zwei alte Engländerinnen da, deren leise vegetative Existenz man kaum bemerkte, ferner ein hübscher junger Bursch mit einem lieben, blassen Mädel, von der ich bis heute noch nicht glaube, daß sie seine Frau war, weil sie sich viel zu herzlich gern zu haben schienen. Schließlich eine deutsche Familie, Norddeutsche vom schärfsten Typus. Eine ältere, semmelblonde, hartknochige Dame mit eckigen, häßlichen Bewegungen, stechenden Stahlaugen und einem wie mit dem Messer geschnittenen scharfen, zänkischen Mund. Mit ihr eine Schwester, unverkennbar, denn es waren die gleichen Züge, nur zergangen, zerfaltet, irgendwie weich geworden, beide stets zusammen und nie doch im Gespräch und immer über die Stickerei gebeugt, in die sie ihre ganze Gedankenlosigkeit zu spinnen schienen, unerbittliche Parzen einer Welt der Langeweile und Beschränktheit. Und zwischen ihnen ein junges, etwa sechzehnjähriges Mädchen, die Tochter einer der beiden, ich weiß nicht, welcher, denn die harte Unfertigkeit ihrer Züge mischte sich schon mit leichter frauenhafter Rundung. Sie war eigentlich unhübsch, zu schlank, unreif, überdies natürlich ungeschickt gekleidet, aber es war etwas Rührendes in ihrer hilflosen Sehnsucht. Ihre Augen waren groß und wohl auch voll dunklen Lichtes, aber sie flüchteten immer verlegen weg, den Glanz in zwinkernde Lichter verflatternd. Auch sie kam immer mit einer Arbeit, aber ihre Hände wurden oft langsam, die Finger schliefen ein, und dann saß sie still, mit einem träumerischen, unbewegten Blick über den See hin. Ich weiß nicht, was mich so merkwürdig an diesem Anblick ergriff. War es der banale und doch so unvermeidliche Gedanke, der einen befällt, wenn man die verblühte Mutter mit der blühenden Tochter sieht, den Schatten hinter der Gestalt, der Gedanke, daß in jeder Wange die Falte, in jedem Lachen die Müdigkeit, in jedem Traume schon die Enttäuschung versteckt wartet? Oder war es diese wilde, eben ausbrechende, ziellose Sehnsucht, die sich überall in ihr verriet, jene einzige, wunderbare Minute im Leben der Mädchen, wo sie den Blick begehrend ins All richten, weil sie das Eine noch nicht haben, an das sie sich dann klammern und an dem sie dann faulend hängen wie Algen am schwimmenden Holz? Es war für mich unendlich packend, sie zu beobachten, den träumerischen, feuchten Blick, die wilde, überschwengliche Art, mit der sie jeden Hund und jede Katze liebkoste, die Unruhe, die sie vielerlei beginnen ließ und nichts zu Ende tun. Und dann die glühende Hast, mit der sie abends die paar elenden Bände der Hotelbibliothek durchjagte oder in den zwei zerlesenen Gedichtbänden blätterte, die sie sich mitgebracht hatte, in ihrem Goethe und Baumbach ... Doch warum lächeln Sie?«

Ich mußte mich entschuldigen: »Es ist nur die Zusammenstellung, Goethe und Baumbach.«

»Ach so! Natürlich, es ist ja komisch. Und doch wieder nicht. Glauben Sie mir, daß es jungen Mädchen in diesem Alter ganz gleichgültig ist, ob sie gute oder schlechte, echte oder verlogene Gedichte lesen. Ihnen sind Verse nur Becher für den Durst, und sie achten nicht auf den Wein, denn der Rausch ist ja schon in ihnen, noch ehe sie getrunken. Und so war dieses Mädchen, so kelchvoll von Sehnsucht, daß sie ihr bis in die Augen glänzte, die Spitzen der Finger über den Tisch zittern ließ und ihrem Gang eine eigene ungelenke und doch wieder beschwingte Art zwischen Flug und Furcht gab. Man sah, daß sie hungerte, mit jemandem zu sprechen, etwas von ihrer Fülle wegzugeben, aber da war niemand, nur Einsamkeit, nur das Klappern der Nadeln rechts und links, die kalten, bedächtigen Blicke der beiden Damen. Ein unendliches Mitleid kam mich an. Und doch, ich konnte mich ihr nicht nähern, denn erstlich, was ist ein bejahrter Mann einem Mädchen in diesem Augenblick, und dann, mein Abscheu vor Familienbekanntschaften und besonders Bekanntschaft ältlicher Bürgerdamen erdrosselte jede Möglichkeit. Da versuchte ich eine merkwürdige Sache. Ich dachte: dies ist ein junges Mädchen, unflügge, unerfahren, das erstemal wohl in Italien, das ja in Deutschland, dank dem Engländer Shakespeare, der nie dort gewesen ist, als das Land der romantischen Liebe gilt, der Romeos, der heimlichen Abenteuer, der fallenden Fächer, blitzenden Dolche, der Masken, Duennas und der zärtlichen Briefe. Sicherlich träumt sie von Abenteuern, und wer kennt Mädchenträume, diese weißen, wehenden Wolken, die ziellos im Blau schweben und so wie die Wolken immer am Abend in heißeren Farben, in Rosa und dann in brennendem Rot erglühen? Nichts wird ihr hier Unwahrscheinlichkeit, Unmöglichkeit dünken. So entschloß ich mich, ihr einen geheimnisvollen Liebhaber zu erfinden.

Und noch am selben Abend schrieb ich einen langen Brief demütiger und respektvoller Zärtlichkeit, voll fremdartiger Andeutungen und ohne Unterschrift. Einen Brief, der nichts verlangte, nichts verhieß, überschwenglich und zurückhaltend zugleich, kurz, einen romantischen Liebesbrief wie aus einem Versstück. Und da ich wußte, daß sie täglich, von ihrer Unrast gejagt, als erste beim Frühstück erschien, faltete ich ihn in die Serviette ein. Der Morgen kam. Ich beobachtete sie vom Garten aus, sah ihre ungläubige Überraschung, ihr jähes Erschrekken, sah die rote Flamme, die über die blassen Wangen schoß und hastig bis tief in die Kehle lief. Sah ihr hilfloses Umblicken, das Zucken, die diebische Bewegung, mit der sie den Brief verbarg, und dann, wie sie unruhig, nervös saß, das Frühstück kaum berührend und schon wegschießend, hinaus, irgendwohin in die schattigen, unbelebten Gänge, das geheimnisvolle Schreiben zu entziffern ... Sie wollten etwas sagen?«

Ich hatte unwillkürlich eine Bewegung gemacht, die ich jetzt erklären mußte. »Ich finde das sehr verwegen. Haben Sie nicht daran gedacht, sie könnte nachforschen, oder das Einfachste, den Kellner fragen, wie der Brief in die Serviette kam? Oder ihn ihrer Mutter zeigen?«

»Natürlich dachte ich daran. Aber hätten Sie das Mädchen gesehen, dieses furchtsame, verschreckte liebe Geschöpf, das sich immer ängstlich umsah, wenn sie einmal etwas lauter gesprochen hatte, dann wäre Ihnen jedes Bedenken verflogen. Es gibt Mädchen, deren Schamhaftigkeit so groß ist, daß Sie mit ihnen das Äußerste wagen können, weil sie so hilflos sind und lieber das Ärgste erdulden, ehe sich mit einem Worte andern anzuvertrauen. Lächelnd sah ich ihr nach und freute mich, wie sehr mein Spiel gelungen war. Da kam sie schon zurück, und ich fühlte mein Blut plötzlich an der Schläfe: das war ein anderes Mädchen, ein anderer Schritt. Sie ging unruhig und verworren heran, eine glühende Welle hatte ihr Gesicht übergossen, und eine süße Verlegenheit machte sie ungelenk. Und so den ganzen Tag. Zu jedem Fenster flog ihr Blick auf, als könnte er dort das Geheimnis fassen, jeden Vorüberschreitenden umkreiste er, und einmal fiel er auch auf mich, der ihm vorsichtig auswich, um sich nicht durch ein Blinken zu verraten; aber in dieser blitzschnellen Sekunde hatte ich ein Feuer der Frage gefühlt, vor dem ich fast erschrak, und wieder nach Jahren empfunden, daß keine Wollust gefährlicher, verlockender und verderbter ist, als jenen ersten Funken in das Auge eines Mädchens zu sprengen. Ich sah sie dann zwischen den beiden sitzen mit schläfrigen Fingern und sah, wie sie manchmal hastig an eine Stelle ihres Kleides griff, von der ich sicher war, daß sie den Brief verbarg. Nun lockte mich das Spiel. Und noch am Abend schrieb ich ihr einen zweiten Brief und so die nächsten folgenden Tage: es wurde mir ein eigener erregender Reiz, die Empfindungen eines verliebten, jungen Menschen in meinen Briefen zu verkörpern, Steigerungen einer Leidenschaft zu erfinden, die nur ersonnen war, es wurde mir ein fesselnder Sport, wie Jäger ihn wohl haben mögen, wenn sie Schlingen legen oder Wild vor ihre Läufe locken. Und so unbeschreiblich, fast schreckhaft war für mich mein eigener Erfolg, daß ich schon dachte abzubrechen, hätte die Versuchung mich nicht so glühend an das begonnene Spiel gefesselt. Eine Leichtigkeit, eine wilde Wirrnis wie von Tanz kam in ihren Gang, eine eigene fiebrige Schönheit brach aus ihren Zügen; ihr Schlaf mußte ein Warten und Wachen auf den Brief des Morgens sein, denn ihr Auge war dunkel in der Frühe verschattet und unstet in seinem Feuer. Sie begann auf sich zu achten, trug Blumen in ihrem Haar, eine wunderbare Zärtlichkeit gegen alle Dinge beschwichtigte ihre Hände, eine stete Frage lag in ihrem Blick, denn sie fühlte aus tausend Kleinigkeiten, die ich in den Briefen verriet, daß der Schreiber ihr nahe sein mußte, ein Ariel, der mit Musik die Lüfte füllt, nahe schwebend, das geheimste Tun belauschend und doch durch seinen Willen unsichtbar. So heiter wurde sie, daß selbst den beiden stumpfen Damen die Wandlung nicht entging, denn manchmal ließen sie gütig-neugierig ihren Blick an der eilenden Gestalt und an den aufknospenden Wangen haften, um sich dann mit verstohlenem Lächeln anzusehen. Ihre Stimme bekam Klang, wurde lauter, heller, verwegener, und an ihrer Kehle zitterte oft ein Zucken und Schwellen, als wollte plötzlich Gesang in jubelnden Trillern aufsteigen, als wäre ... Aber Sie lächeln schon wieder!«

»Nein, nein, bitte, erzählen Sie nur weiter. Ich meine nur, Sie erzählen sehr gut. Sie haben – verzeihen Sie – Talent und würden sicher das so gut erzählen wie einer unserer Novellisten.«

»Damit wollen Sie mir wohl höflich und vorsichtig andeuten, daß ich erzähle wie Ihre deutschen Novellisten, also lyrisch verstiegen, breit, sentimentalisch, langweilig. Ja, ich will kürzer sein! Die Marionette tanzte, und ich zog die Fäden mit überlegter Hand. Um von mir jeden Verdacht abzulenken – denn manchmal fühlte ich, wie sich ihr Blick prüfend an dem meinen anhalten wollte –, hatte ich ihr die Möglichkeit nahe gestellt, daß der Schreiber nicht hier, sondern in einem der nahen Kurplätze wohne und täglich im Boot oder mit dem Dampfer herüberkäme. Und nun sah ich sie immer, wenn die Glocke des nahenden Schiffes klang, unter einem Vorwand der mütterlichen Wacht entgleiten, wegstürmen und von einem Winkel des Piers die Ankommenden mit angehaltenem Atem mustern.

Und da geschah es einmal – es war ein trüber Nachmittag, und ich wußte nichts Besseres, als sie zu beobachten –, daß etwas sehr Merkwürdiges sich ereignete. Unter den Passagieren war ein hübscher junger Mann, mit jener extravaganten Eleganz der italienischen jungen Leute gekleidet, und wie er suchend den Ort überflog, fiel ihm voll der verzweifelt suchende, fragende, saugende Blick des jungen Mädchens ins Auge. Und sofort überstürzte, das leise Lächeln wild überflutend, die rote Welle der Scham ihr Gesicht. Der junge Mann stutzte, wurde aufmerksam – wie ja leicht verständlich ist, wenn man einen so heißen Blick voll tausend ungesagter Dinge zugeworfen empfängt –, lächelte und suchte ihr zu folgen. Sie flüchtete, stockte in der Sicherheit, daß es der lang Gesuchte war, eilte wieder weiter und sah sich doch wieder um, es war jenes ewige Spiel zwischen Wollen und Fürchten, Sehnsucht und Scham, in dem doch immer die süße Schwäche die Stärkere ist. Er, sichtlich ermutigt, wenn auch überrascht, eilte nach und war ihr schon nahe, und ich fühlte mit Erschrecken, wie sich alles zu einem beängstigenden Chaos verwirren müsse – da kamen die beiden Damen den Weg entlang. Das Mädchen flog ihnen wie ein scheuer Vogel entgegen, der junge Mann zog sich vorsichtig zurück, aber noch trafen sich im Rückwenden einmal ihre Blicke, um sich fieberhaft ineinanderzusaugen. Dieses Ereignis mahnte mich zuerst, dem Spiel ein Ende zu machen, aber doch die Verlockung war zu stark, und ich entschloß mich, diesen Zufall als willigen Gehilfen zu wählen, und schrieb ihr am Abend einen ungewöhnlich langen

Brief, der ihre Vermutung bestätigen mußte. Es reizte mich, nun mit zwei Personen zu agieren.

Am nächsten Morgen erschreckte mich die zitternde Verwirrung in ihren Zügen. Die schöne Unrast war einer mir unverständlichen Nervosität gewichen, ihre Augen waren feucht und gerötet wie von Tränen, ein Schmerz schien sie im Tiefsten zu durchdringen. All ihr Schweigen schien nach einem wilden Schrei zu drängen, Dunkel lag um ihre Stirne, eine düstere herbe Verzweiflung in ihren Blicken, während ich gerade diesmal klare Freude erwartet hatte. Mir wurde bange. Zum erstenmal drängte sich etwas Fremdes ein, die Marionette gehorchte nicht und tanzte anders, als ich wollte. Ich grübelte nach allen Möglichkeiten und fand keine. Mir begann angst zu werden vor meinem Spiel, und ich kehrte nicht vor abends heim, um der Anklage in ihren Blicken zu entweichen. Als ich heimkam, verstand ich alles. Der Tisch war nicht mehr gedeckt, die Familie war abgereist. Sie hatte fort müssen, ohne ihm ein Wort sagen zu können, und konnte den Ihren nicht verraten, wie sehr ihr Herz noch an einem einzigen Tage, an einer Stunde hing, sie war fortgeschleppt worden aus einem süßen Traum in irgendeine klägliche Kleinstadt. Daran hatte ich vergessen. Und ich fühle jetzt noch wie eine Anklage diesen letzten Blick, diese furchtbare Gewalt von Zorn, Qual, Verzweiflung und bitterstem Weh, das ich, wer weiß wie weit, in ihr Leben hineingeschleudert habe.«

Er schwieg. Mit uns war die Nacht gegangen, und von dem durch Gewölk verhangenen Mond ging ein eigentümlich klirrendes Licht aus. Zwischen den Bäumen schienen Funken und Sterne zu hängen und die bleiche Fläche des Sees. Wir gingen wortlos weiter. Endlich brach mein Begleiter das Schweigen. »Das war die Geschichte. Wäre es nicht eine Novelle?«

»Ich weiß nicht: Es ist jedenfalls eine Geschichte, die ich mit den anderen mir bewahren will, für die ich Ihnen schon dankbar sein muß. Aber eine Novelle? Ein schöner Einsatz, der mich verlocken könnte, vielleicht. Denn diese Menschen, sie streifen sich nur, sie beherrschen sich nicht ganz, es sind Ansätze zu Schicksalen, aber kein Schicksal. Man müßte sie zu Ende dichten.«

»Ich verstehe, was Sie meinen. Das Leben des jungen Mädchens, die Heimkehr in die Kleinstadt, die furchtbare Tragik der Alltäglichkeit ...«

»Nein, nicht das so sehr. Das junge Mädchen interessiert mich weiter nicht. Junge Mädchen sind immer uninteressant, so merkwürdig sie sich auch selbst dünken, weil ihre ganzen Erlebnisse nur negative und darum zu ähnliche sind. Das Mädchen in diesem Falle heiratet, wenn ihre Zeit gekommen ist, den braven Bürgersmann daheim, und diese Affäre bleibt das blühende Blatt ihrer Erinnerungen. Das Mädchen interessiert mich nicht weiter.«

»Das ist merkwürdig. Ich wieder weiß nicht, was Sie an dem jungen Mann finden können. Solche Blicke, dieses Feuer im Vorübersprühen, fängt jeder in seiner Jugend, die meisten bemerken es gar nicht, die anderen vergessen rasch daran. Man muß alt werden, um zu wissen, daß gerade dies vielleicht das Edelste und Tiefste ist, das man empfängt, das heiligste Vorrecht der Jugend.«

»Es ist auch gar nicht der junge Mann, der mich interessiert ...«

»Sondern?«

»Ich würde den älteren Herrn, den Briefschreiber, umformen, ihn zu Ende dichten. Ich glaube, in keinem Alter schreibt man ungestraft feurige Briefe und träumt sich in die Gefühle einer Liebe hinein. Ich würde darzustellen versuchen, wie aus dem Spiele Ernst wird, wie er das Spiel zu beherrschen glaubt, da das Spiel schon ihn beherrscht. Die erwachende Schönheit des Mädchens, die er als Beobachter nur zu sehen vermeint, reizt und faßt ihn tiefer. Und der Augenblick, da ihm plötzlich alles entgleitet, gibt ihm eine wilde Sehnsucht nach dem Spiel und – dem Spielzeug. Mich würde jene Umkehr in der Liebe reizen, die die Leidenschaft eines alten Mannes der eines Knaben sehr ähnlich machen muß, weil beide sich nicht ganz vollwertig fühlen, ich würde ihm das Bangen und die Erwartung geben. Ich ließe ihn unstet werden, ihr nachreisen, um sie zu sehen, und doch im letzten Augenblick sich nicht in ihre Nähe wagen, ich ließe ihn an denselben Ort wieder zurückkommen in der Hoffnung, sie wiederzusehen, den Zufall zu beschwören, der dann immer grausam ist. In dieser Linie würde ich mir die Novelle denken, und sie wäre dann ...«

»Verlogen, falsch, unmöglich!«

Ich schrak auf. Die Stimme fuhr hart, heiser zitternd und fast drohend in meine Worte. Nie hatte ich bei meinem Begleiter eine solche Erregung gesehen. Blitzschnell ahnte ich, woran ich unbedachtsam getastet hatte. Und wie er so hastig stehen blieb, sah ich, peinlich berührt, sein weißes Haar schimmern.

Ich wollte rasch ablenken, umbiegen. Aber da sprach er schon wieder, und jetzt ganz herzlich und dunkelweich mit seiner ruhenden tiefen Stimme, die von leiser Melancholie schön getönt war. »Oder Sie mögen recht haben. Es ist ja viel interessanter, ›*L'amour coûte cher aux vieillards*‹, so hat, glaube ich, Balzac eine seiner rührendsten Geschichten genannt, und es ließen sich noch viele zu dem Titel schreiben. Aber die alten Leute, die davon das Heimlichste wissen, erzählen nur gern von ihren Erfolgen und nicht von ihren Schwächen. Sie fürchten lächerlich zu sein in Dingen, die doch nur irgendwie der Pendelschlag des Ewigen sind. Glauben Sie wirklich, daß es ein Zufall war, daß gerade jene Kapitel der Memoiren des Casanova ›verlorengegangen‹ sind, wo er altert, wo aus dem Hahn ein Hahnrei, aus dem Betrüger der Betrogene wird? Vielleicht wurde ihm nur die Hand zu schwer und das Herz zu eng.«

Er bot mir die Hand. Nun war seine Stimme wieder ganz kühl, ruhig und unbewegt. »Gute Nacht! Ich sehe, es ist gefährlich, jungen Leuten in Sommernächten Geschichten zu erzählen. Das gibt leicht törichte Gedanken und allerhand unnötige Träume. Gute Nacht!«

Und er ging mit seinen elastischen, aber doch von den Jahren schon verlangsamten Schritten ins Dunkel zurück. Es war schon spät. Aber die Müdigkeit, die sonst von der Wärme der weichen Nächte mich früh befing, war heute zerstreut durch die Erregung, die im Blute aufklingt, wenn einem Seltsames widerfährt oder wenn man Fremdes für einen Augenblick wie Eigenes erlebt. So ging ich den stilldunklen Weg entlang bis zur Villa Carlotta, die mit marmorner Treppe in den See niedersteigt, und setzte mich auf die kühlen Stufen. Wunderbar war die Nacht. Die Lichter von Bellagio, die früher nahe wie Leuchtkäfer zwischen den Bäumen funkelten, schienen nun unendlich ferne über dem Wasser, und langsam fielen sie, eins nach dem anderen, in das schwere Dunkel zurück. Schweigsam lag der See, blank wie ein schwarzer Edelstein und doch von wirrem Feuer an den Kanten. Und wie weiße Hände zu hellen Tasten, so griffen die plätschernden Wellen mit leisem Schwall die Stufen auf und nieder. Endlos hoch schien die bleiche Himmelsferne, auf der Tausender Sterne Funkeln war. Ruhevoll, in blitzendem Schweigen standen sie: nur manchmal löste sich einer aus dem demantenen Reigen jäh los und stürzte in die Sommernacht hinein; hinein in das Dunkel, in Täler, Schluchten, Berge oder ferne Wasser, ahnungslos und von blinder Kraft geschleudert wie ein Leben in die jähe Tiefe unbekannter Geschicke.

Morcote an der Spitze der Halbinsel im Luganer See

Lago di Lugano

Stendhal
Der Wald zwischen Lugano und Grianta

Barlass, der Kammerdiener der Gräfin, erwartete ihn in Lugano, und sein Zorn verdoppelte sich, als er ihm neue Einzelheiten erzählte. Fabrizio war in Grianta beliebt, und ohne die liebenswürdige Maßnahme seines Bruders hätte niemand seinen Namen ausgesprochen. Alle hätten so getan, als ob sie ihn in Mailand glaubten, und nie wäre die Aufmerksamkeit des schrecklichen Binder auf seine Abwesenheit gelenkt worden.

Mechanisch gingen Barlass und Fabrizio bis zu dem schrecklichen Schlagbaum, der die Vorstadt von Lugano vom österreichischen Gebiet trennt.

Barlass wies mit dem Finger auf den fürchterlichen hölzernen Schlagbaum, der sich erschreckend durch breite gelbe und schwarze Streifen abzeichnete – die Farben Österreichs. Er hielt in beachtlicher Entfernung an und sagte zu ihm mit finsterer Miene: »Da hindurchzugehen kommt nicht in Frage. Der Baron Patan (der Österreicher) wird Ihren Steckbrief in die Tasche eines jeden Zöllners gesteckt haben, die Gendarmen nicht mitgerechnet.«

»Also«, antwortete Fabrizio mit gleichem Gesichtsausdruck, »sich verkleiden oder Jagdgewehre leihen und sie mit Kugeln laden.«

»Sie sind hier auf diesem Weg bekannt wie ein weißer Wolf.«

»Also gut!« fuhr Fabrizio fort, »die Gewehre und die Pfade der Gemsenjäger.«

Barlass tat vor Freude einen Sprung. »Dort, ohne Zeugen«, fügte er hinzu, mit hastiger und gedämpfter Stimme, wie sie ein Italiener hat, wenn er von einem gefährlichen Racheplan spricht, den ein unbesonnenes Wort verraten kann. »Dort, ohne Zeugen, und«, er fügte es mit einem seltsamen Lächeln hinzu, »wer würde gegen den Marchesino del Dongo aussagen? Ich würde nicht so sprechen, wenn es sich um den Verräter handelte, man kennt ihn bereits. Einmal in meinem Leben wird es mir also vergönnt sein, einen dieser verdammten Patans wie einen nach Luft schnappenden Karpfen, der auf dem Rücken liegt, zu sehen!«

Man war gegen zehn Uhr angekommen, gerade als man wegen des Marktes, der die größte Zahl Bauern nach Lugano zog, die Blicke der österreichischen Spione meiden mußte. Im Nu fanden sich Fabrizio und seine beiden Leute mit den besten Schmugglergewehren versehen. Sie verließen die Stadt auf Straßen, die kaum den Namen Pfad verdienen, und eine Meile von Lugano entfernt überquerten sie den See an der Stelle, wo er am breitesten ist und wo er niemals überquert wird.

Die Zöllner, die sich im Walde am Seeufer versteckt hatten, sahen Fabrizio und seine beiden Leute sehr wohl ans Land kommen und dann in den Wald hineingehen. Während er vorbeiging, blickten diese Männer, die Gewehrschüsse und Denunziationen gleichermaßen fürchteten, in einträchtiger Übereinstimmung, doch ohne einander ein Wort zu sagen, einmütig nach links, in Richtung der Stadt.

Fabrizio ließ sich auf einem frei stehenden, schwer zugänglichen Felsen nieder. Barlass kletterte auf einen Baum und blieb lange dort, wobei er die Bewegung des Feindes beobachtete.

»Die haben heute morgen keine Lust, sich zu schlagen«, sagte er schließlich, und seine Miene spiegelte bitterste Ironie wider.

»Mein lieber Barlass«, sagte Fabrizio, »die Gewehrschüsse wären heute früh der Gräfin ärgerlich gewesen. Meine Reise hat sie schon zuviel Kummer gekostet!«

Bald hatte man den Luganer See aus den Augen verloren und befand sich in beträchtlicher Höhe über ihm. Die Bäume waren

Die Casa Camuzzi in Montagnola, Hermann Hesses Wohnsitz von 1919 bis 1931

einer Art dürrem, krüppligem Ginster gewichen, der sich kaum zwei Fuß über den Boden erhob; auf schrecklich abschüssigen Pfaden drang man vor. Dann ging es unversehens abwärts, und man befand sich inmitten sehr hoher Bäume.

Diese Wälder sind häufig von einer Schönheit, die einmalig auf der Welt ist. Ich bezweifle, daß sie außerhalb Italiens in dieser Art zu finden sind.

Fabrizio war kaum eine Viertelstunde unter diesen Bäumen entlanggegangen, als er, weit davon entfernt, an die ihn in Mailand erwartenden Widerwärtigkeiten zu denken, in seiner Vorstellung die strahlendsten Bilder sah.

Als er zwei Stunden zuvor seinen Schlachtplan entworfen hatte, hatte er nicht an die erhabene Schönheit dieser Wälder gedacht. Ohne es sich einzugestehen, war diese empfängliche Seele noch von den grünenden, aber jeglicher Physiognomie baren Ebenen Belgiens bedrückt und von den trockenen und so trostlosen Ebenen aus der Pariser Umgebung der Champagne traurig gestimmt, die ihm uneingestandenermaßen das Herz seit drei Monaten zusammenschnürten.

Als er den lebendigen und wollüstigen Zug seiner italienischen Alpen wiederfand, war er außer sich vor Glück. Die Fähigkeit, Schönheit mit einer Hingabe bis zur Tollheit zu genießen, machte den eigentlichen Reiz dieses Charakters aus. Dieser an Tollheit grenzenden Eigenschaft verdankte er den unwiderstehlichen Ausdruck von Wollust, den selbst diejenigen verspürten, denen die Ausflüge nach Montmorency ihr ganzes Glück sind, auch er hatte damit bei den Demoisellen von der Oper soviel Erfolg gehabt.

Er war nur dann ernst und traurig, wenn er an die Notwendigkeit dachte, besonnen zu sein. Dann dachte er nämlich daran, wie die Langeweile zu ertragen sei, die ihm die Nachbarschaft prüder Wesen, deren Gesellschaft er erdulden mußte, verursachte. Wenn er die Gefahr des Krieges liebte, so deshalb, weil die ihm gegenüber freigebige Natur aus ihm einen Grenadier und keinen Hauptmann gemacht hatte. Der Krieg, das heißt die Kombinationen des Schachspiels, stand seinem Charakter meilenweit fern. Im Grunde war für diesen Charakter der Krieg mit seinen gewaltigen Aufreizungen nur eine Gelegenheit, sich mit gesteigerter Tollheit den Aufwallungen seiner Phantasie hinzugeben.

Wir gestehen ein, daß diese erhabenen Wälder, die man durchqueren muß, um die Kette der Berge ..., die die Schweiz vom Comer See trennen, zu überschreiten, von einer Schönheit sind, die man anderweitig vergeblich suchen würde. Hier gibt es zwei Ausdrucksformen: das erhabene Wilde und Rauhe der Schweiz und das Wollüstige Italiens, das sich mit einem Ausblick auf entzückende, längs des Sees hingestreute Villen schubweise nähert.

Jeden Moment schweift der Blick der Reisenden, der einer Menge Windungen zu folgen gezwungen ist, über den Luganer See, den man in seiner Ganzheit liegen sieht, dann über den Comer See, dessen Enden sich in seinem Windungen verlieren, und der Blick ist entzückt von der bezaubernden Ansicht, wie sie ihm auch die Ufer der Bucht von Neapel bieten.

Einen Moment später nimmt einem eine Windung den Blick auf das Seeufer, der die Seele traurig stimmte, und stellt einen vor die erhabenen Zerklüftungen der Hochalpen. Der Schnee, der nie, nicht einmal im August verschwindet, gibt ihnen ein doppelt strenges Aussehen, das die lebhafteste Phantasie in Erstaunen versetzen kann. Es umhüllt einen eine scharfe, eisige Luft und erhöht die Fähigkeit, diese Art von Glück zu verspüren. Diese Luft erinnerte Fabrizio an all seine Kindheitsfreuden und an die Spazierfahrten mit seiner Tante auf dem See. Gerade dieser strenge Anblick aber, der die Seele bis zum Heldischen erhebt, fehlt der Bucht von Neapel, dem schönsten Ort der Welt. Auf den gewundenen Pfaden der italienischen

Alpen atmet man eine so reine Luft, entfaltet sich der Blick so frei, daß man stets glaubt, kaum eine Viertelmeile von den schneebedeckten Gipfeln entfernt zu sein, deren geringste Spalte und geringste Schlängelpfade man genau wahrnimmt und auf denen man die Gemsen springen sehen könnte. Plötzlich führt einen ein Zickzackpfad um eine die Aussicht versperrende Kuppe herum, und man findet sich durch die ganze Länge des Sees und durch die riesigen Abhänge, die zu beiden Seiten bis an seine Ufer reichen, von jenen Gipfeln der Alpen getrennt.

Mit dem Herzenstakt, den man in Italien so häufig antrifft, hatten die beiden Begleiter Fabrizios sehr schnell bemerkt, daß die Stille in diesem Augenblick einen Zauber auf ihn ausübte. Während der vier Stunden, da sie die großen Wälder durchquerten, vermieden sie nicht nur, ihn anzusprechen, sondern blieben auch einige Schritte hinter ihm zurück und sprachen nicht untereinander.

Nach den Anwandlungen von Glücksempfinden, die diese so schönen Orte in Fabrizio ausgelöst hatten, war er nun völlig mit den zahllosen Dingen beschäftigt, die er seiner Tante Gina Pietranera zu sagen hatte. Ohne Zweifel liebte er seine Mutter und seine Schwestern mit lebhafter Zärtlichkeit, doch allein seine Tante Gina Pietranera, schön wie der Tag und damals vierundzwanzig Jahre alt, hatte eine Seele, die der seinen an Größe gleichkam. Mit ihr zu sprechen erhöhte immer sein Glück, während seine Glückseligkeit sich verringerte, wenn er in den Augenblicken der Begeisterung mit irgend jemand anderem sprach.

Barlass redete ihn nur einmal an, um ihn daran zu erinnern, daß es vielleicht besser wäre, nicht vor Mitternacht an den tiefen Graben zu gelangen, der zwischen den Mauern des Schlosses und dem alten Kastanienwald an seinem Westrand lag. Unsere Reisenden hielten sich dort eine halbe Stunde versteckt, und erst als die Schloßuhr ein Viertel nach Mitternacht geschlagen hatte, stieg Fabrizio in den Graben hinunter.

Die großen sardischen Hunde, die man dort jeden Abend hinbrachte, näherten sich ihm sehnsüchtig winselnd und versuchten, ihn zu liebkosen.

Seine Schwestern, die dicht dabei an einem Kellerfensterchen standen, schoben ihm eine kleine Leiter zu, doch er brauchte sie nicht, er war oft auf diesem Wege eingedrungen, und er kletterte an den Vorsprüngen großer Quadersteine empor; bald lag er in den Armen der geliebten Wesen.

»Dein Vater, dein Bruder und alle gepuderten Kammerdiener schlafen schon längst«, sagte die Gräfin Pietranera zu ihm.

Die Zärtlichkeitsausbrüche und die Tränen …

Richard Gerlach / German M. Vonau
Die letzte Station

In dem Autobus, der uns von dem seligen See wegtrug, saßen wir eingeengt von den spitzen Knien der jungen Arbeiterinnen, die zwar abgeschabte Fähnchen trugen, aber schicke Florstrümpfe. Eine von ihnen las ein Heftchen. Auf dem Titel stand: Der kleine Schornsteinfeger. Die Leserin merkte unser Lachen und verteidigte ihre Lektüre: Es sei eine Romanze. Auch in einem Roman kann ein Schornsteinfeger die Hauptrolle spielen, nicht nur in Kindergeschichten. Warum nicht? Die Mädchen lachen und kichern und schieben ihre glänzenden Seidenstrumpfknie vor. Denkt nur ja nicht, wir seien solche Kinder, soll das heißen. Aber dann steigt ein schwarzer Pfarrer ein. Da wird es wieder streng und feierlich.

Wir sind nun auf der Paßhöhe zwischen dem See von Como und dem von Lugano. Noch einmal sehen wir zurück, und schon blinkt der andere See herüber, der nur mit einem Zipfel noch zu Italien gehört. In dem Dorf, wo der Autobus hält, warten viele jungen Leute. Alles kennt sich.

Ehe wir uns versehen, sind die Arbeiterinnen ausgestiegen, und ein wenig später halten wir auch am Ziel: San Mamete. Der Ort, zwei Kilometer von der Schweizer Grenze, hat nur einen Gasthof. Er heißt stolz »Stella d'Italia« »Stern von Italien«, – das muß gutes Wetter bedeuten. Aber am anderen Morgen regnet es.

Die Luft ist treibhausschwül. Wir spannen die Regenschirme auf und steigen in das Val Solda.

Da ist es, als wenn ein Erdbeben die Berge geschüttelt hätte, Schluchten hinter Schluchten, vielfach geschichtet. Steilberg über Steilberg und hoch oben kleben Dörfer. So stelle ich mir Tibet vor.

In der Höhe, in Puria, steht das ödeste Wirtshaus von ganz Italien. Die Hausfrau ist unmäßig dick. Sollte ihre Küche der Grund sein? »Se san guat im Futter – rund herum«, bewundere ich sie. Aber sie weiß mit dem Kompliment nichts anzufangen, holt das einzige, was sie hat, Käse und Wein. Den Käse nennt sie formagio stile novecento, er läuft unter dem Einfluß der Hitze davon. Auch der Wein ist mäßig. Aber das Fenster schaut in das wilde Bergland. Darüber vergessen wir die fette Wirtin und ihre magere Kost. Am Radioapparat hängt ein Schildchen »Non toccare!« Nein, bloß nicht. Und im Saal nebenan wird weiter gewarnt: die Gäste sollen sich gut benehmen und keine verbotenen Spiele celebrieren. Wir pfeifen uns eins und steigen wieder abwärts zum See.

Es regnet immerzu auf unsere Regenschirme und in das üppige Grün, das ringsum wuchert. Es regnet den ganzen Tag, und Lugano ist nahe. Da fassen wir kurz entschlossen die Koffer, steigen auf das nächste Schiff und fahren in den Ceresio hinaus, der über die Grenze achtlos hinwegflutet. »S'il vous plaît«, sagt der Schweizer Beamte, als er an den Koffer tippt. Wir öffnen, er schaut provisorisch hinein und legt die Hand an die Mütze. Er hält nicht mehr von der Grenze, als daß sie ihm Brot gibt; aber unbeliebt möchte er sich bei den Mitmenschen nicht machen.

Der Dampfer legt in Lugano an, wo noch genau soviel leere Hotels auf uns warten wie vor vier Wochen. Ein paar Luganeserinnen, Parfümwolken verbreitend, promenieren. Die Schiffer des Ceresio preisen uns vergeblich ihre giri piccoli an. Auch Campione, die Spielhölle, meiden wir. Denn unsere Franken reichen nur noch für eine Nacht. Im südlichen Treibhaus rieselt der Regen.

Jenseits des Gotthardt strahlt die Sonne. Wir steigen in Flüelen aus. Vor dem »Sternen« steht die Wirtin. Sie kennt uns wieder und läßt uns nicht vorbei zu einem bescheideneren Gasthof. Ach was! Zu wenig Geld? Und sie nimmt uns die letzten Fränkli ab, aber es gibt dafür Zimmer und Abendessen, schweren Waadtländer und Frühstück und Packträger.

Die Fahrt über den See im Morgenlicht entführt uns in nordisches Meer. Sonne und glänzender Dunst nehmen dem Land das Körperliche. Um uns nur Wasser: und dahinter seltsame Traumgebilde: Wolkenberge, Schimmer irdischer Landschaften, Ahnungen der geliebten Halbinsel, die wir eben verlassen haben.

Die Isola Bella im Lago Maggiore, eine der berühmten Borromäischen Inseln

Lago Maggiore
Lago d’Orta

Franz von Gaudy
Auf dem Lago Maggiore

Träumend schwanken die Kronen
Der Zypressen auf der Höh',
Goldschimmernde Zitronen
Glühn aus dem Laub am See.

Vom Berg und aus den Klüften
Quillt leiser Glockenklang,
Wie wenn hoch in den Lüften
Verhallt der Schwäne Sang.

Und wenn die Töne der Glocken
Hinsäuseln über die Flut,
Dann hebt von den schwarzen Locken
Der Steuermann den Hut:

Es murmeln seine Lippen
Halblaut eine Ave-Marie,
Er kreuzt vor den schroffen Klippen
Die Brust, und beugt das Knie.

Am Riff auf zack'gem Steine
Steht der Madonna Bild,
Umzirkelt von goldnem Scheine,
Und segnet den Schiffer mild.

Von ihrer Stirne glänzet
Die Krone von Flitter und Schmelz,
Und ihren Fuß umkränzet
Mit Efeu der starre Fels.

Im Spiegel des Sees zittern
Die zum Segen erhobene Hand,
Der Krone Silberflittern,
Die braune Felsenwand.

Mein Herz bebt wie in der Welle
Das Bild der Königin – –
Über Italiens Schwelle
Gleitet die Barke hin.

Jean Paul
Titan

An einem schönen Frühlingsabend kam der junge spanische Graf von *Cesara* mit seinen Begleitern *Schoppe* und *Dian* nach Sesto, um den andern Morgen nach der borromäischen Insel Isola bella im Lago maggiore überzufahren. Der stolz-aufblühende Jüngling glühte von der Reise und von dem Gedanken an den künftigen Morgen, wo er die Insel, diesen geschmückten Thron des Frühlings, und auf ihr einen Menschen sehen sollte, der ihm zwanzig Jahre lang versprochen worden. Diese zweifache Glut hob den malerischen Heros zur Gestalt eines zürnenden Musengottes empor. In die welschen Augen zog seine Schönheit mit einem größern Triumphe ein als in die engen nördlichen, wovon er herkam; in Mailand hatten viele gewünscht, er wäre von Marmor und stände mit ältern versteinerten Göttern entweder im farnesischen Palast oder im klementinischen Museum oder in der Villa Albani; ja hatte nicht der Bischof von Novara mit seinem Degen an der Seite vor wenigen Stunden bei Schoppen, der zuletzt ritt, nachgefragt, wer es sei? Und hatte nicht dieser mit einer närrischen Quadratur seines Runzeln-Zirkels um die Lippen weitläufig versetzt (um dem geistlichen Herrn Licht zu geben): »Mein Telemach ists, und ich mache den Mentor dabei – ich bin die Rändelmaschine und der Prägstock, der ihn münzt – der Glättzahn und die Plattmühle, die ihn bohnt – der Mann, der ihn regelt«? –

Die jugendlich warme Gestalt Cesaras wurde durch den Ernst eines nur in die Zukunft vertieften Auges und eines männlich-festgeschlossenen Mundes und durch die trotzige Entschlossenheit junger frischer Kräfte noch mehr veredelt; er schien noch ein Brennspiegel im Mondlicht, oder ein dunkler Edelstein von zu vieler Farbe zu sein, den die Welt, wie andere Juwelen, erst durch *Hohlschleifen* lichtet und bessert. –

In dieser Nähe zog ihn die Insel, wie eine Welt die andere, immer heftiger an. Seine innere Unruhe stieg durch die äußere Ruhe. Noch dazu stellte Dian, ein Grieche von Geburt und ein Künstler, welcher Isola bella und Isola madre öfters umschifft und nachgezeichnet hatte, ihm diese Prachtkegel der Natur in feurigen Gemälden näher vor die Seele; und Schoppe gedachte des wichtigen Menschen öfters, den der Jüngling morgen zum ersten Male sehen sollte. Als man unten auf der Gasse einen festschlafenden Greis vorübertrug, dem die untergehende Sonne Feuer und Leben in das markige starkgegliederte Angesicht warf und der eine nach italienischer Sitte aufgedeckt getragne – Leiche war: so fragt' er erschrocken und schnell die Freunde: »Sieht mein Vater so aus?«

Was ihn nämlich mit so heftigen Bewegungen der Insel zutreibt, ist folgendes: Auf Isola bella hatt' er die drei ersten irdischen Jahre mit seiner Schwester, die nach Spanien, und neben seiner Mutter, die unter die Erde ging, mitten in den hohen Blumen der Natur liegend süß vertändelt und verträumt – die Insel war für den Morgenschlummer des Lebens, für seine Kindheit, Raffaels übermaltes Schlafgemach gewesen. Aber er hatte nichts davon im Kopfe und Herzen behalten als in *diesem* ein schmerzlich süßes tiefes Aufwallen bei dem Namen, und in *jenem* das – Einhorn, das als Familienwappen der Borromäer auf der obersten Terrasse der Insel steht.

Nach dem Tode der Mutter versetzte ihn sein Vater aus der welschen Blumenerde – einige blieb an den Pfahlwurzeln hängen – in den deutschen Reichsforst, nämlich nach *Blumenbühl* – im Fürstentum *Hohenfließ*, das den Deutschen so gut wie unbekannt ist –; hier ließ er ihn im Hause eines biedern Edelmannes so lange erziehen, oder deutlicher und allegorischer, er ließ hier die pädagogischen Kunstgärtner so lange mit Gießkannen, Inokuliermessern und Gartenscheren um ihn laufen, bis sie an den hohen schlanken Palmbaum voll Sagomark und Schirmstacheln mit ihren Kannen und Scheren nicht mehr langen konnten.

Jetzt soll er nach der Rückreise von der Insel aus dem Feldbeete des Landes in den Loh- und Treibkübel der Stadt und auf das Gestelle des Hofgartens kommen, mit einem Worte nach *Pestiz*, der Universität und Residenzstadt von Hohenfließ, deren Anblick sogar bisher sein Vater ihm hart verboten hatte.

Und morgen sieht er diesen Vater zum – erstenmal! – Er mußte brennen vor Verlangen, da sein ganzes Leben eine Anstalt zu dieser gemeinschaftlichen Landung war, und seine Pflegeeltern und Lehrer eine chalkographische Gesellschaft waren, die den Autor seines Lebensbuches so herrlich vor das Titelblatt in Kupfer stach. Sein Vater, *Gaspard* de Cesara, Ritter des goldnen Vlieses (ob spanischer oder österreichischer, wünscht' ich selber genauer zu wissen), ein vom Schicksal dreischneidig und glänzend geschliffner Geist, hatte in der Jugend wilde Kräfte, zu deren Spiel nur ein Schlachtfeld oder Königreich geräumig gewesen wäre und die sich im vornehmen Leben so wenig bewegen konnten als ein Seekraken im Hafen – er stillte sie durch Gastrollen in allen Ständen und Lust- und Trauerspielen, durch das Treiben aller Wissenschaften und durch eine ewige Reise – er wurde mit großen und kleinen Menschen und Höfen vertraut und oft verflochten, zog aber immer als ein Strom mit eignen Wellen durchs Weltmeer. – Und jetzt, nachdem er die Land- und Seereise um das Leben, um dessen Freuden und Kräfte und Systeme gemacht, fährt er (besonders da ihm der Affe der Vergangenheit, die Gegenwart, immer nachläuft) in seinem Studieren und im geographischen Reisen fort, aber stets für wissenschaftliche Zwecke, wie er denn eben die europäischen Schlachtfelder bereiset. Übrigens ist er gar nicht betrübt, noch weniger froh, sondern gesetzt; auch hasset und liebt, oder tadelt und lobt er die Menschen so wenig wie sich, sondern schätzet jeden in seiner Art, die Taube in ihrer und den Tiger in seiner. Was oft Rache scheint, ist bloß das harte kriegerische Durchschreiten, womit ein Mann Lercheneier und Ähren ertritt, der nie fliehen und fürchten kann, sondern nur anrücken und stehen. – – –

Ich denke, die Ecke ist breit genug, die ich hier aus der Whistonschen Kometenkarte von diesem Schwanzsterne für die Menschen abgeschnitten. Ausbedingen will ich, eh' ich weiterrede, mir dieses, daß ich Don Gaspard auch zuweilen den Ritter heißen dürfe, ohne das goldne Vlies anzuhängen; – und daß ich, zweitens, nicht von meiner Höflichkeit gegen die kurze Leser-Memorie genötigt werde, seinem Sohne Cesara (unter diesem Namen soll der Alte nie auftreten) den Taufnamen abzuzwicken, der doch *Albano* heißet. –

Da jetzt Don Gaspard aus Italien nach Spanien ging: so hatt' er durch Schoppe unsern Albano oder Cesara aus Blumenbühl hierher führen lassen; ohne daß man weiß, warum so spät. Wollt' er in den vollen Frühling der jungen Zweige schauen? – Wollt' er dem Jüngling einige Bauernregeln im hundertjährigen Kalender des Hoflebens aufschlagen? – Wollt' ers den alten Galliern oder den jetzigen Kapbewohnern nachmachen, die ihre Söhne nur waffenfähig und erwachsen vor sich ließen? – Wollt' er nichts weniger als das? – Nur so viel begreif' ich, daß ich ein gutwilliger Narr wäre, wenn ich mir im Vorhofe des Werks die Last aufbürden ließe, von einem so sonderbaren Manne mit einer um so viele Grade deklinierenden Magnetnadel schon aus so wenigen Datis eine Wilkesche magnetische Neigungskarte zu zeichnen und zu stechen; – er, aber nicht ich bin ja der Vater seines Sohns, und er soll wissen, warum er ihn erst bärtig vorbeschieden.

Als es 23 Uhr (die Stunde vor Sonnenuntergang) schlug und Albano die langweiligen Schläge addieren wollte: war er so aufgeregt, daß er nicht imstande war, die lange Tonleiter zu ersteigen; er mußte hinaus ans Ufer des Lago, in welchem die aufgetürmten Inseln wie Meergötter aufstehen und herrschen. Hier stand der edle Jüngling, das beseelte Angesicht voll Abendrot, mit edeln Bewegungen des Herzens und seufzte nach dem verhüllten Vater, der ihm bisher mit Sonnenkraft, wie hinter einer Nebelbank, den Tag des Lebens warm und licht gemacht. Dieses Sehnen war nicht kindliche Liebe – diese gehörte seinen Pflegeeltern an, weil kindliche nur gegen ein Herz entsteht, woran wir lange lagen, und das uns gleichsam mit den ersten Herzblättern gegen kalte Nächte und heiße Tage beschirmte – ; seine Liebe war höher oder seltener. Über seine Seele war der Riesenschatten des väterlichen Bildes geworfen, der durch Gaspards Kälte nichts verlor; Dian verglich sie mit der Ruhe auf dem erhabenen Angesichte der Juno Ludovici; und der warme Sohn verglich sie mit einer andern schnellen Kälte, die im Herzen oft neben zu großer fremder Wärme einfällt, wie Brennspiegel gerade in den heißern Tagen matter brennen. Ja er hoffte sogar, er vermöge vielleicht dieses so quälend ans Eisfeld des Lebens angefrorne Vaterherz durch seine Liebe abzulösen; der Jüngling begriff nicht, wie einem treuen warmen Herzen zu widerstehen sei, wenigstens seinem.

Dieser Heros, in der ländlichen Kartause und mehr unter der Vorwelt als Mitwelt aufgewachsen, legte an alles antediluvianische Riesenellen; die Unsichtbarkeit des Ritters machte einen Teil von dessen Größe aus, und die Mosisdecke verdoppelte den Glanz, indem sie ihn verhing. – Überhaupt zog unsern Jüngling ein sonderbarer Hang zu übermäßigen Menschen hin, wovor sich andere entsetzen. Er las die Lobreden auf jeden großen Menschen mit Wollust, als wären sie auf ihn; und wenn das Volk ungewöhnliche Geister eben darum für schlimme hält – wie es alle seltene Petrefakta für Teufelsglieder nimmt –, so wohnte umgekehrt in ihm immer neben der *Bewunderung* die *Liebe* an, und seine Brust wurde immer zugleich *weit* und *warm*. Freilich hält jeder Jüngling und jeder große Mensch, der einen andern für groß ansieht, ihn eben darum für zu groß. – Aber in jedem edeln Herzen brennt ein ewiger Durst nach einem edlern, im schönen nach einem schönern; es will sein Ideal außer sich in körperlicher Gegenwart, mit verklärtem oder angenommenem Leibe erblicken, um es leichter zu erstreben, weil der hohe Mensch nur an einem hohen reift, wie man Diamanten nur an Diamanten glänzend macht. – Will hingegen ein Literator, ein Kleinstädter, ein Zeitungsträger oder Zeitungsschreiber einen großen Kopf zu Gesicht bekommen und ist er auf einen großen Kopf ebenso ersessen wie auf eine Mißgeburt mit drei Köpfen – oder auf einen Papst mit ebensoviel Mützen – oder auf einen ausgestopften Haifisch – oder auf eine Sprach- und Buttermaschine: so tut ers nicht, weil ein warmes, seinen *innern Menschen beseelendes* Ideal von einem großen Manne, Papste, Haifische, Dreikopfe und Buttermodelle ihn drängt und treibt, sondern weil er frühmorgens denkt: »Es soll mich doch wundern, wie der Kauz aussieht«, und weil ers abends bei einem Glase Bier berichten will. –

Albano blickte am Ufer mit steigender Unruhe über das glänzende Wasser nach dem heiligen Wohnplatze der vergangnen Kindheit, der vergangnen Mutter, der weggezognen Schwester hin – die Freudenlieder schwammen auf den fernen

Barken her und berauschten ihn – jede laufende Welle, die schäumende Brandung trieb eine höhere in seinem Busen auf – die Riesenstatue des heiligen Borromäus*, die über die Städte wegsah, verkörperte den Erhabnen (seinen Vater), der sich in seinem Herzen aufrichtete, und die blühende Pyramide, die Insel wurde der väterliche Thron – die funkelnde Berg- und Gletscherkette wand sich fest um seinen Geist und zog ihn empor zu hohen Wesen und hohen Gedanken. – –

Die erste Reise, zumal wenn die Natur nichts als weißen Glanz und Orangeblüten und Kastanienschatten auf die lange Straße wirft, beschert dem Jüngling das, was oft die letzte dem Mann entführt – ein träumendes Herz, Flügel über die Eisspalten des Lebens und weit offne Arme für jede Menschenbrust.

Er ging zurück und bat seine Freunde mit seinem siegenden Auge, noch diesen Abend abzuschiffen, wiewohl Don Gaspard erst morgen auf die Insel kam. Was er oft nach einer Woche tun wollte, nahm er sich auf den nächsten Tag vor, und endlich tat ers – sogleich. Dian klopfte dem eiligen Boreas voll Liebe auf den Kopf und sagte: »Ungeduldiges Wesen! Du hast *hier* die Flügel vom Götterboten, und da unten auch!« (auf die Füße zeigend) »Aber glühe dich nur ab! In der schönen Nachmitternacht steigen wir ein, und wenn die Morgenröte am Himmel leuchtet, landen wir an.« – Dian hatte nicht bloß eine *artistische* Aufmerksamkeit für den wohlgestalteten Liebling, sondern auch eine *zärtliche*, weil er in Blumenbühl, wo er als *Landbaumeister* zu tun hatte, oft sein bildender Kinder- und Jugendfreund gewesen war, und weil er jetzt auf der Insel für einige Zeit aus seinen Armen nach Rom entwich. Da der Land-

* Diese 35 Ellen hohe Statue auf einem Gestelle von 25 Ellen, in deren Kopfe 12 Menschen Raum antreffen, steht bei Arona und hält gerade mit der gegenüberstehenden Isola bella, die mit 10 aufeinander gebaueten Gärten oder Terrassen aufsteigt, einerlei Höhe. Keyßlers Reisen etc. B. I.

baumeister dasselbe Überströmen im Jüngling für keines hielt, das er im Greise schalt, eine Überschwemmung für keine in Ägypten, obwohl für eine in Holland; und da er für jedes Individuum, Alter und Volk eine andere gleichschwebende Temperatur annahm und in der heiligen Menschennatur keine Saite zu *zerschneiden*, sondern nur zu *stimmen* fand: so mußte wohl Cesara am heitern duldenden Lehrer, auf dessen beiden Gesetztafeln nur stand: Freude und Maß!, recht innig hängen, noch inniger als an den – Tafeln selber.

Die Bilder der Gegenwart und der nahen Zukunft und des Vaters hatten die Brust des Grafen so sehr mit Größe und Unsterblichkeit gefüllt, daß er gar nicht begriff, wie jemand sich könne begraben lassen, ohne beide errungen zu haben, und daß er den Wirt, sooft er etwas brachte, – zumal da er immer sang und wie Neapolitaner und Russen in Molltönen – bedauerte, weil der Mann nie etwas wurde, geschweige unsterblich. Das letztere ist Irrtum; denn hier bekommt er seine Fortdauer, und ich nenne und belebe gern seinen Namen Pippo (der abbrevierte Filippo). Als sie endlich gingen und bezahlten, und Pippo einen Kremnitzer Dukaten küßte mit den Worten: »Gelobt sei die heilige Jungfrau mit dem Kinde auf dem *rechten* Arm«: so erfreuete sich Albano, daß der Vater dem frommen Töchterlein nachschlage, das den ganzen Abend ein Jesuskind wiegte und fütterte. Freilich merkte Schoppe an: auf dem *linken* Arme trage sie das Kindlein *leichter** ; aber der Irrtum des guten Jünglings ist ein Verdienst wie die Wahrheit.

Unter dem Glanze des Vollmondes bestiegen sie die Barke und glitten über die leuchtenden Wellen dahin. Schoppe schiffte einige Weine mit ein, »weniger«, sagt' er, »weil auf der Insel nichts zu haben sei, als weil er, wenn das Fahrzeug leck

* Die alten Kremnitzer haben das Christuskind auf dem rechten Arm; die neuen und *leichtern* auf dem linken.

würde, dann nichts auszupumpen brauchte als die Flaschen*; dann höb' es sich wieder«.

Cesara sank schweigend immer tiefer in die dämmernden Schönheiten des Ufers und der Nacht. Die Nachtigallen schlugen begeistert auf dem Triumphtore des Frühlings. Sein Herz wuchs in der Brust wie eine Melone unter der Glocke, und er hob sie immer höher über der schwellenden Frucht. Auf einmal bedacht' er, daß er so den Tulpenbaum des prangenden Morgens und die Kränze der Insel nur wie eine italienische Seidenblume Staubfaden für Staubfaden, Blatt für Blatt zusammenlegen sehe: – da befiel ihn sein alter Durst nach einem einzigen erschütternden Guß aus dem Füllhorn der Natur; er verschloß die Augen, um sie nicht eher zu öffnen als oben auf der höchsten Terrasse der Insel vor der Morgensonne. Schoppe dachte, er schlafe; aber der Grieche erriet lächelnd die Schwelgerei dieser künstlichen Blindheit und band selber vor die großen unersättlichen Augen das breite schwarze Taftband, das als eine weibliche Binde und Spitzenmaske sonderbar und lieblich gegen das blühende, aber männliche Gesicht abstach.

Nun neckten ihn beide freundlich mit mündlichen Nachtstücken von den herrlichen Ufer-Ornamenten, zwischen denen sie zogen. »Wie stolz« (sagte Dian zu Schoppen) »richtet sich dort das Schloß Lizanza und sein Berg, gleich einem Herkules, mit zwölffachen Gürteln aus Weinlaub in die Höhe!« – »Den Grafen« (sagte Schoppe leiser zu Dian) »bringt der Augen Schmachtriemen um viel. Seht Ihr nicht, Baumeister, poetisch zu reden, den Glimmer von Aronens Stadt? Wie schön legt sie Lunens blanc d'Espagne auf und scheint sich im umgeworfnen Pudermantel des Mondscheins für morgen aufzusetzen und zu putzen! – Doch ist das wenig, sieht man dort den heiligen Bor-

* Franklin riet das Aufbewahren und Bouchieren ausgetrunkener Gefäße an, um das Schiff dadurch oben zu erhalten.

Ein idyllisches Plätzchen inmitten verwinkelter Gassen

romäus, der den Mond als eine frischgewaschene Nachtmütze aufhat, besser an: steht der Gigant nicht wie der Mikromegas des deutschen Staatskörpers dort, ebenso hoch, ebenso starr und so steif?« –

Der Glückliche schwieg und gab statt der Antwort einen Handdruck der Liebe – er träumte nur die Gegenwart und zeigte, er könne warten und entbehren. Wie ein Kinderherz, dem die Vorhänge und die Nachmitternacht das nahe Weihnachtsgeschenk verdecken, zog er auf dem Lustschiffe mit fester Binde dem nahen Himmelreiche entgegen. Dian trug, soweit es das Doppellicht des Mondscheins und der nachhelfenden Aurora zuließ, eine Zeichnung von dem verhüllten Träumer in sein Studienbuch. – – Ich wollt', ich hätte sie da und säh' es, wie mein Liebling mit dem unterbundenen Sehnerven auf ihr zugleich das gegen die innere Welt gerichtete Auge des Traumes und das gegen die äußere Welt gespitzte Ohr der Aufmerksamkeit anstrengt. Wie schön ist so etwas, gemalt – wieviel schöner, erlebt! –

Der Mantel der Nacht wurde dünner und kühler – die Morgenluft wehte lebendig an die Brust – die Lerchen mengten sich unter die Nachtigallen und unter die singenden Ruderleute – und er hörte hinter seiner lichtern Binde die frühen Entdeckungen der Freunde, die in den offnen Städten der Ufer das Menschengewühl aufleben und an den Wasserfällen der Berge bald Himmelstor, bald Nebel wechseln sahen. – Endlich hing die zerlegte Morgenröte als eine Fruchtschnur von Hesperidenäpfeln um die fernen Kastaniengipfel; und jetzt stiegen sie auf Isola bella aus.

Der verhangne Träumer hörte, als sie mit ihm die zehen Terrassen des Gartens hinaufgingen, neben sich den einatmenden Seufzer des Freudenschauders und alle schnelle Gebete des Staunens; aber er behielt standhaft die Binde und stieg blind von Terrasse zu Terrasse, von Orangendüften durchzogen, von höhern freiern Winden erfrischt, von Lorbeerzweigen umflattert – und als sie endlich die höchste Terrasse erstiegen hatten, unter der der See 60 Ellen tief seine grünen Wellen schlägt, so sagte Schoppe: »Jetzt! jetzt!« – Aber Cesara sagte: »Nein! Erst die Sonne!« Und der Morgenwind warf die Sonne leuchtend durchs dunkle Gezweig empor, und sie flammte frei auf den Gipfeln – und Dian zerriß kräftig die Binde und sagte: »Schau umher!« – »O Gott!« rief er selig erschrocken, als alle Türen des neuen Himmels aufsprangen und der Olymp der Natur mit seinen tausend ruhenden Göttern um ihn stand. Welch eine Welt! Die Alpen standen wie verbrüderte Riesen der Vorwelt fern in der Vergangenheit verbunden beisammen und hielten hoch der Sonne die glänzenden Schilde der Eisberge entgegen – die Riesen trugen blaue Gürtel aus Wäldern – und zu ihren Füßen lagen Hügel und Weinberge – und zwischen den Gewölben aus Reben spielten die Morgenwinde mit Kaskaden wie mit wassertaftnen Bändern – und an den Bändern hing der überfüllte Wasserspiegel des Sees von den Bergen nieder, und sie flatterten in den Spiegel, und ein Laubwerk aus Kastanienwäldern faßte ihn ein ... Albano drehte sich langsam im Kreise um und blickte in die Höhe, in die Tiefe, in die Sonne, in die Blüten; und auf allen Höhen brannten Lärmfeuer der gewaltigen Natur und in allen Tiefen ihr Widerschein – ein schöpferisches Erdbeben schlug wie ein Herz unter der Erde und trieb Gebirge und Meere hervor. – –

O als er dann neben der unendlichen Mutter die kleinen wimmelnden Kinder sah, die unter der Welle und unter der Wolke flogen – und als der Morgenwind ferne Schiffe zwischen die Alpen hineinjagte – und als Isola madre gegenüber sieben Gärten auftürmte und ihn von seinem Gipfel zu ihrem im waagrechten wiegenden Fluge hinüberlockte – und als sich Fasanen von der Madre-Insel in die Wellen warfen: so stand er wie ein Sturmvogel mit aufgeblättertem Gefieder auf dem blühenden Horst, seine Arme hob der Morgenwind wie Flügel auf, und er sehnte sich, über die Terrasse sich den Fasanen nachzustürzen und im Strome der Natur das Herz zu kühlen.

Er nahm, ohne sich umzusehen, verschämt die Hände der Freunde und drückte sie ihnen, damit er nicht sprechen müsse. Das stolze Weltall hatte seine große Brust *schmerzlich ausgedehnt* und dann *selig überfüllt*; und da er jetzt die Augen wie ein Adler weit und fest in die Sonne öffnete; und da die Erblindung und der Glanz die Erde verdeckte und er einsam wurde; und die Erde zum Rauch und die Sonne zu einer weißen sanften Welt, die nur am Rande blitzte: so tat sich sein ganzer voller Geist wie eine Gewitterwolke auseinander und brannte und weinte, und aus der reinen blassen Sonne sah ihn seine Mutter an, und im Feuer und Rauch der Erde stand sein Vater und sein Leben eingehüllt. –

Still ging er die Terrassen herunter und fuhr oft über die nassen Augen, um den feurigen Schatten wegzuwischen, der auf alle Gipfel und alle Stufen hüpfte. –

Hohe Natur! wenn wir dich sehen und lieben, so lieben wir unsere Menschen wärmer, und wenn wir sie betrauern oder vergessen müssen, so bleibst du bei uns und ruhest vor dem nassen Auge wie ein grünendes abendrotes Gebirge. Ach vor der Seele, vor welcher der Morgentau der Ideale sich zum grauen kalten Landregen entfärbet hat – und vor dem Herzen, dem auf den unterirdischen Gängen dieses Lebens die Menschen nur noch wie dürre gekrümmte Mumien auf Stäben in Katakomben begegnen – und vor dem Auge, das verarmt und verlassen ist und das kein Mensch mehr erfreuen will – und vor dem stolzen Göttersohne, den sein Unglaube und seine einsame, menschenleere Brust an einen ewigen unverrückten Schmerz anschmieden – – vor allen diesen bleibst du, erquikkende Natur, mit deinen Blumen und Gebirgen und Katarakten treu und tröstend stehen, und der blutende Göttersohn wirft stumm und kalt den Tropfen der Pein aus den Augen, damit sie hell und weit auf deinen Vulkanen und auf deinen Frühlingen und auf deinen Sonnen liegen! – –

Ich wüßte einem Menschen, den ich lieb habe, nichts Schöneres zu wünschen als eine Mutter – eine Schwester – drei Jahre Beisammenleben auf Isola bella – und dann im zwanzigsten eine Morgenstunde, wo er auf dem Eden-Eiland aussteigt und alles dieses mit dem Auge und der Erinnerung auf einmal genießend umfängt und in die offne Seele drückt – – O du allzuglücklicher Albano auf dem Rosenparterre der Kindheit – unter Italiens tiefblauem Himmel – in den schwelgerischen Zitronenlauben voll Blüten – auf dem Schoße der *schönen* Natur, die dich wie eine Mutter liebkoset und hält, und vor dem Angesichte der *erhabnen*, die wie ein Vater in der Ferne steht – und mit einem Herzen, das heute den seinigen erwartet! – –

Die drei Menschen durchirrten jetzt langsam und wankend das schwimmende Paradies. Obgleich die beiden andern es öfters betreten hatten: so wurde doch aus ihrem silbernen Zeitalter durch die Sympathie mit Albanos Taumel wieder ein goldenes; der Anblick einer fremden Entzückung weckt den alten Eindruck der unsrigen auf. Wie Leute, die an Brandungen und Wasserfällen wohnen, lauter sprechen: so gab das herrliche Brausen des aufgeregten Lebens-Meeres ihnen allen, sogar Schoppen, eine stärkere Sprache; nur konnte dieser nie so feierliche Worte, wenigstens Gebärden treffen wie ein anderer Mensch.

Schoppe, der dem guten Italien den Abschiedskuß zuwerfen mußte, wollte gern noch die letzten nur zerstreuet um den Freudenbecher hängenden Tropfen konservieren, die so süß wie italienische Weine waren, voll deutschem Feuerstoff ohne deutschen Sauerstoff. Unter Sauerstoff meint' er Abschiednehmen und Rührung: »Tut das Schicksal«, sagt' er, »irgendeinen

Retraiteschuß, beim Himmel! so wend' ich gelassen den Gaul um und reite pfeifend zurück. Der Henker müßte darin (oder darauf) sitzen, wenn ein geschickter Bereiter nicht sein *Trauerroß* so zureiten wollte, daß es sich recht gut zu einem Handgaul des *Freudenpferdes* anstellte; ich schule sowohl mein Sonnenroß als mein Bagageroß viel anders.«

Vor allen Dingen nahmen sie jetzt die Otaheiti-Insel durch Märsche ein, und jede Provinz derselben mußte ihnen, wie eine persische dem Kaiser, ein anderes Vergnügen entrichten. – »Die untern Terrassen« (sagte Schoppe) »müssen uns Majoratsherren den Obst- und Sackzehent in Zirronen- und Orangendüften abliefern – die oberste trägt die Reichssteuer in *Aussichten* ab – die Grotte drunten zahlet, hoff' ich, Judenschutz in Wellen-*Gemurmel* und der Zypressenwald drüben seine Prinzessinsteuer in *Kühle* – die Schiffe werden ihren Rhein- und Neckarzoll nicht defraudieren, sondern ihn dadurch erlegen, daß sie sich von weitem zeigen.« – –

Es wird mir nicht schwer, zu merken, daß Schoppe durch diese scherzhaften Vexierzüge die heftigen Bewegungen in Cesarens Kopf und Herzen brechen wollte; denn noch immer ging der Glanz der Morgenentzückung, wiewohl der Jüngling über kleinere Dinge unbefangen sprach, nicht von dessen Gesicht. In ihm zitterte jede Erschütterung lange – und eine am Morgen den ganzen Tag – und zwar darum nach, weswegen eine Sturmglocke länger nachsummt als eine Schafglocke; gleichwohl konnte ein solcher Nachklang weder seine Aufmerksamkeit noch seine Werke und Gespräche stören. (...)

Gerhart Hauptmann
Mignon

Was eigentlich ist es gewesen, wodurch ich nach etwa dreißig Jahren wieder auf den Dichter Jean Paul und seinen Roman »Titan« gelenkt wurde? Ich erhoffte mir wohl eine doppelte Wiedergeburt: die meiner selbst und die des Werkes. Zu Rom, als deutscher Jüngling, der die Schönheit so inbrünstig suchte wie Winckelmann, sah ich mit ihr zugleich den Tod dicht an mich herantreten. Die damals in den meisten Städten der Welt wegen der unsanitären Wasserversorgung herrschende Typhusepidemie hatte auch mich aufs Krankenbett geworfen, das beinahe mein Sterbebett geworden wäre. Langsam genesend, hielt ich – ich weiß nicht, durch welchen guten Geist mir auf die Bettdecke gespielt – den »Titan« in meiner Hand.

Die Welt dieses Buches ergriff mich damals tiefer als Goethes »Faust«, und ich fand, man tue ihr Unrecht, wenn man ihr nicht den Rang über diesem Gedichte einräume.

Es wurde gesagt: ich erhoffte mir wohl eine doppelte Wiedergeburt, die des Werkes im Sinne von damals und die meiner selbst, die letztere auch im gleichen Sinn! Denn obwohl die Schwäche infolge der Krankheit mir kaum erlaubte, den Kopf und die Hände auch nur wenig zu erheben, war ich doch mit dem Diesseits und Jenseits auf wunderbare Weise zugleich verbunden: die rätselhafte Harmonie, die ebenso Jugend wie Alter umschloß, habe ich immer wieder gesucht und in der Erinnerung heiliggehalten.

Im »Titan« von Jean Paul werden gleich zu Beginn die Borromeischen Inseln glorifiziert, die aus dem Lago Maggiore auftauchen. Ich hatte ihre beglückende Umwelt erst durch das Buch, später durch einen kurzen Aufenthalt kennengelernt. Nun aber fand ich mich plötzlich entschlossen, sie abermals aufzusuchen, um diesmal gleichsam auszuschöpfen, was sich mir früher zwar in einem köstlichen, aber doch kleinen Becher als Trunk gereicht hatte.

Bei Entschlüssen solcher Art wirkt gewöhnlich auch ein äußerer Anlaß mit.

Wir lassen dahingestellt, wie sich ein solcher Zufall mit einer Schicksalsstunde verbindet. Ich hatte seit längerer Zeit die liebenswürdige Einladung des Commendatore Barratini im Ohr, der einer glänzenden Hotelanlage in Stresa vorstand – Isola Bella und Isola Madre gegenüber –, die sich Hôtel des Îles Borromées bezeichnete.

Meine Familie, voran meine Frau, zwar mit den eigensinnigen Bedürfnissen einer Natur meiner Art keineswegs unbekannt, war doch ein wenig verdutzt von der Eile, mit der ich meine ihnen nicht recht verständliche Reise ins Werk setzte. Mir selber war sie vielleicht noch befremdlicher.

Den Tunnel durch das schweizerische Gotthardmassiv habe ich, dem Himmel sei Dank, seit drei Jahrzehnten und länger jährlich mehrere Male auf der eisernen Schiene durchfahren, und wer hätte nicht eine ähnliche Freude gehabt über das Auftauchen in Airolo, nachdem sich der Zug von Göschenen aus ins Dunkel gestürzt hat.

Die Wagenschlange tritt plötzlich verstummend, gleichsam mit geruhsamer Feierlichkeit, aus dem Innern des Berges ans Licht einer neuen Welt, und wenn wir in Göschenen tiefhängende Wolken, Dunkelheit, Nässe und Kälte zurückgelassen hatten, umgab uns hier eine linde Luft, und der südliche Himmel in makelloser Bläue wölbte sich über uns.

Der Drang nach dem Süden, der meine im großen ganzen eigentlich zwecklose Reise mitbestimmt hatte, schien sich auf eine beglückende Weise schon hier zu rechtfertigen. Ein ermüdetes, freudloses Dasein löste sich von der trübseligen nordischen Scholle los, aus einem Tag, der die Nacht nicht recht abschütteln konnte, und erlebte wiederum jenes Wunder, das in seinem Reichtum durch das unzulängliche Medium der Sprache nicht auszudrücken ist.

Es mochte um die Mitte Oktober sein. Während der Zug längs des Flusses Tessin und mit seinen immer hurtig springenden Gewässern langsam, wegen der vielen Tunnel und Kurven, zu Tale rollte, überkam mich wieder der gleiche Rausch, den ich schon oft hier erlebt hatte. Indem man sich der Bewegung freut, will doch der Blick nichts von alledem zurücklassen, womit ihn die südliche Bergnatur in ununterbrochener Fülle beschenkt. Man ist versucht, selbst im Erinnern wenigstens einige der unzähligen Bilder festzuhalten, von himmelansteigenden Klippen, grünen Matten in schwindelerregender Höhe und Steile mit entlegenen zwerghaften menschlichen Anwesen, vornehmlich der allenthalben auf märchenhafte Weise herniederschwebenden, flatternden, springenden, stäubenden, gischtend zerflatternden Wasserstürze, die in ihren silbernen Gestaltungen wie lebende Wesen erscheinen, die Lust haben an einer wilden, ja tollseligen Existenz.

Wie dem nun auch sei: es bleibe dahingestellt, was alles zu der wunderbaren und heiteren Erneuerung beitragen mag, die einen bei dem plötzlichen und überraschenden Eintritt in das glückhafte Klima jenseits der Alpen überkommt. Ich verhehle mir aber nicht, daß auch hier menschliche Sorgen und Schmerzen durchaus keine unbekannten Dinge sind und daß die ersten glückhaften Atemzüge für die folgenden keine Gewähr geben.

Bei meiner Ankunft in Stresa schien sich zunächst das prunkvolle Weltgetriebe des Riesenhotels meiner Absicht nach innerer Sammlung entschieden zu widersetzen. Der Direktor jedoch, mein Gastfreund, wußte es einzurichten, daß ich ein stilles Quartier erhielt, zwei Räume mit allem Zubehör, darin ich ungestört lesen, schreiben und meinem Denken nachhängen konnte.

Als somit eine Art mönchischer Einsamkeit gewährleistet war und nun der Geist Jean Pauls seine Verjüngungskraft ausströmen sollte, ward ich in diesem Punkte enttäuscht. Zwar erregte der zweite Hirten- und Zirkelbrief im »Jubelsenior« meine Teilnahme, doch zugleich meinen Widerspruch. Er handelt von dramatischen Dichtern, Dramen und Schauspielern. Wenn ich nun aber Zeilen las, die behaupteten, nichts werde »leichter kallös und schwieligt als das mitleidige Gefühl«, so wurde mir klar, daß der übrigens allenthalben »kallöse«, das heißt schwülstige Stil des Dichters augenblicklich weder in die Atmosphäre meiner Seele noch die meiner Umgebung hineinpaßte.

Immerhin wirkte der Jugendzauber der römischen Krankheitswochen, der meine seltsame Unternehmung veranlaßt hatte, fort, indem er die Landschaft auf eine mich fast bestürzende Weise poetisierte.

Aber so wie Jean Paul in einer Beziehung zunächst versagt hatte, versagte anfangs trotzdem der ganze gläubig gesuchte Aufenthalt.

Üble Träume plagten mich!

Oft mit einem angstvoll-wütenden Schrei erwacht, schloß ich dann vor Tagesanbruch die Glastüren zur Veranda auf, stieß die knarrenden Läden zurück und klammerte mich mit den Augen, Erlösung suchend, an den dunkeln Massen der Borromeischen Inseln fest, die sich über die Wasserfläche des Lago Maggiore erhoben. Mitunter war der Eindruck besonders feierlich, wenn etwa der Vollmond, wie der Bernsteinknauf einer dunklen Kuppel, über den weitgedehnten silbrig schillernden Fluten stand und eine Art Höhlenmagie verbreitete.

Solche Eindrücke hatten mitunter die Kraft, einen Überdruß an der menschlichen Existenz und ihrer vielfach tief-tragischen Brüchigkeit in reine Ehrfurcht umzuwandeln.

Aber war dies die gesuchte Erneuerung?

Ich fing an, meine Reise als eine Torheit zu beurteilen.

Zwar, seit ich über meine Zukunft nachzudenken begann, zog es mich aus dem Bereich der übervölkerten Welt. Trotzdem war ich seltsamerweise nicht ungesellig. Frau, Kinder, Bedienstete und Besucher aller Art sah mein Haus, und der Zustand war mir nicht peinlich. Zuweilen aber und immer wieder befiel mich, wie jetzt, die Neigung zum Anachoretentum. Dann war mir, als könnte man, ihm verfallen, erst ganz zu sich selbst kommen und damit zu mehr als sich selbst.

Auch dieser Zustand freilich begründet, wie mir vorkommt, eine Art Geselligkeit: sie spielt sich ab in dem Zauberspiegel der Seele. So bevölkert sie scheinbar das Nichts, und sie kann es auch übervölkern.

Einstweilen war dieses bei mir, Gott sei Dank, nicht der Fall.

Ein etwas gedankenloser Zustand kam über mich, der Geist und Körper wahllos teils da-, teils dorthin bewegte und mich eines Abends in meinen Koffer greifen ließ, wo ich irgendein Buch in die Hand bekam, das sich als Goethes Urfaust entpuppte.

Nicht auszudenken, daß diese reiche, unzerstörbare, universelle Gestalt aus der Seele eines nicht viel über Zwanzigjährigen geboren worden ist.

Der große Schöpfer, gegen sich selber zuweilen seltsam ehrfurchtslos, bezeichnet zwanzig Jahre später sein Werk, das er fortführen will, als Tragelaph, was soviel wie Bockhirsch, ein Monstrum, bedeutet.

Unter den Deutschen, die lesen und schreiben gelernt haben und diesen Künsten einigermaßen huldigen, wird es nur wenige geben, die das Erlebnis des Doktor Faust in einem hochgewölbten gotischen Zimmer und seinen Monolog nicht kennen. Schon durch das gotische Zimmer, das der Dichter fordert, wird der Inhalt des Selbstgesprächs richtig umrahmt und charakterisiert. Die Zeit Fausts ist das ausgehende Mittelalter, sein Denkerhaupt verbindet die Kenntnisse der Fakultäten, etwa einer Sorbonne, mit Alchimie und Astrologie. Nostradamus ist für ihn eine Autorität und beweist diese auch, da es Faust gelingt, mit dessen Formel einen Geist zu zitieren. Von diesem wird der Adept als Übermensch angerufen.

Ich hielt das Faust-Buch in der Hand und dachte im gleichen Augenblick:

Die Geisterwelt ist nicht verschlossen;
Dein Sinn ist zu, dein Herz ist tot!

Der Corso Umberto erstreckt sich in der ganzen Länge von Stresa dicht am Seeufer. Er besteht aus einer breiten Fahrstraße und einer ebenso breiten Promenade in reicher Gartenkultur. An seinem Ende liegt zusammengedrängt die kleine Stadt. Um die Piazza sind Kaufhäuser, Cafés und Speisehäuser gereiht. Ein Laden mit Antiquitäten zog mich an, und ich fand darin allerlei hübsche Sachen. Manche Lokale besuchte ich, weil ich überall gern das Treiben der Menschen beobachte.

Das Wetter war wechselnd, finster und naß oder sonnenhell, womit es wieder für die Trübsal des anderen Zustands auf göttliche Weise entschädigte.

Man lebt hier alsdann ertrunken in einem blendenden Farbenrausch. Himmel und See fließen ineinander. Das Weiß der Alpenkette tritt silbern daraus hervor. Es ist eine Überwirklichkeit – aber von den Quälgeistern meiner Nachtstunden konnte sie mich nicht frei machen.

Ich hatte – mit mir selbst allein – hinreichend Zeit, zu beobachten und nachzudenken. In einem gelegentlichen Gespräch mit Herrn Barratini und dem, was das alltägliche Leben an Wortwechsel verlangt, erschöpfte sich alle Ablenkung.

Natürlich war ich viel unterwegs, durch Betrachtung zur Meditation und durch Meditation zur Betrachtung angeregt; für diese wahrlich bot sich Stoff genug in der wunderbaren Gegend, deren Anziehungskraft Schlösser, Parkanlagen und überall verstreute Landhäuser verrieten. Fast alle Anwesen strömten eine gewisse Schwermut aus. Geistliche und weltliche Fürsten waren ihre Begründer, reiche Kaufherrn und kleine Kaufleute aller Art, die der Wunsch, sich von dem Lärm der Welt zu lösen, aus der Großstadt, wie mich, in die Stille der schönen Natur verlockt hatte, wo sie ein Leben suchten, das vielleicht nirgends zu finden ist.

Die meisten Anwesen standen leer. Steineichen, Buchen, Kastanien und Rüstern ringsherum waren zu Baumgiganten angewachsen. Wo waren wohl die Begründer solcher Herrlichkeiten? Tot oder enttäuscht davongegangen.

Würde ich Stresa wie sie verlassen?

Das Leben eines Menschen, der einsam ist, erweist sich überwiegend als unwirklich. Er weiß, daß er Freunde, nahe und ferne Verwandte hat, aber er nimmt sie nicht sinnlich wahr, sie leben in seiner Einbildung. Und da es so ist, treten die Toten beinahe gleichwertig neben die Lebenden. So bewegte sich eine seltsam gemischte Gesellschaft in mir – will sagen in meinem Vorstellungskreis –, die mich mit jedem Tag mehr über Zeit und Ort erhob.

Der Einsame ist somit besonders fühlbar in zwei getrennte Bereiche gestellt: das Sinnenbereich und das Übersinnliche! Man kommt um den Ausdruck nicht herum.

Hat er diesen Doppelzustand ins Auge gefaßt, so wird es dem Einsamen schwer, sich von den Reizen des Übersinnlichen nicht betören zu lassen, besonders in der Dunkelheit, aber allmählich auch am Tag, wenn die Absonderung von den Menschen länger dauert.

Was mich betrifft, so war ich wenig gefährdet. Gewohnheitsmäßig hatte ich sehr bald meinen Zustand geistig umrissen und objektiviert und wurde sein kühler Beobachter. Auch lenkte ich mich immer wieder durch den Besuch von Läden, volkstümlichen Trattorien, durch improvisierte Gespräche mit Landleuten, Mädchen und Jünglingen, Kindern und Greisen in das gesunde alltägliche Leben ab und ermüdete mich durch Ruderpartien. Und so kam es mir auch gelegen, als Commendatore Barratini mir eines Abends nach dem Dinner in lustiger Weise darlegte, Stresa habe heute eine gewaltige Sensation: auf der Piazza, im Freien, gäbe es eine Produktion berühmter Seiltänzer.

Wenn ich an das Ereignis denke, das ich nach dieser Eröffnung auf der Piazza erlebt habe, so komme ich über ein Etwas nicht hinweg, das sich mir in den nüchternen Gang des Lebens nicht fügt.

Schon als ich, aus Vorsicht in meinen Regenmantel vermummt, auf die Straße trat, fielen die ersten Regentropfen. Aber ich strebte nach dem bezeichneten Schauplatz hin, obgleich ich nicht annahm, daß die Vorstellung wie geplant im Freien stattfinden könne. Es erhob sich Sturm, und Wetterleuchten kündigte ein Gewitter an.

Als ich am Schauplatz der erhofften Vorstellung anlangte, stellte ich zunächst fest, inwieweit der Spaß, den sich Barratini mit mir gemacht hatte, das Erlaubte übertraf. Die angekündigte Artistengesellschaft, die ein Zelt und zum mindesten einige dressierte Ponys und Hunde, den Spaßmacher, den Trapezkünstler und etwa eine bescheidene Drahtseiltänzerin erwarten ließ, bestand in Wirklichkeit aus drei ärmlichen Personen, die, im strömenden Regen unter freiem Himmel hantierend, ein wahrhaft herzbrechendes Elend zu Gemüte führten. Daß es einen so jämmerlichen Zustand wie diesen unsäglich mühsamen Broterwerb gab und daß Menschen darauf verfallen konnten, ihn zu ergreifen, hatte ich bislang nicht gewußt.

Die Anstalten, die man für die kommende Schaustellung getroffen hatte, bestanden aus einem Teppich, der auf der Erde lag, und einem derben Holzstuhl, den man wohl zu turnerischen Zwecken daraufgestellt hatte. Die drei Akteure – Mann, Ehefrau und Tochter – hatten, von einer aufgestellten, gegen den Regen kämpfenden Fackel flackernd belichtet, lange nasse Mäntel über ihren Trikots, die ein Windstoß zuweilen sichtbar machte. Es war ersichtlich, daß diese frierenden Jammergestalten innig wünschten, der Regen solle aufhören, die Abendsonne noch ein wenig hervortreten, damit sie vermöge ihrer Kunststücke vielleicht zu einem bescheidenen Nachtessen kommen und so ihren Hunger stillen könnten.

Daß dies übrigens unter allen Umständen zu geschehen habe, dazu hatte ich meinen Entschluß gefaßt.

Die irgendwie statuarischen Gestalten auf dem leeren Marktplatz wurden, da ich in ihrer Nähe blieb, naturgemäß auf mich aufmerksam. Daß sie im Regen aushielten, wie sie es taten, mochte geschäftliche Gründe haben. Es sollte wahrscheinlich bedeuten, das Unternehmen sei keineswegs abgesagt. Seltsam genug: mir war, als sei ich beteiligt daran.

Wie gesagt, ich fühlte mich sehr bald bemerkt, zum mindesten von dem Elternpaar, das öfters die Köpfe zusammensteckte.

Mich aber zog ausschließlich die Tochter an.

Man kann dies wohl kaum befremdlich finden. Ich war in der Tat nicht alt genug, um gegen die Aura der Jugend immun zu sein. Aber der Reiz, den dieses verhüllte Mädchen auf mich ausübte, war weniger erotisch als rätselhaft. Ich weiß nicht, welch ein Lichtreflex von irgendwoher ihr im Auge blitzte – ihr Antlitz war durch den Mantel verhüllt –, aber er drang gleichsam in mich ein und schien jene Seite vorherrschend zu machen, die ich übersinnlich genannt habe.

Zunächst war ich zeitlich gut anderthalb Jahrhunderte zurückversetzt, und zwar in jene vergangenen Zeiten, als der Großvater die Großmutter nahm, wie man sagt. Es klingt nach in diesem und jenem Gedicht von Eichendorff und diesem und jenem Lied, das uns Kindern etwa die alte Nähterin mit zahnlosem Mund heimlich sang und das meist von einem Posthorn, dem dazugehörigen Postillion und der Postkutsche handelte.

Kein Zweifel, ich war in den Zeiten der Postkutsche:

Seht ihr drei Rosse vor dem Wagen
und einen jungen Postillion?
Von weitem hört man ihn schon klagen
mit seines Hörnleins dumpfem Ton.

Es fehlte nicht viel, so hörte ich Hufschläge, hörte die Postkutsche klirrend heranrasseln und das Posthorn erklingen, zumal da der Regen ein wenig nachließ und die Poesie einer Mondnacht sich andeutete, erklingen in jenem schmerzlichen Sehnsuchtston, den das Liedchen der Nähterin dumpf nannte. Was war es, was mich so jählings ergriff? Es war die Romantik, die ich im Elternhause als Kind noch erlebt, noch wahrhaft gefühlt hatte. Ein holder ätherischer Zauber, auf den Auge, Ohr und Herz überall im Bürgerhause der Eltern und Großeltern traf.

Ich bebte bei dieser Erinnerung, ich erschrak: wer ahnt wohl, was uns damit verlorengegangen ist!

Meine Veränderung ging so weit, daß ich, als ich den Blick unverwandt in den der Zigeunerin bohrte – es konnte leicht eine solche sein –, in ihr ein Kind der Romantik sahn, in unsere banale Zeit verstoßen. Ich ging dabei über die Frage hinweg, ob sie vielleicht nur ein Schemen sein mochte und so nur in meinem Geiste lebt: sie blieb sowieso für mich – freilich mit dem Geheimnis, das sie umgab – eine mich bannende Realität, die mir meine Reise nach Stresa plötzlich als Bestimmung verständlich machte.

Warum wurde meine Neugier auf das, was sich bei dem Fallen des Mantels von den Schultern des Mädchens darbieten würde, auf eine schmerzliche Weise angespannt? Was wollte ich erleben, erblicken, feststellen? Die bloße Wirklichkeit war es nicht! Viel eher wohl schon in diesem Augenblick ein Phantasma, um das meine Wünsche kreisten: ein Gebilde aus jener Welt, darin sich der Monolog des Faust und die Sehnsucht der Romantik bewegt.

Bei alledem war ich mir darüber im klaren, daß ich keine Enttäuschung erleben würde.

Goethe also, und nicht Jean Paul, hatte sich meinem abenteuerlich-suchenden Geist zugeordnet. Sein unsterblicher Agathodämon hatte die Hand auf mich gelegt, und ohne daß ich den Umstand ins Bewußtsein faßte, umgab mich schon jetzt seine Geistesluft. Strömte sie von dem Kinde aus, oder ward sie durch meinen Atem auf es übertragen?

Mit einem Entschluß, der meine Alltagsgefühle wohl kaum überrumpelt hätte, ging ich festen Schrittes auf das mitleiderregende, kläglich durchnäßte Stückchen menschlichen Elends zu und preßte in Eile in die sich widerwillig vorstreckende Hand Banknoten. Ein braunes Gesicht, ein spitzes Näschen enthüllten sich, an dem Regentropfen herabliefen. Der geöffnete Mantel verriet ein schlankes, knabenhaftes Geschöpf, das nackte Ärmchen, ein rotes Westchen über der flachen Brust, verschlissene Puffen um die Hüften, Trikots an den Beinen und an den winzigen Füßchen Tanzschuhe zeigte. Ich erhielt einen mißtrauisch-lauernden, ja fast feindlichen Blick und mußte erleben, daß mein Geschenk mit verächtlicher Handbewegung dem vermutlichen Vater zugeworfen wurde, wie man sich von einem Unflat befreit.

Zu meinem Entsetzen ereignete sich daraufhin, und zwar blitzschnell, eine Brutalität. Der dickbäuchige Artist, dessen feuerrotes Gesicht einen starken Konsum an Chianti verriet, hatte kaum die Größe der Summe erkannt und das Betragen der Kleinen damit verglichen, als er auch schon den Mantel von sich warf, seine Mignon buchstäblich beim Kragen nahm, sie unter allerlei italienischen Scheltworten niederduckte und zwang, mir die Hand zu küssen.

Dieser Vorfall zog Menschen an, um so mehr da ich heftig wurde, meine italienischen Brocken mit deutscher Entrüstung verband und nichts weiter erreichte, als daß der Akrobat die Tochter backpfeifte. Aber die Leute, die sich nun mehr und mehr sammelten, ergriffen keineswegs meine und des Mädchens Partei, sondern nahmen, was vorging, meist lachend und wie ein Stück des nun beginnenden Schauspiels hin.

Das Gewitter war abgezogen. Der Artist hatte eine Peitsche ergriffen und regte mit heihopp Frau und Tochter zur Arbeit an. Die Schmitze knallten um ihre Ohren.

Ein endloser Traum setzte in dieser Nacht das Mignon-Erlebnis fort – denn diesen Namen hatte ich ihm gegeben. Die Produktionen des Kindes stießen mich ab. Ich war geradezu vor ihnen geflüchtet, als sie sich, wie ganz ohne Knochengerüst, rückwärts bog und den Kopf zwischen ihren Fußknöcheln hervorstreckte. Alpdruckartig verfolgte und wiederholte sich im Traum diese Vorstellung. Es dauerte am Morgen nach dem Aufwachen lange, bevor ich wieder in einer natürlichen und befreiten Weise dem Tage gehören konnte. Ehe dies erreicht war, hatte ich – wie nicht selten – mit dem Niederringen lebensfeindlicher Mächte zu tun, die das Dasein in Sinn und Gehalt angreifen.

Am Morgen, nach dem Frühstück, überreichte mir Commendatore Giuseppe Barratini ein schön ausgestattetes Buch, das den Titel trug: »Le Roman des Îles Borromées«. Es ist in französischer Sprache geschrieben und enthält Landschaftsbilder und Porträts, Stiche und Photographien, die teils aus dem

Museum der Mailänder Scala stammen, teils aus der dortigen Ambrosiana, der berühmten Bibliothek. Der Text hat folgende Abschnitte: Erstens: Preludio – Rêves et Réalité; zweitens: Notturno – L'Esprit de Mignon; drittens: Eroica – Napoleon; viertens: Appassionata – Poètes et Amants; fünftens: Pastorale – Les Sœurs Cadettes.

Ich überging das Preludio, Rêves et Réalité, das mit dem Namen Goethes beginnt. »Die Stätte, die ein guter Mensch betrat, ist eingeweiht« – dieser Satz von ihm wird französisch in einer etwas gesteigerten Form zitiert und darauf gesagt, daß die Borromeischen Inseln dann allerdings eine im höchsten Maße geheiligte Stätte darstellen, da sie von geradezu unzähligen großen und edlen Menschen betreten worden seien.

Es wird dann gehandelt von der Familie Borromeo, deren legendäre Herkunft auf Antenor, den Gründer von Padua, zurückgehen soll. Die heilige Justine wird erwähnt, die sechzehnjährig den Märtyrertod erlitten hat; das diesen Akt glorifizierende Altarbild zu Padua von Paolo Veronese ist auf der Nebenseite reproduziert. Ein weiteres Bild des weitausholenden Textes zeigt Barbarossa, der dem Papst Alexander III. vor dem Markusdom in Venedig die Füße küßt, vorher aber die Worte spricht: »Non tibi, sed Petro.«

Man sieht dann ein Bild des heiligen Carlo Borromeo mit dem Familienwappen und seiner Devise »Humilitas«, das wohl hier mit Demut zu übersetzen ist, der edelsten seiner vielen Bedeutungen. Man gerät damit in eine hohe Gemeinschaft von Kardinälen und sonstigen Kirchenfürsten der Familie hinein, deren uns am nächsten stehender, ein Kardinal Frédéric, durch die herrliche Schilderung Alessandro Manzonis in seinem Roman »I Promessi Sposi« berühmt geworden ist. Von ihm ward die Biblioteca Ambrosiana begründet.

Mit dem Comte Vitaliano Borromeo, dem Gründer der Isola Bella, tritt ein weltlicher Geist in die Familie ein. Dieser prunkliebende, vornehme Mann zauberte ein Paradies auf öde Felsen und versammelte bei seinen Festen Herzöge, Prinzen, Kardinäle, Gesandte, große Denker, Dichter und Schriftsteller. Seine Banketts, Serenaden, Konzerte, Feuerwerke und Regatten haben ihr Echo in aller Welt und sind Gegenstand der Bewunderung der brillantesten Höfe Europas, ebenso seine theatralischen Repräsentationen.

Freilich, wo blieb da die Devise »Humilitas«?

Von hier aus tritt es sich leicht in das sogenannte Notturno »L'Esprit de Mignon« ein. Dieses Kapitel besaß nach meiner Begegnung mit dem armseligen Hungertrio der Artisten für mich begreiflicherweise die größte Anziehungskraft. Feste, wie sie der Graf Vitaliano Borromeo auf der Isola Bella gefeiert hatte, konnten recht wohl der leuchtende Hintergrund einer verirrten, geraubten und verschleppten Gestalt wie Goethes Mignon sein, auch wenn sie dergleichen persönlich nicht miterlebte. Vielleicht war die Seele von solchen Festen oder etwas von ihr in sie eingeboren. Sie war etwa eine Atmosphäre gewohnt, in der eine buhlerische Luft, vom betäubenden Duft der Gärten erfüllt, zugleich beseligend musizierte, wo die goldenen Äpfel der Hesperiden sich zu ihrem Munde herniederneigten und alle köstlichen Früchte sie zu erquicken wetteiferten. Sie war vielleicht ein kaum beachtetes, vater- und mutterloses Kind in der zu Hunderten zählenden Dienerschaft, das man nicht störte in seiner Eigenart, vielleicht manchmal neckte, aber gern mochte. Wer weiß, wie verschiedenes Blut sich in Mignon gemischt hatte! Warum sollte nicht auch das Blut eines Vitaliano Borromeo in ihr sein?

Der mit »L'Esprit de Mignon« bezeichnete Teil des Buches sucht zu beweisen oder nimmt an, daß eben der Geist Mignons am Lago Maggiore der Borromeischen Inseln beheimatet sei und daß ihre Nostalgia hierher weise.

Kennst du das Land, wo die Zitronen blühn,
im dunkeln Laub die Goldorangen glühn,
ein sanfter Wind vom blauen Himmel weht,
die Myrte still und hoch der Lorbeer steht?
Kennst du es wohl? Dahin! Dahin
möcht' ich mit dir, o mein Geliebter, ziehn.

Kennst du das Haus? Auf Säulen ruht sein Dach,
es glänzt der Saal, es schimmert das Gemach,
und Marmorbilder stehn und sehn mich an:
Was hat man dir, du armes Kind, getan?
Kennst du es wohl? Dahin! Dahin
möcht' ich mit dir, o mein Beschützer, ziehn.

Es unterliegt keinem Zweifel, daß diese unsterblichen Verse an keinem Platz der Erde sich so wie auf der Isola Bella in die Umgebung einweben. Der unsichtbare Geist Mignons in seiner unstillbaren Melancholie scheint sie auch hier überall zu hauchen, da es für ihn nicht einmal Erfüllung ohne Schmerz geben kann.

Sollte ich mir eine Barke mieten und nach Isola Bella hinüberrudern? Ich war ungeduldig und aufgeregt. Aber nein: ich wollte mich lieber von allem romantischen Zauber loslösen und entschloß mich zu einer längeren Wanderung.

Den Marktplatz zu meiden, um das Luftspringertrio aus meinem Gedächtnis zu tilgen, konnte ich mir jedoch nicht abringen.

Wie zu erwarten: die Piazza war leer, meine sogenannte Mignon war mit ihren Peinigern weitergezogen.

Bald befand ich mich nun wieder, bergan steigend, in den schon geschilderten Gebieten der Parkanlagen, Villen und kleinen Landhäuschen, die von ihren in Mailand, Como oder sonst irgendwo verschwundenen Besitzern seltsamerweise durch dicke Mauern um die Gärten von der Welt abgeschlossen waren. So lagen sie noch in Verwunschenheit, geflohen von denen, die schließlich ihre selbstgeschaffene Einsamkeit nicht ertragen und eigens errichtete Mauern wie die eines Kerkers durchbrochen hatten.

Während ich durch die engen Gäßchen langsam schritt, blieb ich nicht selten stehen, wie jemand, der nachsinnend etwas ergründen will, etwas, das der schweigsame Äther, ohne daß man es sah oder hörte, bereithielt. Irgendwie schien sich mein Geist im Kreise um den Einsiedlergedanken immer noch zu bewegen, der ja auch meine Reise verursacht hatte. Ich erinnerte mich dabei, am frühen Morgen einen Brief erhalten zu haben, der den Poststempel Pallanza trug und von einem älteren, reichen Manne stammte, der mir seinen Besuch ankündigte und den meinen in seinem Landhaus jenseits des Sees erwartete. Dieses Anwesen hatte auch er »Eremitage« genannt.

Nun, der Morgen mit seinem köstlichen Sonnenlicht, das er über die schönsten Gebiete der Welt ergoß, die blumigen Berglehnen bis zum hohen Monte Mottarone hinauf, der weite See und die wie Silber in den Äther gehauchten Hochalpen dahinter hatten wohl Kraft, mich im Sinnenbereiche festzuhalten. Mich ergriff jene Heiterkeit, die im Betrachten beglückt, im bloßen Sein sich dankbar beseligt fühlt und Grübeleien als Spiel empfindet. Dies alles befreit von der Schwere des Lebensmysteriums und läßt an den Schöpfer als einen beglückten und allbeglückenden Künstler denken, einen Meister, der sich nicht genugtun kann in der seligen Verspieltheit seiner Kraft.

Die Freude, von allem Nagenden, Suchenden durch tiefe gesunde Atemzüge frei geworden zu sein, beherrschte mich noch, als ich, von meiner Wanderung zurückgekehrt, das besuchteste Café der Piazza betrat, um einen Vermouth zu mir zu nehmen und so mein Wohlbehagen vielleicht noch zu steigern. Hier traf mich jenes Erlebnis, das nüchtern und unbegreiflich zugleich begann und sich in ebendem Sinne fortsetzte – und Ursache dieser Erzählung geworden ist.

In dem Café wurde von einem Klavier, einer Geige und einem Cello musiziert, was indessen die Gespräche um die besetzten Tische nur anregte. Als ich meine Augen durch das Lokal schweifen ließ, wie üblich in der Hoffnung, irgend etwas nicht Uninteressantes, besonders unter den immer vorhandenen Liebespärchen, aufzufinden, bemerkte ich plötzlich in einem Kreise lebhafter älterer Damen einen alten Herrn, der mir – ja, wie sag' ich doch gleich? – Entsetzen erregte. Ich blickte weg und wiederum hin und konnte bemerken, daß der würdige Mann auf gelegentliche Fragen aus dem Frauenkreis ernst und gelassen antwortete und sich im übrigen bei der bauchigen Korbflasche auf selbstverständliche Weise behaglich zu fühlen schien.

Was war nun an ihm entsetzenerregend?

Der Mann war Goethe von Kopf zu Fuß, und zwar jener starke, etwas bäurische Herr, wie ihn die Zeichnung von Jagemann uns überliefert. Er trug sich, wie er sich diesem Künstler dargeboten, aber der dunkle Rock und der hohe Überschlagkragen daran deckten die weißen Halsbinden und nahmen dem Anzug das Befremdliche. Wie sich in solchen ungewöhnlichen Fällen der Mensch verhält, verhielt ich mich auch. Hier ist, so dachte ich, eine Ähnlichkeit zweier Menschen, wie die Natur sie nicht selten dartut. In den Archiven der Polizei werden frappante Fälle dieser Art in Zeichnung und Photographie aufbewahrt. Zwei Jünglinge, sagen wir, gleichen sich so durchaus, daß der eine – bevor die Tatsache überzeugend zutage tritt – für das Verbrechen oder das Vergehen des andern zu Unrecht büßen muß.

Auch ließ sich die Ähnlichkeit anders ergründen: Goethe hatte bei seinen Reisen in Italien manches Liebesabenteuer gehabt. In seinen »Römischen Elegien« schildert er eines davon.

Eros, der unermüdlich Schaffende, verließ diesen naturhaften Menschen nie, und so konnten wohl da und dort Söhne und Töchter geboren werden, die von dem Blute nichts wußten, das in ihnen floß: so mochte der Fremde, den ich sah, ein Enkel oder Urenkel Goethes sein.

Indem ich ihn an- und wiederum wegblickte, ging mir dies alles durch den Kopf. Ich verlor mich in eine gewisse Versonnenheit, und als ich daraus erwachte, war der lebhaft schwatzende Kreis der Damen und mit ihnen mein bäurischer »Goethe« verschwunden.

Weder der Kellner noch das Fräulein an der Bar konnten mir über Namen und Herkunft des würdigen Alten Auskunft geben. Die Erscheinung aber hatte für mich eine unauslöschliche Merkwürdigkeit, und die Lösung des Rätsels, das sie darstellte, ließ nicht nach, mich zu beschäftigen. Allzu überwältigend war diese Ähnlichkeit. Was hätte ich wohl für eine Entdeckung gemacht, gelänge es mir, einen Enkel oder Urenkel, etwa aus dem Bannkreis der »Römischen Elegien«, nachzuweisen und der deutschen Nation diesen zweiten Goethe vorzustellen.

Als ich wieder in meinem Hotelzimmer war, hüllte sich das Erlebnis bereits in eine Art Unwirklichkeit. Ich wäre vielleicht in allerhand müßige Phantasien verfallen, wenn die Erscheinung nicht ein so überaus nüchternes Dasein besessen hätte.

Etwas, das an einen Dichter erinnerte, hatte sie nicht.

Dieser Mann besaß meinethalben Äcker und Wälder, er hatte Scheuern und Böden, um die Feldfrucht unterzubringen, er besaß Stückfässer, in denen der junge Most arbeitete – und wenn er wirklich Dichtwerke geschrieben hatte, so waren sie mit fester Hand, sagen wir in schwerer goldener Kufe, wie Jahrgänge köstlichen Weins, aus seinem Keller hervorgeholt! Er hätte gelacht, wenn man Dichten einen bürgerlichen Beruf und ihn einen Dichter genannt hätte.

Als ich mit Commendatore Barratini in der Bar des Hotels nach Tisch einen Espresso trank, kam ich auf mein Erlebnis zu sprechen. Er wies mich auf einen überspannten Engländer hin, der dicht unter dem Gipfel des Mottarone eine Art Observatorium, Sternwarte oder dergleichen, darin er auch wohne, errichtet habe. Er werde von allerlei Sonderlingen besucht, die der Volksmund als Mottaronegespenster bezeichne.

«Seltsam«, so fuhr Barratini fort, »daß diese Gespenster immer wieder dem oder jenem, dem sie begegnen, die Gestalt eines Abgeschiedenen hervorrufen: verstorbene Väter, Brüder und Schwestern« – wie ja auch in meinem Falle geschehen sei. »Denn«, so schloß er mit schalkhaftem Lächeln, »ich zweifle nicht, daß wir es auch in Ihrem Falle mit einem solchen Gespenst zu tun haben.«

Georg Kaiser
Lago M I

Da ich still die Ruder eingezogen,
glättet sich der uferlose See.
bin ich zu dem Muschelgrund gezogen –
streift das Volk der Fische übersee?

Zittern überläuft den blanken Spiegel.
Silberblau ist nun das Aufundab,
da die Windhand mit dem Fingerstriegel
allem Fluten Schaum und Welle gab.

Doch nicht immer dauert solch Erbeben.
War es einmal – war es jüngst und kaum?
Gleich entwirrt sich wieder mein Erleben –
glättet – weitet – spiegelt seinen Traum.

Hermann Broch
Lago Maggiore

Gewaltig und milde offenbart sich hier
das Göttliche,
nirgends ist sein Lächeln so groß,
nirgends so weich –
stählerner Hauch dieser Landschaft,
wenn zu den schneeig fernen Gipfeln
silbern die Wellen schlagen,
schwebend der Spiegel des Sees
das azurene Echo.
In den Falten der Unendlichkeit
hauset der Mensch
und von dem dürftigen irdischen Hausrat
schweifet sein Blick ins Trunkene
Abertrunkene sanften Spiegelgesangs
und verloren
die Melodie der Hügel
da die Hänge sich senken, Gestein
und wiesenbestandene Erde,
es ziehen die Wälder hinab
zu den menschenbesiedelten Ufern,
wiedergefunden in der verklärteren
Insel.
Aus Urzeiten kommend, an Urzeiten rührend
ich wie jeder Mensch
in den Falten der Unendlichkeit
unwürdig einer, würdig ein jeder,
mein Auge, mein Blick
und die Musik der Hügel
oh schauerlich lieblicher Klang,
mein Herz.

Wer darf den Gott rufen, da er lächelt?
wer darf ihn hören, da er singt?
Und durch das Geäst
des heiter belaubten Baumes
schimmert der See
Echo.
Insel der Seele
mein Herz.

Ernest Hemingway
In einem anderen Land

In meinen Zivilkleidern fühlte ich mich wie auf einer Maskerade. Ich hatte lange Zeit eine Uniform getragen, und ich vermißte das Gefühl, von meiner Kleidung gehalten zu werden. Ich fühlte mich schlampig in meiner Hose. In Mailand hatte ich ein Billett nach Stresa gekauft. Ich hatte auch einen neuen Hut gekauft. Sims Hüte konnte ich nicht tragen, aber seine Sachen waren großartig. Sie rochen nach Tabak, und als ich im Abteil saß und aus dem Fenster sah, fühlte sich der neue Hut sehr neu an und die Kleider sehr alt. Ich selbst war so traurig wie das nasse lombardische Land, das draußen vor dem Fenster lag. Im Abteil saßen ein paar Flieger, die nicht viel von mir hielten. Sie vermieden es, mich anzusehen, und fühlten für einen Zivilisten meines Alters nichts als Verachtung. Ich fühlte mich gekränkt. Früher mal hätte ich sie beleidigt und einen Streit vom Zaun gebrochen. Sie stiegen in Gallarate aus, und ich war froh, allein zu sein.

Ich hatte eine Zeitung, aber ich las nicht, weil ich nichts vom Krieg lesen wollte. Ich wollte den Krieg vergessen. Ich hatte meinen Separatfrieden gemacht. Ich fühlte mich verdammt einsam und war froh, als der Zug nach Stresa kam.

Das Grand Hôtel des Îles Borromées im eleganten Stresa

Ich hatte erwartet, die Portiers der verschiedenen Hotels unten am Bahnhof zu sehen, aber es war niemand da. Die Saison war lange vorbei, und niemand kam zur Ankunft der Züge. Ich stieg aus dem Zug mit meiner Reisetasche, es war Sims Tasche und sie war sehr leicht, weil nur zwei Hemden darin waren, und stand unter dem Dach des Bahnhofs im Regen, während der Zug weiterfuhr. Ich fand einen Mann auf dem Bahnhof und fragte ihn, ob er wüßte, welche Hotels geöffnet wären. Das *Grand Hôtel des Îles Borromées* war geöffnet und verschiedene kleine Hotels, die das ganze Jahr über aufhatten. Ich machte mich im Regen mit meiner Reisetasche nach dem *Isles Borromées* auf. Ich sah einen Wagen die Straße herunterkommen und winkte dem Kutscher. Es machte sich besser, in einem Wagen anzukommen.

Wir fuhren die Einfahrt hinauf bis zum Eingang des großen Hotels, und der Portier kam mit einem Schirm heraus und war sehr höflich.

Ich nahm ein gutes Zimmer. Es war sehr groß und hell und sah auf den See. Die Wolken hingen über dem See, aber mit Sonne mußte es herrlich sein. Ich erwartete meine Frau, sagte ich. Im Zimmer stand ein großes Doppelbett, ein *letto matrimoniale*, mit einer seidenen Decke. Das Hotel war sehr luxuriös. Ich ging die langen Gänge entlang, die breiten Treppen hinunter, durch die Gesellschaftsräume, in die Bar. Ich kannte den Barmixer und saß auf einem hohen Hocker und aß Salzmandeln und Kartoffelchips. Der Martini schmeckte kühl und sauber.

»Was machen Sie hier in *borghese*?« fragte der Mann an der Bar, nachdem er mir einen zweiten Martini gemixt hatte.

»Ich bin auf Urlaub. Rekonvaleszentenurlaub.«

»Hier ist niemand. Ich weiß nicht, warum sie das Hotel aufhalten.«

»Haben Sie geangelt?«

»Ich hab ein paar Prachtstücke gefangen. In dieser Jahreszeit fischt man Prachttiere mit der Rundangel.«

»Haben Sie eigentlich je den Tabak bekommen, den ich Ihnen geschickt habe?«

»Ja. Haben Sie denn meine Karte nicht bekommen?«

Ich lachte. Ich hatte den Tabak nicht bekommen können. Er hatte amerikanischen Pfeifentabak haben wollen, aber meine Verwandten schickten keinen mehr, oder er wurde unterwegs zurückgehalten. Wie dem auch war, er kam nicht.

»Ich werde schon irgendwo welchen für Sie kriegen«, sagte ich. »Sagen Sie, haben Sie zwei Engländerinnen im Ort gesehen? Sie sind vorgestern hier angekommen.«

»Im Hotel sind sie nicht.«

»Es sind Krankenschwestern.«

»Ich habe zwei Schwestern gesehen. Warten Sie einen Augenblick, ich will mich erkundigen, wo sie sind.«

»Die eine ist meine Frau«, sagte ich. »Ich bin hergekommen, um sie zu treffen.«

»Die andere ist meine Frau.«

»Ich mache keinen Ulk.«

»Entschuldigen Sie bitte meinen dummen Witz«, sagte er. »Ich verstand nicht gleich.« Er verschwand und war eine ganze Weile fort. Ich aß Oliven, Salzmandeln und Kartoffelchips und betrachtete mich in meinen Zivilkleidern in dem Spiegel hinter der Bar. Der Mixer kam zurück. »Sie wohnen in dem kleinen Hotel in der Nähe des Bahnhofs«, sagte er.

»Wie ist es mit ein paar Sandwiches?«

»Ich werde klingeln. Nicht wahr, Sie verstehen, es ist nichts fertig, weil kein Mensch da ist.«

»Ist hier wirklich überhaupt niemand?«

»Doch. Ein paar Leute.«

Die Sandwiches kamen, und ich aß drei und trank noch ein paar Martinis. Ich hatte nie etwas so Kühles und Sauberes getrunken. Ich fühlte mich durch sie der Zivilisation zurückgegeben. Ich hatte zuviel Rotwein, Brot, Käse, schlechten Kaffee und Grappa hinter mir. Ich saß auf dem hohen Hocker vor dem erfreulichen Mahagoni, dem Messing und den Spiegeln und döste. Der Mann hinter der Bar fragte mich etwas.

»Sprechen Sie nicht vom Krieg«, sagte ich. Der Krieg lag weit hinter mir. Möglicherweise war gar kein Krieg. Hier war kein Krieg. Dann wurde mir klar, daß er für mich vorbei war. Aber ich hatte nicht das Gefühl, daß er wirklich vorbei war. Ich hatte das Gefühl eines Jungen, der die Schule schwänzt und daran denkt, was zu einer bestimmten Stunde in der Schule los ist.

Catherine und Helen Ferguson aßen gerade Abendbrot, als ich in ihr Hotel kam. Als ich in der Halle stand, sah ich sie bei Tisch. Catherines Gesicht war mir abgewandt, und ich sah die Linie ihres Haares und ihre Backe und ihren herrlichen Hals und ihre Schultern. Ferguson sprach. Sie hörte auf, als ich hereinkam.

»Mein Gott«, sagte sie.

»Hallo«, sagte ich.

»Was, du bist's?« sagte Catherine. Ihr Gesicht leuchtete auf. Sie sah unglaublich glücklich aus. Ich küßte sie. Catherine errötete, und ich setzte mich.

»Sie sind mir der Rechte«, sagte Ferguson. »Was machen Sie hier? Haben Sie schon gegessen?«

»Nein.« Das Mädchen, das das Essen servierte, kam herein, und ich ließ mir einen Teller geben. Catherine sah mich die ganze Zeit über mit sehr glücklichen Augen an.

»Was machen Sie in Zivil?« fragte Ferguson.

»Ich bin im Ministerium.«

»Sie sind in Schwulitäten.«

»Freuen Sie sich ein bißchen, Fergy. Nur ein bißchen.«

»Ich freu mich nicht über Ihr Hiersein. Ich kenn die Schwulitäten, in die Sie das Mädchen da gebracht haben. Sie sind für mich kein erfreulicher Anblick.«

Catherine lächelte mir zu und berührte mich mit dem Fuß unterm Tisch.

»Niemand hat mich in Schwulitäten gebracht, Fergy. Ich bring mich selbst in Schwulitäten.«

»Ich kann ihn nicht sehen«, sagte Ferguson. »Er hat nichts gemacht, als dich mit seinen hinterlistigen italienischen Tricks ruiniert. Amerikaner sind schlimmer als Italiener.«

»Die Schotten sind solch ein moralisches Volk«, sagte Catherine.

»Das meine ich nicht. Ich meine seine italienische Hinterlist.«

»Bin ich hinterlistig, Fergy?«

»Das sind Sie. Sie sind schlimmer als hinterlistig. Sie sind eine Schlange. Eine Schlange in italienischer Uniform, mit einem Cape um den Hals.«

»Ich habe doch jetzt keine italienische Uniform.«

»Das ist einfach wieder nur ein Beweis Ihrer Niedertracht. Sie haben den ganzen Sommer über ein Verhältnis gehabt und dieses Mädchen schwanger gemacht und wahrscheinlich werden Sie sich jetzt aus dem Staub machen.«

Ich lächelte Catherine an und sie lächelte mir zu.

»Wir werden uns beide aus dem Staub machen«, sagte sie.

»Ihr seid beide einer wie der andere«, sagte Ferguson. »Ich schäme mich für dich, Catherine Barkley. Du hast kein Schamgefühl und keine Ehre im Leib; du bist genauso niederträchtig wie er.«

»Aber nicht, Fergy«, sagte Catherine und streichelte ihre Hand. »Zeig mich nicht an. Du weißt, daß wir uns liebhaben.«

»Nimm deine Hand weg«, sagte Ferguson. Ihr Gesicht war

rot. »Wenn du das geringste Schamgefühl hättest, wär es was anderes. Aber du bist Gott weiß im wievielten Monat schwanger und du behandelst es als Ulk und bist eitel Seligkeit, weil dein Verführer zurückgekommen ist. Du hast kein Schamgefühl und kein Gefühl überhaupt.« Sie fing an zu weinen. Catherine ging zu ihr hinüber und legte ihren Arm um sie. Als sie stand und Ferguson tröstete, konnte ich an ihrer Figur keine Veränderung bemerken.

»Das ist mir ganz gleich«, schluchzte Ferguson. »Ich find's furchtbar.«

»Aber, aber, Fergy«, tröstete sie Catherine. »Ich werde mich ja schämen. Aber weine nicht, Fergy. Weine nicht, alte Fergy.«

»Ich weine ja nicht«, schluchzte Ferguson. »Ich weine ja nicht. Bis auf die schreckliche Sache, in die er dich reingeritten hat.« Sie sah mich an.

»Ich hasse Sie«, sagte sie. »Sie kann mich nicht daran hindern, Sie zu hassen. Ihr schweinischen amerikanischen Italiener.« Ihre Augen und ihre Nase waren rot vom Weinen.

Catherine lächelte mir zu.

»Lächle ihn nicht an, wenn du deinen Arm um mich hast.«

»Du bist unvernünftig, Fergy.«

»Ich weiß es«, schluchzte Ferguson. »Ihr müßt euch nicht darum kümmern. Ich bin so außer mir. Ich bin nicht vernünftig. Ich weiß. Ich will ja, daß ihr beide glücklich werdet.«

»Wir sind glücklich«, sagte Catherine. »Du bist eine süße Fergy.«

Ferguson fing wieder an zu weinen. »Ich will nicht, daß ihr glücklich seid, wie ihr es seid. Warum heiratet ihr nicht? Sie haben keine andere Frau, oder doch?«

»Nein«, sagte ich. Catherine lachte.

»Dabei ist nichts zu lachen«, sagte Ferguson. »Viele von ihnen haben andere Frauen.«

»Wir werden heiraten, Fergy«, sagte Catherine, »wenn du gern möchtest.«

»Nicht, wenn ich gern möchte. Ihr solltet wollen.«

»Wir waren sehr beschäftigt.«

»Ja, ich weiß. Beschäftigt, Kinder zu machen.« Ich dachte, daß sie wieder weinen würde, aber statt dessen schlug ihre Stimmung in Bitterkeit um. »Ich nehme an, daß du heute abend mit ihm losziehen wirst.«

»Ja«, sagte Catherine. »Wenn er will.«

»Und ich?«

»Hast du Angst, allein hierzubleiben?«

»Ja.«

»Dann werde ich hierbleiben.«

»Nein, geh nur mit ihm. Geh sofort mit ihm. Ich kann euch alle beide nicht mehr sehen.«

»Wir essen wohl lieber zu Ende.«

»Nein, geh sofort.«

»Fergy, sei vernünftig.«

»Ich sag euch, geht jetzt sofort. Geht sofort, aber beide.«

»Na, laß uns gehen«, sagte ich. Ich hatte genug von Fergy.

»Ihr wollt doch gehen. Ihr wollt mich ja sogar zum Essen allein lassen. Ich wollte immer an die italienischen Seen und dann ist es so. Oh, oh«, schluchzte sie und sah Catherine an und würgte.

»Wir werden bis nach Tisch hierbleiben«, sagte Catherine. »Und ich laß dich auch nicht allein, wenn du gern willst, daß ich bei dir bleibe. Ich laß dich nicht allein, Fergy.«

»Nein. Nein. Ich will, daß du gehst. Ich will, daß du gehst.« Sie rieb sich die Augen. »Ich bin so unvernünftig. Bitte, kümmert euch nicht um mich.«

Das Mädchen, das das Essen servierte, war von all dem Weinen ganz aus der Fassung gebracht. Jetzt, als sie den nächsten

Gang hereinbrachte, schien sie erleichtert, weil alles besser zu sein schien.

In der Nacht im Hotel in unserem Zimmer mit dem langen, leeren Gang draußen und unseren Schuhen vor der Tür, einem dicken Teppich auf dem Boden des Zimmers, draußen vor dem Fenster fallender Regen und im Zimmer Licht und angenehm und fröhlich, dann das Licht aus, und aufregend mit glatten Laken und bequemem Bett, mit dem Gefühl, nach Hause gekommen zu sein, mit dem Gefühl, nicht länger allein zu sein, Aufwachen in der Nacht mit dem andern neben dir und nicht verschwunden; da erschienen alle anderen Dinge unwirklich. Wir schliefen, wenn wir müde waren, und wenn der eine aufwachte, wachte der andere auch auf, so daß man nicht allein war. Oft wünscht sich ein Mann, allein zu sein, und auch eine Frau wünscht sich, allein zu sein, und wenn sie sich liebhaben, sind sie darauf in dem andern eifersüchtig; aber ich kann ehrlich sagen, daß wir das nie fühlten. Wir konnten uns für uns allein fühlen, wenn wir zusammen waren, allein gegen all die anderen. Das ist mir nur einmal in meinem Leben passiert. Ich war allein, während ich mit mancher Frau zusammen war, und das ist die Art, wie man es besonders stark spürt. Aber *wir* fühlten uns nie einsam und hatten niemals Angst, wenn wir zusammen waren. Ich weiß, daß Tag und Nacht nicht dasselbe sind; daß alles anders ist, daß die Dinge der Nacht am Tag nicht erklärt werden können, weil sie dann nicht existieren, und die Nacht kann für einsame Menschen, wenn ihre Einsamkeit einmal begonnen hat, eine schreckliche Zeit sein. Aber mit Catherine machte es kaum einen Unterschied, nur daß die Nacht vielleicht sogar schöner war. Wenn Menschen soviel Mut auf die Welt mitbringen, muß die Welt sie töten, um sie zu zerbrechen, und darum tötet sie sie natürlich. Die Welt zerbricht jeden, und nachher sind viele an den zerbrochenen

Stellen stark. Aber die, die nicht zerbrechen wollen, die tötet sie. Sie tötet die sehr Guten und die sehr Feinen und die sehr Mutigen; ohne Unterschied. Wenn du nicht zu diesen gehörst, kannst du sicher sein, daß sie dich auch töten wird, aber sie wird keine besondere Eile haben.

Ich erinnere mich an das Erwachen am Morgen. Catherine schlief, und das Sonnenlicht kam durch das Fenster herein. Es hatte aufgehört zu regnen, und ich stieg aus dem Bett und ging ans Fenster. Unter mir waren die Gärten, jetzt zwar kahl, aber wunderbar regelmäßig, die Kieswege, die Bäume, die Steinmauern am See und der See im Sonnenlicht und jenseits davon die Berge.

Ich stand am Fenster und sah hinaus, und als ich mich abwandte, sah ich, daß Catherine aufgewacht war und mich beobachtete.

»Wie geht's, Liebling?« sagte sie. »Ist es nicht ein herrlicher Tag?«

»Wie fühlst du dich?«

»Ich fühle mich glänzend. Wir hatten doch eine herrliche Nacht.«

»Willst du frühstücken?«

Sie wollte frühstücken. Und ich auch und wir aßen im Bett; die Novembersonne schien durchs Fenster, und das Frühstückstablett stand auf meinem Schoß.

»Willst du keine Zeitung? Im Lazarett wolltest du doch immer die Zeitung.«

»Nein«, sagte ich. »Ich will jetzt keine Zeitung lesen.«

»War es so schlimm, daß du nicht einmal davon lesen willst?«

»Ich will nichts davon wissen.«

»Ich wünschte, ich wär bei dir gewesen, so daß ich es auch wüßte.«

»Ich erzähle dir davon, wenn ich's je in meinem Kopf klar kriege.«

»Aber wird man dich nicht verhaften, wenn man dich hier ohne Uniform abfängt?«

»Wahrscheinlich werden sie mich erschießen.«

»Dann bleiben wir doch nicht hier. Wir müssen über die Grenze.«

»So was Ähnliches dachte ich auch.«

»Wir müssen weg, Liebling. Du darfst nichts leichtsinnig riskieren. Erzähle mir, wie du von Mestre nach Mailand gekommen bist.«

»Mit dem Zug. Ich war noch in Uniform.«

»Warst du da nicht in Gefahr?«

»Nicht sehr. Ich hatte eine alte Marschorder. Ich hab in Mestre das Datum geändert.«

»Liebling, es ist gut möglich, daß sie dich irgendwann hier verhaften. Das erlaube ich nicht. Es ist dumm, so was zu riskieren. Wo sind wir, wenn sie dich hopsnehmen?«

»Wir wollen nicht daran denken. Ich hab's so satt, daran zu denken.«

»Was tätest du, wenn sie kämen, um dich zu verhaften?«

»Schießen.«

»Da siehst du, wie dumm du bist. Ich laß dich nicht aus dem Hotel raus, bevor wir abreisen.«

»Wo sollen wir hin?«

»Bitte, sei nicht so, Liebling. Wir reisen da hin, wo du sagst. Aber bitte, überleg dir sofort einen Ort.«

»Die Schweiz ist am Ende des Sees; wir können dorthin.«

»Das ist herrlich.«

Draußen bezog es sich und der See verdunkelte sich.

»Ich wünschte, wir brauchten nicht immer wie Verbrecher zu leben«, sagte ich.

»Liebling, bitte, sei nicht so. Du hast doch nicht sehr lange wie ein Verbrecher gelebt. Und wir leben überhaupt nicht wie Verbrecher. Es wird herrlich werden.«

»Ich fühle mich wie ein Verbrecher. Ich bin desertiert.«

»Liebling, bitte, sei vernünftig. Das ist doch nicht desertieren. Es ist doch nur die italienische Armee.«

Ich lachte. »Du bist ein Prachtmädchen. Komm noch mal ins Bett. Im Bett fühl ich mich großartig.«

Etwas später sagte Catherine: »Jetzt fühlst du dich nicht wie ein Verbrecher, nicht?«

»Nein. Nicht, wenn ich mit dir bin.«

»Was für ein dummer Junge du bist«, sagte sie. »Aber ich werde mich schon um dich kümmern. Ist es nicht wunderbar, Liebling, daß ich gar keine Morgenübelkeit kenne?«

»Es ist großartig.«

»Du würdigst gar nicht, was für eine großartige Frau du hast. Aber das ist mir gleich. Ich werde dich an einen Ort bringen, wo sie dich nicht verhaften können, und dann wird's herrlich werden.«

»Komm, wir wollen sofort dahin aufbrechen.«

»Ja, Liebling. Ich geh, wohin du willst und wann du willst.«

»Wir wollen mal an nichts denken.«

»Schön.«

Catherine ging am See entlang in das kleine Hotel, um Ferguson zu besuchen, und ich saß an der Bar und las die Zeitungen. Es gab bequeme Ledersessel in der Bar, und ich saß in einem von ihnen und las, bis der Mixer hereinkam. Die Armee hatte am Tagliamento nicht standgehalten. Man zog sich auf die Piave zurück. Ich erinnerte mich an die Piave. Die Eisenbahn kreuzte sie nahe bei San Dona, auf dem Wege an die Front. Sie floß tief und langsam dort und war ganz schmal. Weiter unten waren Moskitosümpfe und Kanäle. Es gab ein paar wunderschöne Villen dort. Einmal, vor dem Krieg auf dem Weg nach Cortina d'Ampezzo, war ich mehrere Stunden lang in den Bergen an ihr entlanggewandert. Dort oben sah sie aus wie ein Forellenstrom, mit starkem Gefälle, flachen Strecken und Vertiefungen unter dem Schatten der Felsen. Sie verließ die Straße bei Cadore. Ich überlegte, wie die Armee, die dort oben war, herunterkommen würde. Der Mixer kam herein.

»Graf Greffi hat nach Ihnen gefragt«, sagte er.

»Wer?«

»Graf Greffi. Sie erinnern sich doch an den alten Herrn, der hier war, als Sie voriges Mal hier waren.«

»Ist er hier?«

»Ja, er ist mit seiner Nichte hier. Ich habe ihm erzählt, daß Sie hier sind. Er möchte mit Ihnen Billard spielen.«

»Wo ist er?«

»Er geht spazieren.«

»Wie geht's ihm?«

»Besser denn je. Gestern abend hat er vor dem Essen drei Champagnercocktails getrunken.«

»Wie spielt er Billard?«

»Gut. Er hat mich geschlagen. Als ich ihm erzählte, daß Sie hier sind, war er sehr erfreut. Er hat hier niemand zum Spielen.«

Graf Greffi war 94 Jahre alt. Er war ein Zeitgenosse Metternichs gewesen und war ein alter Mann mit weißem Haar und Schnurrbart und wundervollen Manieren. Er war Diplomat sowohl in österreichischen wie in italienischen Diensten gewesen, und seine Geburtstagsgesellschaften waren das große gesellschaftliche Ereignis Mailands. Er lebte, um hundert Jahre alt zu werden. Sein sicheres und fließendes Billardspiel kontrastierte mit seiner vierundneunzigjährigen Zerbrechlichkeit. Ich hatte ihn kennengelernt, als ich früher einmal außerhalb der

Saison in Stresa gewesen war, und während wir Billard spielten, tranken wir Champagner. Ich fand, dies war eine ausgezeichnete Gewohnheit, und er gab mir bei hundert Punkten fünfzehn vor und schlug mich.

»Warum haben Sie mir nicht erzählt, daß er hier ist?«

»Ich habe nicht daran gedacht.«

»Wer ist sonst noch hier?«

»Niemand, den Sie kennen. Es sind im ganzen nur sechs Leute.«

»Was machen Sie jetzt?«

»Nichts.«

»Kommen Sie ein bißchen angeln?«

»Ich kann für eine Stunde weg.«

»Los. Bringen Sie das Angelzeug mit.«

Der Mixer zog seinen Mantel an, und wir gingen hinaus. Wir gingen hinunter und nahmen ein Boot, und ich ruderte, während der Mixer im Heck saß und die Schnur, mit einem Spinner daran und einem schweren Bleigesenke am Ende, auslaufen ließ, um Seeforellen zu angeln. Wir ruderten am Ufer entlang, der Mixer hielt die Schnur in der Hand und schnellte sie gelegentlich vorwärts. Stresa sah vom See her sehr verlassen aus, die langen Reihen kahler Bäume, die großen Hotels und die geschlossenen Villen. Ich ruderte hinüber nach der Isola Bella und dicht an die Mauern, wo das Wasser sich jäh vertiefte und man die Wand des Felsens in dem klaren Wasser abfallen sah, und dann weiter bis an die Fischerinsel. Die Sonne war hinter einer Wolke, und das Wasser war dunkel und glatt und sehr kalt. Wir fingen nichts, obschon wir ein paar Kreise von aufsteigenden Fischen im Wasser sahen.

Ich ruderte gegenüber der Fischerinsel an Land, wo einige Boote hochgezogen lagen und ein paar Leute Netze flickten.

»Wollen wir was trinken?«

»Schön.«

Ich brachte das Boot an die steinerne Pier heran, und der Mixer zog die Leine ein, indem er sie auf dem Boden des Bootes aufwand und den Spinner an dem Rand des Dollbords festhakte. Ich stieg aus und machte das Boot fest. Wir gingen in ein kleines Café, saßen an einem kahlen, hölzernen Tisch und bestellten Wermut.

»Sind Sie müde vom Rudern?«

»Nein.«

»Ich werde zurückrudern«, sagte er.

»Ich rudere gerne.«

»Vielleicht haben wir mehr Glück, wenn Sie die Schnur halten.«

»Schön.«

»Sagen Sie, wie geht's eigentlich mit dem Krieg?«

»Miserabel.«

»Ich brauche nicht an die Front. Ich bin zu alt, wie Graf Greffi.«

»Vielleicht müssen Sie auch noch mit.«

»Nächstes Jahr kommt mein Jahrgang dran. Aber ich geh nicht.«

»Was werden Sie tun?«

»Mich aus dem Staube machen. Ich geh nicht in den Krieg. Ich war mal in Abessinien im Krieg. Nix für mich. Warum machen Sie denn mit?«

»Ich weiß nicht. Ich war ein Esel.«

»Noch einen Wermut?«

»Schön.«

Der Mixer ruderte zurück. Wir fischten den See ab, nach jenseits von Stresa und dann hinunter, nicht weit vom Ufer entfernt. Ich hielt die starre Schnur und fühlte das schwache Schwingen des sich wälzenden Spinners, während ich auf das dunkle Novemberwasser des Sees und den verlassenen Strand sah. Der Mixer ruderte mit langen Schlägen, und bei jedem Stoß, den das Boot vorwärts tat, erzitterte die Schnur. Einmal biß etwas an; die Leine straffte sich plötzlich und zog jäh fort. Ich zog und fühlte das lebende Gewicht der Forelle und dann zitterte die Leine noch einmal. Ich hatte sie verloren.

»Fühlte sie sich groß an?«

»Ziemlich groß.«

»Einmal, als ich allein angelte, hielt ich die Leine zwischen den Zähnen, und es biß eine an und zerfetzte mir beinahe den Mund.«

»Die beste Art ist, die Schnur über den Knien zu halten. Dann fühlt man sie und büßt doch nicht seine Zähne ein.«

Ich hielt meine Hand ins Wasser. Es war sehr kalt. Wir waren jetzt beinahe dem Hotel gegenüber.

»Ich muß hinein«, sagte der Mixer, »um um elf Uhr da zu sein. *L'heure du cocktail.*«

»Schön.«

Ich zog die Schnur ein und wickelte sie auf ein Brett, das an beiden Enden Kerben hatte. Der Mixer lenkte das Boot in eine kleine Öffnung in der Steinmauer und schloß es mit einer Kette und einem Vorhängeschloß an.

»Ich gebe Ihnen den Schlüssel jederzeit, wann Sie wollen«, sagte er.

»Danke.«

Wir gingen zum Hotel hinauf und in die Bar. Ich wollte so früh am Morgen nicht noch etwas trinken. Deshalb ging ich hinauf in unser Zimmer.

Das Mädchen war gerade mit Aufräumen fertig, und Catherine war noch nicht wieder zurück. Ich legte mich aufs Bett und gab mir Mühe, nicht zu denken.

Als Catherine zurückkam war alles wieder gut. Ferguson sei unten, sagte sie. Sie käme zum Essen.

»Ich wußte, daß es dir recht ist«, sagte Catherine.

»Nein«, sagte ich.

»Was ist denn los, Liebling?«

»Ich weiß nicht.«

»Ich weiß. Du hast nichts zu tun. Alles, was du hast, bin ich, und ich geh weg.«

»Das stimmt.«

»Es tut mir leid, Liebling. Ich weiß, es muß ein entsetzliches Gefühl sein, auf einmal nichts zu haben.«

»Mein Leben war früher voll von allem«, sagte ich. »Und jetzt, wenn du nicht da bist, hab ich überhaupt nichts auf der Welt.«

»Aber ich bin bei dir. Ich war doch nur zwei Stunden weg. Kannst du denn gar nichts hier anfangen?«

»Ich war angeln mit dem Mixer.«

»War's nicht nett?«

»Doch.«

»Denk nicht an mich, wenn ich nicht da bin.«

»So hab ich's an der Front gemacht. Aber da hatte man was zu tun.«

»Othello ohne Beschäftigung«, frotzelte sie mich.

»Othello war ein Neger«, sagte ich. »Außerdem bin ich nicht eifersüchtig. Ich bin nur so in dich verliebt, daß es außer dir nichts für mich gibt.«

»Willst du ein guter Junge sein und dich nett zu Ferguson benehmen?«

»Ich bin immer nett zu Ferguson, sofern sie mich nicht beschimpft.«

»Sei nett zu ihr. Denk doch, was wir haben, und sie hat gar nichts.«

»Ich glaube nicht, daß sie sich das wünscht, was wir haben.«

»Für einen so klugen Jungen, wie du einer bist, Liebling, weißt du nicht viel.«

»Ich werde nett zu ihr sein.«

»Ich weiß, du wirst. Du bist so lieb.«

»Sie wird nachher doch nicht bleiben, nicht?«

»Nein. Ich werd sie schon loswerden.«

»Und dann gehen wir hinauf.«

»Natürlich. Was glaubtest du denn, was ich vorhatte?«

Wir gingen hinunter, um mit Ferguson zu essen. Sie war sehr beeindruckt von dem Hotel und der Pracht des Speisesaals. Wir bekamen ein gutes Lunch und tranken ein paar Flaschen weißen Capri dazu. Graf Greffi kam in den Speisesaal und grüßte uns. Seine Nichte, die ein bißchen Ähnlichkeit mit meiner Großmutter hatte, war bei ihm. Ich erzählte Catherine und Ferguson von ihm, und Ferguson war sehr beeindruckt. Das Hotel war sehr weitläufig und großartig und leer, aber das Essen war gut, der Wein sehr angenehm, und schließlich brachte uns der Wein alle in Stimmung. Catherine brauchte das eigentlich gar nicht. Sie war sehr glücklich. Ferguson wurde ganz vergnügt. Ich selbst fühlte mich sehr wohl. Nach dem Essen ging Ferguson wieder in ihr Hotel zurück. Sie wollte sich etwas nach dem Essen hinlegen, sagte sie.

Später am Nachmittag klopfte jemand an unsere Tür.

»Wer ist da?«

»Graf Greffi läßt fragen, ob Sie mit ihm Billard spielen würden.«

Ich sah auf die Uhr. Ich hatte sie abgenommen; sie lag unter dem Kopfkissen.

»Mußt du gehen, Liebling?« flüsterte Catherine.

»Ich glaube, es ist richtiger.« Die Uhr zeigte ein Viertel nach vier. Laut sagte ich: »Bestellen Sie Graf Greffi, daß ich um fünf Uhr im Billardzimmer sein werde.«

Um Viertel vor fünf küßte ich Catherine Lebewohl und ging ins Badezimmer, um mich anzuziehen. Als ich meinen Schlips vor dem Spiegel band, erschien ich mir in meinen Zivilsachen ganz fremd. Ich mußte daran denken, noch Hemden und Socken zu kaufen.

»Wirst du lange weg sein?« fragte Catherine. Sie sah wunderschön im Bett aus. »Willst du mir bitte die Bürste geben?«

Ich sah zu, wie sie ihr Haar bürstete. Sie hielt ihren Kopf so, daß das ganze Gewicht ihres Haares auf einer Seite war. Draußen war es dunkel, und das Licht über dem Bett schien auf ihr Haar und auf ihren Hals und ihre Schultern. Ich ging hinüber und küßte sie und hielt ihre Hand mit der Bürste fest und ihr Kopf sank auf das Kissen zurück. Ich küßte ihren Hals und ihre Schultern. Mir war schwindlig, so sehr liebte ich sie.

»Ich will nicht hinuntergehen.«

»Ich will nicht, daß du hinuntergehst.«

»Dann gehe ich nicht.«

»Doch. Geh! Es ist ja nur für kurz, und dann kommst du wieder.«

»Wir wollen hier oben essen.«

»Beeile dich und sei schnell zurück.«

Ich fand Graf Greffi im Billardzimmer. Er übte einige Stöße und sah sehr zart aus unter der Beleuchtung, die über dem Billardtisch hing. Auf einem Kartentisch etwas außerhalb des Lichtscheins stand ein silberner Eiskühler, aus dem die Korken und Hälse von zwei Champagnerflaschen herausragten. Graf Greffi richtete sich auf, als ich mich dem Tisch näherte, und kam mir entgegen. Er streckte mir die Hand entgegen. »Es ist mir eine so große Freude, daß Sie hier sind. Es ist sehr liebenswürdig von Ihnen, daß Sie heruntergekommen sind, um mit mir zu spielen.«

»Es war sehr freundlich von Ihnen, mich aufzufordern.«

»Geht es Ihnen ganz gut? Man hat mir erzählt, daß Sie am Isonzo verwundet wurden. Ich hoffe, es geht Ihnen wieder gut.«

»Mir geht's sehr gut. Und wie geht es Ihnen?«

»Ach, mir geht es immer gut. Aber ich werde alt. Ich entdecke jetzt Alterserscheinungen.«

»Das kann ich nicht glauben.«

»Doch. Wollen Sie eine wissen? Es wird mir leichter, mich auf italienisch zu unterhalten. Ich laß es mir ja nicht durchgehen, aber wenn ich müde bin, finde ich, daß es mir viel leichter fällt, Italienisch zu sprechen. Daran sehe ich, daß ich alt werde.«

»Wir könnten Italienisch sprechen. Ich bin auch ein bißchen müde.«

»Ja, aber wenn Sie müde sind, muß es doch für Sie leichter sein, Englisch zu sprechen.«

»Amerikanisch.«

»Ja, amerikanisch. Bitte, sprechen Sie Amerikanisch; es ist eine prächtige Sprache.«

»Ich sehe fast nie Amerikaner.«

»Sie müssen sie vermissen. Man vermißt seine Landsmänner und hauptsächlich seine Landsmänninnen. Ich habe diese Erfahrung gemacht. Wollen wir spielen oder sind Sie zu müde?«

»Ich bin gar nicht müde. Ich machte nur Ulk. Wieviel geben Sie mir vor?«

»Haben Sie viel gespielt?«

»Überhaupt nicht.«

»Sie spielen sehr gut. Zehn auf hundert?«

»Sie schmeicheln mir.«

»Fünfzehn?«

»Das wäre fein, aber Sie werden mich schlagen.«

»Wollen wir um einen Einsatz spielen? Sie wollten immer um einen Einsatz spielen.«

»Ich glaube, wir sollten.«

»Schön. Ich gebe Ihnen achtzehn vor, und wir spielen den Point einen Franc.«

Er spielte wunderbar, und mit der Vorgabe war ich ihm bei

fünfzig nur um vier voraus. Graf Greffi drückte auf einen Knopf an der Wand, um nach dem Mixer zu klingeln.

»Bitte, machen Sie eine Flasche auf.« Dann zu mir: »Das wird uns ein bißchen anregen.« Der Wein war eiskalt und sehr trocken und gut.

»Wollen wir Italienisch sprechen? Macht es Ihnen viel aus? Das ist jetzt meine große Schwäche.«

Wir spielten weiter, nippten den Wein zwischen den einzelnen Stößen, unterhielten uns auf italienisch, sprachen aber wenig, weil wir auf das Spiel konzentriert waren. Graf Greffi machte seinen hundertsten Point und mit der Vorgabe war ich erst bei vierundneunzig. Er lächelte und klopfte mir auf die Schulter.

»Jetzt werden wir die zweite Flasche trinken, und Sie werden mir was vom Krieg erzählen.« Er wartete, bis ich mich auch setzte.

»Gern über alles andere«, sagte ich.

»Sie wollen nicht darüber reden? Gut. Was haben Sie gelesen?«

»Nichts«, sagte ich. »Ich fürchte, ich bin schrecklich langweilig.«

»Nein. Aber Sie sollten lesen.«

»Was ist in der Kriegszeit geschrieben worden?«

»*Le Feu* von einem Franzosen, Barbusse. Und *Mr. Britling durchschaut es.*«

»Nein, das tut er nicht.«

»Wie?«

»Er durchschaute es nicht. Diese Bücher gab es im Lazarett.«

»Dann haben Sie also doch gelesen?«

»Ja, aber nichts besonders Gutes.«

»Ich fand, *Mr. Britling* war eine sehr gute Studie über die Seele des englischen Spießbürgers.«

»Ich weiß nichts von der Seele.«

»Mein armer Junge. Wir wissen alle nichts von der Seele. Sind Sie gläubig?«

»Nachts.«

Graf Greffi lächelte und drehte sein Glas zwischen den Fingern.

»Ich hatte erwartet, bei zunehmendem Alter frömmer zu werden, aber irgendwie wurde ich es nicht«, sagte er. »Es ist sehr schade.«

»Würden Sie gern nach dem Tode leben?« fragte ich und fühlte im selben Augenblick, daß es dumm von mir gewesen war, den Tod zu erwähnen. Aber das Wort machte ihm nichts aus.

»Es käme auf das Leben an. Dieses Leben ist sehr erfreulich. Ich möchte gern ewig leben«, lächelte er. »Ich tu's beinahe.«

Wir saßen in den tiefen Ledersesseln, den Champagner in dem Eiskühler und unsere Gläser auf dem Tisch zwischen uns.

»Wenn Sie je so alt werden wie ich werden Ihnen viele Dinge seltsam vorkommen.«

»Sie kommen einem nie alt vor.«

»Der Körper ist alt. Manchmal habe ich Angst, daß ich mir einen Finger abbrechen könnte, wie man ein Stück Kreide abbricht. Und der Geist ist nicht älter und nicht viel weiser geworden.«

»Sie sind weise.«

»Nein, das ist der große Trugschluß; die Weisheit alter Leute. Sie werden nicht weise. Sie werden vorsichtig.«

»Vielleicht ist das Weisheit.«

»Es ist eine ziemlich reizlose Weisheit. Was ist Ihnen das Wertvollste im Leben?«

»Jemand, den ich liebhabe.«

»Mir auch. Das ist keine Weisheit. Schätzen Sie das Leben?«

»Ja.«

»Ich auch. Weil es alles ist, was ich habe. Und Geburtstagsgesellschaften geben.« Er lachte. »Sie sind wahrscheinlich weiser als ich. Sie geben keine Geburtstagsgesellschaften.«

Wir tranken beide.

»Was denken Sie wirklich über den Krieg?« fragte ich.

»Ich halte ihn für eine Dummheit.«

»Wer wird ihn gewinnen?«

»Italien.«

»Warum?«

»Es ist jünger als Nation.«

»Gewinnen immer die jüngeren Nationen?«

»Eine Zeitlang haben sie die Fähigkeit dazu.«

»Und was geschieht dann?«

»Dann werden sie ältere Nationen.«

»Sie sagten, Sie seien nicht weise.«

»Mein Lieber, das ist nicht Weisheit. Das ist Zynismus.«

»Mir klingt es sehr weise.«

»Ist es aber nicht besonders. Ich könnte Ihnen die Beispiele für das Gegenteil aufzählen. Aber es hört sich nicht schlecht an. Haben wir den Champagner ausgetrunken?«

»Beinahe.«

»Wollen wir noch etwas trinken? Ich muß mich dann umziehen.«

»Vielleicht lieber jetzt nicht.«

»Wollen Sie bestimmt nicht mehr?«

»Nein.«

Er stand auf.

»Ich hoffe, Sie werden sehr erfolgreich und sehr glücklich und sehr, sehr gesund sein.«

»Danke. Und ich hoffe, Sie werden ewig leben.«

»Danke, das tue ich. Und wenn Sie jemals fromm werden sollten, dann beten Sie für mich nach meinem Tode. Ich bitte mehrere meiner Freunde, das zu tun. Ich hatte erwartet, daß ich selbst fromm werden würde, aber es ist nicht gekommen.« Ich glaube, er lächelte traurig, ich konnte es aber nicht genau sehen. Er war so alt, und sein Gesicht hatte so viele Falten, daß ein Lächeln so viele Linien brauchte, daß alle Nuancierungen verlorengingen.

»Vielleicht werde ich sehr fromm werden«, sagte ich. »Auf jeden Fall werde ich für Sie beten.«

»Ich hatte immer gedacht, daß ich mal sehr fromm werden würde. Meine ganze Familie ist sehr fromm gestorben. Aber irgendwie kommt's nicht.«

»Es ist noch zu früh.«

»Vielleicht ist es zu spät. Vielleicht habe ich meine religiösen Gefühle überlebt.«

»Meine eigenen kommen nur nachts.«

»Außerdem lieben Sie auch. Vergessen Sie nicht, das ist ein religiöses Gefühl.«

»Glauben Sie?«

»Natürlich.« Er machte einen Schritt gegen den Tisch. »Es war sehr gütig von Ihnen, mit mir zu spielen.«

»Es war mir ein großes Vergnügen.«

»Wir wollen zusammen hinaufgehen.«

In der Nacht stürmte es, und ich wachte auf und hörte den Regen gegen die Fensterscheiben peitschen. Er kam durch das offene Fenster herein. Jemand hatte an die Tür geklopft. Ich ging sehr vorsichtig an die Tür, um Catherine nicht zu stören, und öffnete sie. Der Barmixer stand davor. Er hatte seinen Mantel an und hielt seinen nassen Hut in der Hand.

»Kann ich mit Ihnen sprechen, Tenente?«

»Was ist denn los?«

»Etwas sehr Ernstes.«

Ich sah mich um. Das Zimmer war dunkel. Ich sah das Wasser vom Fenster auf dem Fußboden. »Kommen Sie herein«, sagte ich. Ich zog ihn am Arm ins Badezimmer, riegelte die Tür zu und drehte das Licht an. Ich saß auf dem Rand der Badewanne.

»Was ist denn los, Emilio? Sind Sie in der Klemme?«

»Nein. Sie, Tenente.«

»So?«

»Man will Sie morgen früh verhaften.«

»So?«

»Ich kam, um es Ihnen zu sagen. Ich war unten in der Stadt, und ich hab's in einem Café gehört.«

»Hm.«

Er stand in seinem nassen Mantel vor mir, hielt seinen nassen Hut in der Hand und sagte nichts.

»Warum will man mich verhaften?«

»Für etwas, das mit dem Krieg zusammenhängt.«

»Wissen Sie was?«

»Nein. Aber ich weiß, daß die Leute wissen, daß Sie schon früher mal als Offizier hier waren und jetzt ohne Uniform hier sind. Nach diesem Rückzug verhaften sie jeden.«

Ich dachte eine Minute nach.

»Um wieviel Uhr kommen sie, um mich zu verhaften?«

»Am Morgen. Ich weiß nicht, um wieviel Uhr.«

»Was raten Sie mir?«

Er legte seinen Hut in das Waschbecken. Er war sehr naß, und das Wasser war auf die Erde getropft.

»Wenn Sie nichts zu fürchten haben, bedeutet eine Verhaftung nichts. Aber es ist immer unangenehm, verhaftet zu werden – hauptsächlich jetzt.«

»Ich will nicht verhaftet werden.«

»Dann gehen Sie in die Schweiz.«

»Wie?«

»In meinem Boot.«

»Es stürmt«, sagte ich.

»Der Sturm ist vorbei. Es ist bewegt, aber es wird gehen.«

»Wann sollen wir aufbrechen?«

»Sofort. Man kommt vielleicht morgen ganz früh, um Sie zu verhaften.«

»Was wird aus unserem Gepäck?«

»Packen Sie alles. Sagen Sie der Gnädigen, daß sie sich anziehen soll. Ich werde mich darum kümmern.«

»Wo finde ich Sie?«

»Ich werde hier warten. Ich will nicht, daß mich irgend jemand auf dem Gang sieht.«

Ich öffnete die Tür, schloß sie und ging ins Schlafzimmer. Catherine war wach.

»Was ist los, Liebling?«

»Es ist alles in Ordnung, Cat«, sagte ich. »Möchtest du dich gleich anziehen und in einem Boot in die Schweiz rudern?«

»Möchtest du?«

»Nein«, sagte ich. »Ich möchte wieder ins Bett.«

»Worum handelt es sich denn?«

»Der Barmixer hat gesagt, daß sie mich morgen früh festnehmen werden.«

»Ist der Barmixer verrückt?«

»Nein.«

»Dann beeil dich bitte, Liebling, und zieh dich an, damit wir aufbrechen können.« Sie setzte sich auf die Kante des Bettes. Sie war noch verschlafen. »Ist der Barmixer im Badezimmer?«

»Ja.«

»Dann werde ich mich nicht waschen. Bitte, sieh zur Seite, Liebling. Ich bin in einer Minute angezogen.«

Ich sah ihren weißen Rücken, als sie ihr Nachthemd auszog,

und dann sah ich weg, weil sie es wollte. Sie fing an, durch das Baby etwas dicker zu werden, und sie wollte nicht, daß ich sie so sah. Ich zog mich an, während ich den Regen auf den Scheiben hörte. Ich hatte nicht viel zum Einpacken.

»In meiner Tasche ist noch viel Platz, Cat, falls du welchen brauchst.«

»Ich habe beinahe fertig gepackt«, sagte sie. »Liebling, ich bin schrecklich dumm, aber warum ist der Barmixer im Badezimmer?«

»St! Er wartet, um unsere Sachen hinunterzutragen.«

»Er ist furchtbar nett.«

»Es ist ein alter Freund von mir«, sagte ich. »Ich habe ihm einmal beinahe Pfeifentabak geschickt.«

Ich sah durch das offene Fenster hinaus in die dunkle Nacht. Ich konnte den See nicht sehen, nur die Dunkelheit und den Regen, aber der Wind hatte sich etwas gelegt.

»Ich bin fertig, Liebling«, sagte Catherine.

»Schön.« Ich ging an die Badezimmertür. »Hier sind die Reisetaschen, Emilio«, sagte ich. Der Barmixer nahm die beiden Taschen.

»Es ist sehr freundlich von Ihnen, uns zu helfen«, sagte Catherine.

»Das ist doch nichts, meine Gnädigste«, sagte der Barmixer. »Ich helfe Ihnen gern, wenn ich selbst nicht dadurch in die Klemme komme. Hören Sie«, sagte er zu mir, »ich trage die Taschen über die Hintertreppe hinunter und ins Boot. Sie gehen hinaus, so als ob Sie spazierengehen wollten.«

»Es ist eine herrliche Nacht für einen Spaziergang«, sagte Catherine.

»Es ist schon eine schlimme Nacht.«

»Ich bin froh, daß ich einen Regenschirm habe«, sagte Catherine.

Wir gingen den Gang entlang und die breite, mit dicken Teppichen belegte Treppe hinunter. Am Fuß der Treppe an der Tür saß der Portier an seinem Pult.

Er machte ein erstauntes Gesicht, als er uns erblickte.

»Sie gehen doch nicht aus, Sir?« sagte er.

»Doch«, sagte ich. »Wir wollen uns den Sturm am Seeufer ansehen.«

»Haben Sie keinen Schirm, Sir?«

»Nein«, sagte ich. »Mein Mantel läßt keinen Regen durch.«

Er sah ihn zweifelnd an. »Ich hole Ihnen einen Schirm, Sir«, sagte er. Er ging weg und kam mit einem riesigen Schirm zurück. »Er ist ein wenig groß, Sir«, sagte er. Ich gab ihm eine Zehn-Lire-Note. »Oh, Sie sind zu gütig, Sir. Vielen Dank«, sagte er. Er hielt uns die Tür auf, und wir gingen hinaus in den Regen. Er lächelte Catherine an, und sie lächelte zurück. »Bleiben Sie nicht zu lange in dem Sturm«, sagte er. »Sie werden sonst naß, Sir and Lady.« Er war zweiter Portier, und er übersetzte alles noch wörtlich aus dem Italienischen.

»Wir kommen zurück«, sagte ich. Wir gingen den Weg entlang unter dem Riesenschirm und durch die großen, nassen Gärten auf die Straße und über die Straße auf den umzäunten Weg am See. Der Wind blies jetzt vom Ufer weg. Es war ein kalter, nasser Novemberwind, und ich wußte, daß es in den Bergen schneite. Wir kamen an den angeketteten Booten in den Einschnitten des Kais vorbei zu der Stelle, wo das Boot des Barmixers liegen sollte. Das Wasser schien dunkel gegen den Felsen. Der Barmixer kam hinter einer Reihe von Bäumen hervor.

»Die Taschen sind im Boot«, sagte er.

»Ich möchte Ihnen das Boot bezahlen«, sagte ich.

»Wieviel Geld haben Sie?«

»Nicht sehr viel.«

»Dann schicken Sie mir das Geld später. Das ist schon gut.«

»Wieviel?«

»Was Sie wollen.«

»Sagen Sie mir wieviel.«

»Wenn Sie durchkommen, schicken Sie mir 500 Franken. Wenn Sie durchkommen, wird Ihnen das egal sein, nicht?«

»Schön.«

»Hier sind Sandwiches.« Er reichte mir ein Päckchen. »Alles, was es in der Bar gab. Es ist alles hier. Hier ist eine Flasche Cognac und eine Flasche Wein.«

Ich steckte sie in meine Tasche. »Lassen Sie mich bezahlen.«

»Schön, geben Sie mir 50 Lire.«

Ich gab sie ihm. »Der Cognac ist gut«, sagte er. »Sie können ihn ruhig der Gnädigen geben. Sie steigt jetzt besser ein.« Er hielt das Boot, es stieg und fiel gegen die Steinmauer, und ich half Catherine hinein. Sie saß im Heck und zog ihr Cape um sich.

»Sie wissen den Weg?«

»Den See hinauf.«

»Wissen Sie, wie weit?«

»Bis hinter Luino.«

»Bis hinter Luino, Cannero, Cannobio, Tranzano. Erst wenn Sie nach Brissago kommen, sind Sie in der Schweiz. Sie müssen den Monte Tamara hinter sich haben.«

»Wieviel Uhr ist es?« fragte Catherine.

»Es ist erst elf«, sagte ich.

»Wenn Sie die ganze Zeit rudern, müßten Sie um sieben Uhr morgens da sein.«

»Ist es so weit?«

»Es sind 35 Kilometer.«

»Wie sollen wir fahren? Bei diesem Regen brauchen wir einen Kompaß.«

»Nein. Rudern Sie nach der Isola Bella, dann auf der anderen Seite von der Isola Madre mit dem Wind. Der Wind wird Sie bis Pallanza treiben, Sie werden die Lichter sehen. Dann immer den Strand hinauf.«

»Möglicherweise dreht der Wind.«

»Nein«, sagte er. »Dieser Wind bläst so drei Tage lang. Er kommt geradewegs herunter vom Mottarone. Hier ist eine Blechbüchse zum Ausschöpfen.«

»Lassen Sie mich jetzt etwas für das Boot geben.«

»Nein. Ich gehe lieber das Risiko ein. Wenn Sie durchkommen, bezahlen Sie mir, soviel Sie können.«

»Schön.«

»Ich glaube nicht, daß Sie ertrinken werden.«

»Großartig.«

»Also mit dem Wind den See hinauf.«

»Gut.« Ich trat in das Boot.

»Haben Sie das Geld fürs Hotel zurückgelassen?«

»Ja. In einem Umschlag im Zimmer.«

»Schön. Viel Glück, Tenente.«

»Viel Glück, und wir danken Ihnen noch sehr.«

»Sie werden mir nicht mehr danken, wenn Sie ertrinken.«

»Was sagt er?« fragte Catherine.

»Er sagt alles Gute.«

»Alles Gute«, sagte Catherine. »Vielen Dank.«

»Sind Sie soweit?«

»Ja.«

Er beugte sich hinab und schob uns ab. Ich tauchte die Ruder ins Wasser und winkte dann mit einer Hand. Der Barmixer winkte mißbilligend wieder. Ich sah die Lichter des Hotels und ruderte hinaus, ruderte geradeaus, bis sie außer Sicht waren. Die Wellen gingen ziemlich hoch, aber wir fuhren mit dem Wind.

Ich ruderte in der Dunkelheit, immer den Wind im Gesicht. Es hatte aufgehört zu regnen, und es kamen nur noch gelegentliche Schauer. Es war sehr dunkel und der Wind war kalt. Ich konnte Catherine im Heck sehen, aber nicht das Wasser, wo die Ruderblätter eintauchten. Die Ruder waren lang, und sie hatten kein Leder, das sie am Rausrutschen hinderte. Ich zog durch, hob sie, beugte mich nach vorn, fand das Wasser, tauchte ein und zog – ruderte, so leicht ich nur konnte. Ich federte nicht, weil wir mit dem Wind fuhren. Ich wußte, daß ich Blasen bekommen würde, und suchte dies so lange wie möglich hinauszuschieben. Das Boot war leicht und ruderte sich gut. Ich ruderte es in dem dunklen Wasser vorwärts. Ich konnte nichts sehen und hoffte, daß wir bald auf der Höhe von Pallanza sein würden.

Wir sahen Pallanza gar nicht. Der Wind blies den See entlang, und wir passierten im Dunkeln die Landungsspitze, die Pallanza verbirgt, ohne die Lichter zu sehen. Als wir schließlich Lichter viel weiter aufwärts im See und in der Nähe des Strandes sahen, war es Intra. Aber lange Zeit sahen wir gar keine Lichter und auch kein Ufer, sondern ruderten gleichmäßig im Dunkeln mit den treibenden Wellen mit. Manchmal verpaßte ich das Wasser mit den Rudern in der Dunkelheit, wenn eine Welle das Boot hochhob. Es war ziemlich stürmisch, aber ich ruderte weiter, bis wir plötzlich dicht am Ufer beinahe gegen ein Felsstück stießen, das neben uns aufragte; die Wellen schlugen dagegen, jagten hinauf und fielen dann zurück. Ich zog heftig an dem rechten Ruder und preßte mit dem andern das Wasser zurück, und wir kamen wieder hinaus in den See. Die Landzunge war außer Sicht, und wir fuhren weiter den See hinauf.

»Wir sind über den See hinüber«, sagte ich zu Catherine.

»Sollten wir nicht Pallanza sehen?«

»Wir haben es verfehlt.«

»Wie geht's dir, Liebling?«

»Glänzend.«

»Ich kann doch eine Weile die Ruder nehmen.«

»Nein, es geht glänzend.«

»Die arme Ferguson«, sagte Catherine, »morgen früh wird sie ins Hotel kommen und wir sind weg.«

»Darüber mach ich mir keine so große Sorge«, sagte ich, »als daß wir, bevor es Tag wird und der Grenzposten uns sieht, in den schweizerischen Teil des Sees kommen.«

»Ist es noch weit?«

»Es ist einige dreißig Kilometer von hier.«

Ich ruderte die ganze Nacht. Schließlich waren meine Hände so wund, daß ich kaum die Ruder umschließen konnte. Verschiedene Male waren wir beinahe am Ufer zerschellt. Ich hielt ziemlich nah am Ufer, weil ich Angst hatte, auf dem See die Richtung und damit Zeit zu verlieren. Manchmal waren wir so dicht, daß wir eine Reihe Bäume und die Straße am Ufer mit den Bergen dahinter sehen konnten. Es hörte auf zu regnen, und der Wind trieb die Wolken so, daß der Mond durchschien, und als ich zurücksah, konnte ich die lange dunkle Landzunge von Castagnola sehen und den See mit weißen Schaumkämmen und weiter weg den Mond auf den hohen Schneebergen. Dann zogen die Wolken wieder über den Mond, und die Berge und der See waren verschwunden, aber es war viel heller als vorher, und wir konnten das Ufer sehen. Ich konnte es zu deutlich sehen und ruderte weit hinaus, wo das Boot nicht zu sehen war, falls auf der Straße von Pallanza Grenzposten waren. Als der Mond wieder herauskam, konnten wir weiße Villen am Ufer am Berghang und die weiße Straße sehen, wo sie durch die Bäume schimmerte. Ich ruderte die ganze Zeit.

Der See weitete sich, und gegenüber am Ufer am Fuße der Berge auf der anderen Seite sahen wir ein paar Lichter. Das mußte Luino sein. Ich sah eine keilförmige Schlucht zwischen den Bergen am anderen Ufer, und ich dachte, das müsse Luino sein. Wenn das stimmte, legten wir gutes Tempo vor. Ich zog die Ruder ein und legte mich auf den Sitz zurück. Ich war sehr, sehr müde vom Rudern. Meine Arme und mein Rücken und meine Schultern taten mir weh, und meine Hände waren wund.

»Ich kann den Schirm halten«, sagte Catherine. »Wir könnten mit dem Wind segeln.«

»Kannst du steuern?«

»Ich glaube.«

»Nimm das Ruder hier und halte es unter deinem Arm dicht an der Seite des Bootes und steure und ich werde den Schirm halten.« Ich ging ins Heck und zeigte ihr, wie sie das Ruder halten mußte. Ich nahm den großen Schirm, den der Portier mir gegeben hatte, und setzte mich mit dem Gesicht zum Bug und öffnete ihn. Er entfaltete sich flügelschlagend. Ich hielt ihn an beiden Seiten und saß rittlings, die Krücke über den Sitz gehakt. Der Wind blies voll hinein, und ich fühlte, wie das Boot sich vorwärtssaugte, während ich mich so sehr, wie ich nur konnte, an den beiden Enden festhielt. Es zog heftig. Das Boot bewegte sich schnell.

»Wir kommen herrlich vorwärts«, sagte Catherine. Alles, was ich sehen konnte, waren Regenschirmrippen. Der Schirm dehnte sich und zog, und ich fühlte, wie wir mit ihm entlangsegelten. Ich stemmte meine Füße auf und hielt gegen ihn; plötzlich krümmte er sich; ich fühlte eine Rippe gegen meine Stirn schnappen; ich versuchte das Oberste zu packen, das sich mit dem Wind bog, und das Ganze krümmte sich und drehte sich von außen nach innen, und ich saß rittlings vor der Krücke eines umgedrehten, zerplatzten Schirms, wo ich noch eben ein windgefülltes, ziehendes Segel gehalten hatte. Ich hakte die Krücke vom Sitz los, legte den Regenschirm hin und ging nach hinten zu Catherine, um mir das Ruder zu holen. Sie lachte. Sie ergriff meine Hand und lachte weiter.

»Was ist denn los?« Ich nahm das Ruder.

»Du sahst so komisch aus, wie du das Ding hieltest.«

»Allem Anschein nach.«

»Sei nicht ärgerlich, Liebling. Es war wahnsinnig komisch. Du sahst ungefähr sechs Meter breit aus und so liebevoll, als du den Schirm an den Enden umklammert hieltest.« Sie erstickte beinahe.

»Ich werde rudern.«

»Ruh dich ein bißchen aus und trink was. Es ist eine fabelhafte Nacht, und wir sind sehr weit gekommen.«

»Ich muß das Boot aus der Brandung halten.«

»Ich hol dir was zu trinken, und dann ruh dich ein bißchen aus, Liebling.«

Ich hielt die Ruder hoch, und wir segelten mit ihnen. Catherine öffnete die Tasche. Sie reichte mir die Cognacflasche. Ich zog den Korken mit meinem Taschenmesser heraus und nahm einen langen Zug. Es war sanft und heiß, und die Hitze ging durch mich durch, und ich fühlte mich erwärmt und ermutigt. »Es ist herrlicher Cognac«, sagte ich. Der Mond war wieder bedeckt, aber ich konnte das Ufer sehen. Es schien, als ob eine andere Landzunge sich weit in den See vorschob.

»Bist du warm genug, Cat?«

»Ja, ausgezeichnet. Ich bin nur ein bißchen steif.«

»Schöpf das Wasser aus, dann kannst du deine Füße unten hinstellen.«

Dann ruderte ich und hörte auf die Ruderschläge und das Eintauchen und Kratzen der ausschöpfenden Blechbüchse unter dem Sitz am Heck.

»Willst du mir bitte die Büchse geben?« sagte ich. »Ich möchte was trinken.«

»Sie ist schrecklich schmutzig.«

»Das macht nichts. Ich spül sie aus.«

Ich hörte, wie Catherine sie über dem Rand ausspülte. Dann reichte sie sie mir voll Wasser. Ich war durstig nach dem Cognac, und das Wasser war eisig kalt, so kalt, daß mir die Zähne davon weh taten. Ich sah nach dem Ufer. Wir waren jetzt der großen Landzunge näher gekommen. Vor uns in der Bucht waren Lichter.

»Danke«, sagte ich und reichte die Blechbüchse zurück.

»Bitte sehr. Gern geschehen«, sagte Catherine. »Davon gibt's mehr, wenn du willst.«

»Willst du nicht was essen?«

»Nein, bald werde ich hungrig sein. Wir wollen es so lange aufheben.«

»Schön.«

Was wie eine Landzunge vor uns aussah war ein langes, hohes Vorgebirge. Ich ruderte weiter in den See hinaus, um vorbeizukommen. Der See war jetzt viel schmäler. Der Mond war wieder sichtbar, und die Guardia di Finanza hätten unser Boot schwarz auf dem Wasser sehen können, wenn sie aufgepaßt hätten.

»Wie geht's dir, Cat?« fragte ich.

»Ganz gut. Wo sind wir?«

»Ich glaube nicht, daß wir noch mehr als ungefähr acht Meilen vor uns haben.«

»Das ist eine lange Strecke zum Rudern. Mein armer Liebling. Bist du nicht tot?«

»Nein. Alles in Ordnung. Meine Hände sind wund; das ist alles.«

Wir fuhren weiter den See hinauf. Am rechten Ufer war ein Einschnitt in den Bergen, eine flache, ebene Stelle mit niedriger Uferlinie, das mußte Cannobio sein, dachte ich. Ich blieb ein ganzes Stück weit draußen, weil von jetzt an die Gefahr, einen Guardia anzutreffen, besonders groß war. Am anderen Ufer, ein ganzes Stück vor uns, war ein hoher, kuppelartiger Berg. Ich war müde. Es war keine große Entfernung zum Rudern, aber wenn man aus der Übung war, war es ein langes Stück. Ich wußte, daß ich an diesem Berg vorbei und mindestens noch fünf Meilen den See weiter hinaufrudern mußte, bevor wir uns in Schweizer Gewässern befanden. Der Mond war jetzt beinahe untergegangen, aber ehe er unterging bedeckte sich der Himmel von neuem, und es wurde sehr dunkel. Ich blieb weit draußen im See, ruderte eine Weile und hielt dann die Ruder so, daß der Wind die Blätter traf.

»Laß mich ein bißchen rudern«, sagte Catherine.

»Ich glaube, du solltest lieber nicht.«

»Unsinn. Es wird gut für mich sein. Ich werde dann nicht so steif.«

»Ich glaube, du solltest nicht, Cat.«

»Unsinn. Rudern mit Maß ist der schwangeren Dame sehr zuträglich.«

»Schön, also rudere ein bißchen, aber mit Maß. Ich geh nach hinten und du kommst vor. Halte dich an beiden Dollborden fest, wenn du vorwärts gehst.«

Ich saß im Heck, in meinem Mantel mit hochgeschlagenem Kragen, und sah zu, wie Catherine ruderte. Sie ruderte sehr gut, aber die Ruder waren ihr zu lang und störten sie. Ich öffnete die Tasche und aß ein paar Sandwiches und trank einen Schluck von dem Cognac. Das machte alles viel besser, und ich nahm einen zweiten Schluck.

»Sag mir, wenn du müde bist«, sagte ich. Dann etwas später: »Paß auf, daß das Ruder dir nicht in dein Bäuchlein pufft.«

»Wenn's das täte«, sagte Catherine zwischen zwei Schlägen, »wäre das Leben viel einfacher.«

Ich trank noch einen Schluck von dem Cognac.

»Wie geht's?«

»Gut.«

»Sag mir, wenn du genug hast.«

»Ja.«

Ich nahm noch einen Schluck von dem Cognac, erfaßte die beiden Dollborde des Bootes und bewegte mich vorwärts.

»Nein. Ich kann noch fabelhaft.«

»Geh wieder ins Heck. Ich bin wieder ganz ausgeruht.«

Eine Weile ruderte ich nach dem Cognac leicht und gleichmäßig. Dann begann ich mit den Rudern zu quirlen, und bald hackte ich nur wieder so drauf los und hatte einen dünnen braunen Geschmack von Galle im Mund, weil ich nach dem Cognac zu heftig gerudert hatte.

»Willst du mir bitte einen Schluck Wasser geben?« sagte ich.

»Nichts leichter als das«, sagte Catherine.

Bevor es Tag wurde fing es an zu nieseln. Der Wind hatte sich gelegt, oder wir waren durch Berge geschützt, die den Bogen, den der See gemacht hatte, einsäumten. Als ich merkte, daß es Tag wurde, riß ich mich zusammen und begann heftig zu rudern. Ich wußte nicht, wo wir waren, und ich wollte in den Schweizer Teil des Sees kommen. Als der Tag dämmerte, befanden wir uns ganz dicht am Ufer. Ich konnte das felsige Ufer und die Bäume sehen.

»Was ist das?« sagte Catherine. Ich stützte mich auf die Ruder und lauschte. Es war ein Motorboot, das in den See hinausratterte. Ich ruderte dicht ans Ufer heran und lag still. Das Rattern kam näher, dann sahen wir das Motorboot ein Stückchen vor uns im Regen. Im Heck waren vier Guardia di Finanza, ihre Alpinihüte ins Gesicht gezogen, mit aufgeschlagenen Capekragen, die Karabiner über dem Rücken. Sie sahen alle verschlafen aus so früh am Morgen. Ich konnte das Gelbe auf ihren Hüten und die gelben Streifen auf ihren Capekragen sehen. Das Motorboot ratterte weiter im Regen und außer Sicht.

Ich ruderte wieder in den See hinaus. Wenn wir so dicht vor

der Grenze waren, wollte ich nicht von einem Posten auf der Straße angerufen werden. Ich blieb so weit draußen, daß ich gerade noch das Ufer sehen konnte, und ruderte noch eine dreiviertel Stunde weiter im Regen. Wir hörten noch einmal ein Motorboot, und ich hielt mich still, bis der Lärm des Motors sich über den See hinüber entfernte.

»Ich glaube, wir sind in der Schweiz, Cat.«

»Wirklich?«

»Wir können's nicht wissen, bevor wir Schweizer Truppen gesehen haben.«

»Oder die Schweizer Marine.«

»Die Schweizer Marine ist nicht zum Lachen für uns. Dies letzte Motorboot, das wir hörten, war vielleicht die Schweizer Marine.«

»Wenn wir in der Schweiz sind, wollen wir wunderbar frühstücken. Es gibt fabelhafte Brötchen und Butter und Marmelade in der Schweiz.«

Kasimir Edschmid
Am Ortasee

Von Piemont bis Venetien zieht sich, dem Wall der Alpen folgend und ihnen wie eine Schmuckterrasse vorgelagert, die Kette der Seen hin, unter denen der Lago Maggiore der großartigste, der Gardasee der lieblichste, der Ortasee der geheimnisvollste ist.

Über dem Ortasee wölbt sich ein Bergkap, dessen Rücken zu Ehren jenes Heiligen von Assisi, der am innigsten unter allen Menschen die Armut gepriesen hat, zwanzig Kapellen in so fürstlicher Art bedecken, als wolle diese Anlage, die für Büßende erbaut ist, mit ihren Säulen und breiten Treppen einen Herzogssitz in Schatten stellen.

Blick auf die Isola di San Giulio im Ortasee

Aber welche Weltverlorenheit umgibt diese Gebäude – welche Einsamkeit liegt selbst über dem abenteuerlichen Weg, der zu dem Fischerdorf am Ufer hinabzieht, welch unheimliche Ruhe steht vor den großen Herrensitzen der Mailänder, die abseits der Straße durch die Bäume schimmern ... welche Melancholie beherrscht diese mit hundertjähriger Geduld gepflegten Parks, diese Paläste des Reichtums, diese Mauern, die streng eine Welt abwehren sollen, die längst über sie hinweggeschritten ist.

Das alte Europa stirbt hier langsam dahin samt seinen Bollwerken, samt seiner durch Macht und Freiheit unabhängigen Schicht, der alles erlaubt war ... ein altes Europa vergeht hier, das sich noch leise wehrt zu versinken und sich dabei graziöser und haltungsvoller zeigt als die sterbende Riviera mit ihren von Hotels regierten Freudenstädten. Ach, wo ist jene einst durch Glück und Vermögen, Geburtsvorzüge und Geltungskraft hoch erhobene Gesellschaftsklasse, der diese Städte dienten ... die Russen, die mit ihrem Harem, die Ungarn, die mit ihren Pferden, die Franzosen, die in privaten, gemieteten Zügen, die Inder, die mit ihren Ministern kamen – um nichts zu tun als den Himmel anzuschauen und das Leben zu genießen. Vorbei!

Das Fischerdorf Orta gleicht einer marokkanischen Stadt, die Gasse, durch welche man zum Ufer gelangt, ist eng und wie ein Tunnel geschlossen, und die Häuser des Platzes, der sich überraschend öffnet, schimmern smaragdgrün und gelb wie Bungalows des Morgenlandes.

Die Barken am Strand sind mit halbkreisförmigen Drähten überspannt, und diese sind wiederum mit roter Leinwand überzogen, so daß die Kähne wie Mumienboote auf dem Wasser dahinziehen.

Die kalkweiß bebaute Insel inmitten des Sees, auf der ein Grieche aus Aegina, der im Jahre vierhundert starb, das erste Gotteshaus baute, schwebt wie ein Lilienblatt über dem Türkisblau der stillen Flut... und alles, das Kap und der See, die Kapellen und die Ufer sind eingehüllt in jene geheimnisvolle Ruhe, die nichts antastet und nichts berührt, selbst nicht der Lebensstrom, der, wenige Kilometer östlich, vom Hang des Simplon herabstürzt oder von den Straßen des nahen Mailand dem Rand des Lago Maggiore zufließt.

Stendhal
Brief an Pauline

Mailand, Juli – August, 1800

Meine liebe Pauline ..., Jüngst machte ich eine sehr angenehme Reise, wodurch ich für einige Tage den glühenden Straßen dieser Stadt entrinnen konnte. Ich begleitete D (aru) zur Übernahme der Festung Arona und besuchte bei dieser Gelegenheit die drei göttlichen Borromeischen Inseln: *Isola Bella, Isola Madre* und *Isola dei Pescatori*. Stelle Dir einen halbkreisförmigen, etwa 15 Meilen langen See vor, dessen Ufer gegen Mailand, oder besser gesagt, gegen Boffalora hin von lieblichen Hügeln umsäumt sind. Der herrliche Fluß Ticino verläßt den See auf dieser Seite. Wenn man im Boot auf diese stille Wasserfläche hinausfährt, werden die Hügel zu Bergen, und auf der Schweizer Seite säumen den See schroffe Felsen, die an den St. Bernhard erinnern. An diesen Ufern herrscht Stille, man findet nur wenige Häuser, keine Gärten, nirgends diese abscheulichen Rebgänge und jene Gartenhecken, welche die berühmten Ufer des Genfersees entstellen. Hier ist noch alles Natur. Von Zeit zu Zeit begegnet man einer von zwei Fischern bemannten Barke. So fährt man anderthalb Stunden lang. Plötzlich macht das Boot eine Wendung, und man erblickt über sich Festung und Stadt Arona. Ich habe niemals etwas Eindruckvolleres gesehen. Stelle Dir auf einer Seite eine steile

Böschung vor, jener des Französischen Tors von Grenoble ähnlich, auf der anderen Seite hingegen einen sanften Abhang und auf der Höhe eine von fünf Ringmauern umgebene, uneinnehmbare Festung, überragt von einem hohen schlanken Turm, an dessen Spitze die Tricolore weht. Plötzlich zerreißen neunzehn Kanonenschüsse die Luft, Erdklumpen regnen ins Wasser und trüben für kurze Zeit den klaren See. Wir landeten, nachdem wir dreiviertel Stunden gegen einen heftigen Sturm angekämpft hatten. Am nächsten Morgen besichtigten wir die Festung und schifften uns dann auf österreichischen Kanonenbooten, von einem kleinen wasserumspülten Stadtviertel am Hafen aus, wieder ein. Auf dem offenen See zog sogleich eine prachtvolle Statue des guten hl. Karl unsere Blicke auf sich. Sie ist neunundsechzig Fuß hoch und steht auf einem zwanzig Fuß hohen Sockel. Mit einer Hand zeigt der Heilige majestätisch auf den Hafen, mit der anderen hält er einen Zipfel seines Chorhemdes. Durch eben diesen Zipfel kann man ins Innere der Statue gelangen. In der Nase kann ein Mann aufrecht stehen. Schweigend beherrscht diese Statue den See. Lange Zeit hatte nichts sie in ihrer Ruhe gestört, bis vor kurzem bei der Belagerung von Arona eine Kanonenkugel ihre Brust traf, glücklicherweise ohne sie zu beschädigen. Niemals habe ich ein schöneres Bild gesehen, es fehlen mir die Worte, meinen Gefühlen Ausdruck zu verleihen.

Die Fahrt verlief ruhig. Ich stand neben dem Admiral der feindlichen Flotte und unterhielt mich mit einem Adjutanten des Melas, einem reizenden jungen Mann, wenn man von einigen Vorurteilen absieht. Nach dreistündiger Fahrt gewahrten wir in der Mitte dieses göttlichen Sees einen grünen Berg und rechts davon einen Strand mit einem kleinen weißen Haus. Das eine ist die Isola Bella, rechts davon die Isola Madre ...

»Und was kann man vom Lago Maggiore, von den Borromäischen Inseln und vom Comer See sagen. Man kann nur alle bemitleiden, die nicht in sie verliebt sind.«

aus: *Promenades*

Epilog

Joseph Victor von Scheffel
Heimkehr aus Italien

Auf dem Sankt Gotthard
(8. Juli 1856, mit erfrorenen Händen)

Ich habe geträumt einen langen Traum:
Das Leben schwungvoll und heiter
Und selbst zum Himmel der Aufgang frei
Auf der Künste goldener Leiter.

Es ist vorbei! – Kraft, Kunst und Gold,
Sie singen zusammen zuende;
Da stehen sie wieder, schneedüster und grau
Des Gotthards steinerne Wände

Es ist vorbei! – Der Nordwind saust,
Als zög' durchs Gebirge ein Klagen,
Ich sitze, ein trauerndes Marmorbild,
Verhüllt im Luzerner Wagen.

Noch einmal folgt dem Ticino der Blick –
Schier will's mir die Seele zerdrücken ...
Er rennt jungfrisch ins Gelobte Land
Ich kehr ihm für immer den Rücken!

Orte und Sehenswürdigkeiten

Gardasee

Riva del Garda, lebendiges Städtchen an der Nordspitze des Lago di Garda, bildet für die meisten Besucher den Ausgangspunkt für eine Seerundfahrt. Altösterreichische Gemütlichkeit und südländisches Genießertum gehen hier eine gelungene Symbiose ein, und die Tridentiner Alpen ringsum sorgen für die postkartenreife Umrahmung. Der Name ›Riva‹ leitet sich vom lateinischen ›ripa‹ (Ufer) ab, und diese Ufer locken nach wie vor alljährlich Scharen von sonnenhungrigen Urlaubern nach Riva. Kulturinteressierte sollten eine Besichtigung der Kirche *Santa Maria dell'Assunta* in ihrem Exkursionsplan vermerken: das von einem portugiesischem Architekten im Jahre 1720 erbaute barocke Gotteshaus enthält sehenswerte Altargemälde des aus Riva stammenden Malers Giuseppe Graffionara. Von der *Piazza III Novembre* am alten Hafen gelangt man zum *Palazzo Pretorio*. Unter dessen Arkaden wurden einst Ketzer und Gotteslästerer der johlenden Menge am Pranger zur Schau gestellt. Die Wasserburg *Rocca*, unter österreichischer Vormacht noch als Kaserne genutzt, beherbergt heute das Stadtmuseum *(Museo Civico)*.

Während der Ferienzeit wirken die malerischen Gassen von **Limone sul Garda** noch enger, als sie ohnehin schon sind. Oliven, Kapernsträucher und Zitronenbäumchen, die dem Ort wohl ihren Namen gaben, gedeihen üppig auf den steilen Terrassen. Im Dorfkern bietet nur die barocke Pfarrkirche *San Benedetto* etwas Kühle und Muße, um der Legende zu gedenken, die besagt, daß **Limone** einst von dem Göttersohn Benacus und der Nymphe Fillide-Limone begründet wurde.

In **Gargnano** erwartet den Besucher eine Besonderheit klerikaler gotischer Baukunst: Die Säulen der Arkadengänge des Klosters *San Francesco* tragen an ihren Kapitellen steinerne Orangen und Zitronen – eine Reminiszenz an jene Klosterbrüder des 13. Jahrhunderts, die der Überlieferung nach die Zitronen erstmals am Gardasee kultivierten.

Über **Bogliaco** mit seinen herrlichen historischen Villen und Gartenanlagen, 9-Loch-Golfcourt und besten Segelstellen, erreicht man **Gardone Riviera**. Das einstige Köhler- und Fischerdorf hat sich zu einem der elegantesten und vitalsten Orte am Lago di Garda entwickelt. Unverzichtbar – nicht nur für Literaturfreunde – ist ein Besuch des *Vittoriale degli Italiani*. Hier, hinter den Mauern verschachtelter Gebäude und verträumter Gärten, frönte der exzentrische Dichter und Lebemann Gabriele d'Annunzio, der hier auch begraben ist, seinen diversen Leidenschaften. Allegorische Figuren und Heldengestalten, die an die soldatische Vergangenheit d'Annunzios erinnern, säumen die *Piazetta Dalamato*, die das Zentrum der Anlage bildet. Ein Museum sowie eine Bibliothek mit mehr als 60 000 Bänden komplettieren das eigenwillige Anwesen eines eigenartigen Mannes.

Entlang der geschmackvollen Promenaden und Fassaden des wohlhabenden Städtchens **Salo** und dem mit mächtigen Zinnen gekrönten *Castello* von **Moniga del Garda** nähert man sich der Südspitze des Sees und damit einem der bekanntesten seiner Orte: **Sirmione**. Der überaus malerisch auf einer vier Kilometer weit in den Lago hineinragenden Halbinsel gelegene Ort galt schon zu Zeiten der Römer als eine beliebte Sommerfrische. Der berühmte Dichter Catull (um 84 bis um 54 v. Chr.) beschrieb die Reize von Sirmio in seinen Versen und machte es damit unsterblich. Auf unzähligen Fotografien und Gemälden in ebenfalls unzähligen Urlaubsalben und Galerien vertreten: die Ansicht der *Rocca Scaligera*, dem allseitig von Wasser umgebenen Scaliger-Schloß aus dem 13. Jahrhundert. Vom Aussichtsplateau des 30 Meter hohen Turmes *Mastio* genießt man einen grandiosen Rundblick über den See und die Altstadt mit ihrer Pfarrkirche *Santa Maria Maggiore*. Sehenswert auch: die Thermalbäder – *Grotte di Catullo* – an der Spitze der Halbinsel, wo sich auch die besten Möglichkeiten für ein erfrischendes Bad im See finden.

Herrliche Wanderwege führen über die von der Sonne verwöhnten Weinberge von **Bardolino**, und auch dessen schmukker Ortskern selbst lohnt einen Rundgang. Bereits 807 findet Bardolino urkundliche Erwähnung, und noch zeugen Reste der Stadtmauer mit den zwei Toren von der historischen Bedeutung des heute vor allem wegen seiner ausgezeichneten Rotweine bei Einheimischen und Touristen gleichermaßen beliebten Hafenstädtchens.

Das gilt im gleichen Maße für **Garda** mit seinen mittelalterlichen Gassen und Palazzi, von denen der in venezianischer Gotik gestaltete *Palazzo del Capitano* wohl der schönste sein dürfte. Gartenfreunde sollten den Weg zur *Villa Albertini* mit ihren herrlichen Parkanlagen keineswegs scheuen. Neben den diversen architektonischen »Highlights« bietet Garda jedoch auch ein Nachtleben mit zahlreichen Trattorien, Restaurants und Bars. Golfspieler werden den Golfplatz *Ca' degli Olivi* (18 Loch) inklusive Seeblick zu schätzen wissen.

Rings um die schmale Landzunge zwischen Garda und dem fast gänzlich autofreien Urlaubsort **Torri del Benaco** führt die Uferstraße über die eher dörflichen Fraktionen **Brenzone** und **Cassone** entlang des Bergmassivs von *Monte Baldo* nach **Malcesine**. Trotz der unbestreitbaren Reize des pittoresken Ortskerns samt entsprechender touristischer Frequentierung konnte sich Malcesine ein eigenes Ambiente erhalten. Lokaler »Höhepunkt« – auch im wörtlichen Sinn – ist zweifellos die auf einem Felsen thronende Scaligerbung aus dem 13./14. Jahrhundert, die während des 17. Jahrhunderts von den Venezianern weiter ausgebaut wurde.

Torbole, am nördlichen Ufer des Lago di Garda gelegen, ist vor allem unter Surfern ein Begriff. Die Attraktion Torboles findet sich allerdings an Land: ein Fußweg führt zu den grandiosen »Gletschermühlen«, den *Marmitte dei Giganti*, einem »geologischen Wunder« aus der Würm-Eiszeit, das schon die Bewunderung Goethes fand. Weitere interessante Wanderungen führen nach *Malga Casina* und zum *Monte Varagna*.

Iseosee

Nur wenige – und diese sind dann meist auch noch Durchreisende vom Gardasee zum Lago di Como – kennen die landschaftlichen Reize des **Lago d' Iseo**. Der 25 Kilometer lange und nur 4,5 Kilometer breite See war schon den Römern als *Lacus Sebinus* ein Begriff. Trotz seiner geringen Abmessung liegt die größte Insel aller oberitalienischen Seen in seiner Mitte: Der *Monte Isola* genannte »Inselberg« ragt mit seinen 600 Metern Höhe wie ein Gigant aus dem eher bescheidenen Gewässer. Inmitten lichter Olivenhaine und Kastanienwälder liegt die Kapelle *Madonna della Ceriola*, von der aus man einen phantastischen Rundblick genießt. Der Ferienort **Iseo** bietet seinen Besuchern einen noch sehr gut erhaltenen mittelalterlichen Dorfkern mit malerischen Gassen und Pergolen, die fast alle am Hauptplatz, der *Piazza Garibaldi* enden, der auch als Marktplatz dient. Am nördlichen Ufer liegt **Lovere**, ein von Handwerk und Kleinfabrikation geprägter Ort, in dessen *Museo Tadini* Gemälde von Bellini, Skulpturen von Canova sowie schöne Keramiken zu bewundern sind. Der Iseosee bietet hauptsächlich Ruhesuchenden und Wanderern einen idealen Aufenthalt.

Wer sich dem **Lago di Como** von Westen her nähert, wird **Lecco** und somit die **Brianza** als erstes Ziel seiner Reise rund um den Comer See erwählen. Dieser auch als »Garten der Lombardei« bezeichnete Landstrich gleicht mit seinen alten Dörfern, kristallklaren Bachläufen und sanften Hügeln vielfach noch einer Parklandschaft. Wenn auch heute an einigen Stellen Industriebetriebe der Landschaft sichtbaren Schaden zugefügt haben, lohnt eine Wanderung durch die Bergregionen bei **Lecco** allemal. Gut eine Stunde zu Fuß dauert der Weg nach **Civate**, einem kleinen Dorf, von dessen präromanischer Kirche *San Pietro al Monte* man einen herrlichen Blick über den Comer See genießt. **Lecco** selbst erlangte Berühmtheit als Schauplatz vieler Szenen von Manzonis »Promessi Sposi«. Weiterhin sehenswert: Der 1932 restaurierte *Torre del Castello* sowie das *Museo Civico*. Entlang der ebenso kurven- wie aussichtsreichen Uferstraße, die zudem noch häufig von Tunneln unterbrochen wird, gelangt man zum oft als »Perle des Comer Sees« bezeichneten **Bellagio**. Über die steilen Treppen der verwinkelten Altstadt geht es zur Kirche *San Giacomo* aus dem 12. Jahrhundert, deren Skulpturen und Polypstychen im Innern einen Besuch lohnen. Restaurants und traditionsreiche Cafés im englischen Stil finden sich unter den Arkaden der Uferpromenade, von der man zu den herrlichen Gärten der *Villa Serbelloni* gelangt, in der heute ein exklusives Hotel zum längeren Aufenthalt einlädt. Der Park der *Villa Melzi* gehört mit seinen Statuen, Tempeln und künstlich gestalteten Grotten sicher zu den schönsten am Comer See. Im Inneren der im neoklassizistischen Stil gehaltenen Villa zieren Stuckarbeiten Albertollis, Fresken Giuseppe Bossis sowie Gemälde von Rubens und van Dyck die eleganten Räumlichkeiten. Von Bellagio verkehren Fährboote nach **Varenna**, wo ein Besuch der *Villa Monastero*, einem ehemaligen Zisterzienserkloster, lohnt, oder hinüber nach **Menaggio**, einem lebhaften Fischerstädtchen mit schönem Hafen und einer mit Palmen bestandenen Uferpromenade. Nur wenige Kilometer von Menaggio entfernt thront in **Tremezzo** die *Villa Carlotta* über einer monumentalen Treppenanlage. Das Initial »C« des kunstvoll gearbeiteten Haupttores steht jedoch nicht für »Carlotta«, sondern verweist auf den Namen der Familie Clerici, die zu Beginn des 18. Jahrhunderts den Bau der Villa in Auftrag gab. Ein gänzlich anderes Bild vermittelt ein Besuch der *Villa del Balbianello* im benachbarten **Lenno**. Unmittelbar der **Isola Comacina**, der einzigen Insel des Comer Sees, vorgelagert, beeindrucken die Villa und ihr Garten durch ihre Intimität und die außergewöhnliche Lage. Obgleich mit dem Ufer durch eine dichtbewaldete Landbrücke verbunden, ist die *Villa del Balbianello*, wie schon zu Stendhals Zeiten, nur mit dem Boot zu erreichen. **Como**, die Kapitale am Südende des westlichen Armes des »Lario« oder Comer Sees gelegen, ist beidseitig von Bergen umgeben. Der historische Stadtkern, der sich von der Seepromenade bis zu den mittelalterlichen Wällen erstreckt, wurde vor einigen Jahren zur autofreien Zone erklärt. Edle Boutiquen, Cafés und Restaurants haben in den klassizistischen Häusern und kleinen Palästen ihren angemessenen Platz gefunden. Im Stadtzentrum, der *Piazza San Fedele*, führt der Weg in die nahe *Via Natta, 12*, wo sich der schönste Renaissance-Palast von Como befindet. An der *Piazza Medaglie d'Oro Comasche* ist im ehemaligen *Palazzo Giovio* heute das Archäologische Museum untergebracht. Am Ende der *Via Cantu* erhebt sich der 40 Meter hohe Turm der *Porta Vittoria* (12. Jahrhundert) aus dem wuchtigen Massiv der Umfassungsmauer. Nur wenige Schritte entfernt: die *Via Volta*, mit herrlichen Palästen (*Palazzo del Registro, 85; Palazzo Torrinai, 62*) und dem Geburtshaus des Erfinders Alessandro Volta (1745-1827). Das bedeutendste

Gebäude Comos ist zweifellos der prächtige *Dom* mit seinem eindrucksvollen Westportal, das die Sitzskulpturen von Plinius dem Jüngeren und dem Älteren zieren. Insgesamt wurde fast vier Jahrhunderte (1396-1770) an dem imposanten Gotteshaus gearbeitet, in dem Baustile von der Spätgotik bis zur Spätrenaissance zu einem harmonischen Ganzen verschmolzen sind. Im Inneren sind die Altarbilder von Bernardino Luini und Gaudenzio Ferrari, die Fresken der Sakristei sowie die *Standarte des hl. Abbondio* zu bewundern.

Luganer See

Die vielarmigen Ufer des **Lago Ceresio**, wie der Luganer See auch genannt wird, berühren nur an wenigen Stellen italienisches Staatsgebiet. Wer sich jedoch – unserer Reiseroute folgend – vom Comer See her annähert, wird ab dem geschäftigen Marktstädtchen **Porlezza** die ebenso aussichts- wie zumeist verkehrsreiche Panoramastraße in Richtung Tessin nehmen und somit **Lugano** passieren. Eine andere, weniger bekannte Variante führt von Argegno am Westufer des Comer Sees über die Bergdörfer S. Fedele und Scaria nach **Campione d'Italia**, dem Spiel- und Steuerparadies auf zollamtlich Schweizer Gebiet. Campione gilt als Paradies für Spekulanten und Briefkastenfirmen, bietet aber auch stille Ecken wie die etwas außerhalb des Zentrums, hoch über dem See in Panoramalage gelegene Kirche *Madonna del Ghirli* mit sehenswerten lombardischen Wandmalereien. Hauptattraktion bleibt jedoch das *Casino* mit seinen sich dem Spielbetrieb anschließenden Restaurants, Pizzerien und Bars, wo man bis in die frühen Morgenstunden seinen Gewinn feiern – oder aber auch den Kummer über den Geldverlust vergessen kann …

Nicht vergessen sei die Montagnola-Halbinsel im Südwesten von Lugano. Die **Collina d'Oro** zog hier vor allem zu Anfang des Jahrhunderts Künstler aus dem Norden an. Hermann Hesse verbrachte in Montagnola die meiste Zeit seines Lebens von 1919 bis 1962.

Über **Ponte Tresa**, den Grenz- und Verkehrsknotenpunkt zwischen Italien und der Schweiz am westlichsten Punkt des Lago di Lugano, gelangt man zum

Lago Maggiore

nach **Luino**, einem vornehmlich bei deutschen Touristen sehr beliebten Ferienort, der vor allem an Markttagen zum Ziel vieler Tagesausflügler wird. Noch weitaus lebhafter präsentiert sich das Seezentrum auf den berühmten **Borromäischen Inseln**. Die drei »Perlen des Verbano«, die **Isola Bella, Isola Madre** und die kleine, romantische **Isola dei Pescatori** mit ihren Fischerhäusern und dem Glockenturm der *St.-Viktors-Kirche*, haben trotz der bisweilen beängstigenden Besucherströme nichts von ihrem Zauber verloren. Die Mutterkirche *San Vittore* auf der **Isola Madre** wurde bereits im IX. Jahrhundert errichtet, der vom Grafen Renato Borromeo 1590 erbaute Palast diente neun Jahre später Carlo Emanuele di Savoia als Zufluchtsort vor der Pest, die zu jener Zeit das gesamte Piemont heimsuchte. Von solch dunkler Vergangenheit ist heute nichts mehr zu spüren: eine üppige Vegetation mit vielen subtropischen Arten und botanischen Raritäten verwandelt die **Isola Madre** in ein blühendes Paradies. Das gleiche gilt für die unmittelbar benachbarte **Isola Bella**. Großzügig gestaltete Treppenanlagen führen zu dem reich mit Kunstschätzen bestückten Palast, einem zuweilen phantastisch anmutenden Ensemble aus unterirdischen, mit Seemuscheln dekorierten Felsgrotten, steinernen Nymphen und Najaden sowie einem barocken Marionettentheater. Als eines der berühmtesten Beispiele des »Italienischen Gartens« gilt der terrassenförmig angelegte Park mit seinen Pergolen, Spalieren und der exotischen Bepflanzung. **Pallanza** bietet mit dem Botanischen Garten der *Villa Taranto* einen weiteren Höhepunkt italienischer Gartenkunst am Lago Maggiore. 1931 erwarb der schottische Hauptmann Neil McEachern das prachtvolle Grundstück, den ehemals »Crocetta« benannten Besitz, vom Grafen di Sant' Elia. Als er den Park sieben Jahre später dem italienischen Staat schenkte, wuchsen darin mehr als dreitausend Bäume aus jedem Teil der Welt. Mit seiner subtropischen Uferflora, dem leicht angestaubten Glanz der Grandhotels und Villen bildet das elegante **Stresa** das Zentrum des **Verbania**. Man kann sich noch immer gut vorstellen, wie hier bereits im vergangenen Jahrhundert wohlhabende Reisende aus aller Welt von den erhöhten Hotelterrassen verzückt den Blick auf den See und seine Inseln schweifen ließen. Von ganz anderer, ursprünglicherer Art ist ein Ausflug auf den 1491 Meter hohen *Monte Mottarone*, mit einem Zwischenstop beim *Giardina Alpinia*, einem botanischen Garten der alpinen Flora. **Baveno**, mit seinem kleinen Hafen und den wenigen Cafés entlang der Uferpromenade, ist der schönste Aussichtspunkt auf die Borromäischen Inseln und verfügt zudem über eigene Heilquellen und Granithöhlen. In südlicher Richtung fahrend, erreicht man nach ungefähr 20 Kilometern **Arona**. Schon von weitem präsentiert sich das Wahrzeichen der kleinen Handelsstadt: die 23 Meter hohe Statue des *Colosso di San Carlone*, ein Denkmal des hl. Karl Borromäus. Die gigantische Statue ist von innen her begehbar und bietet einen herrlichen Rundblick auf den See und das Umland.

Wer den Lago Maggiore in nördlicher Richtung, gen Tessin, verläßt, passiert kurz vor der Grenze zur Schweiz die Ferien- und Badeorte **Cannero Riviera** (lohnend von hier ist ein Abstecher über die schmale, kurvenreiche Bergstraße nach **Trarego**) und **Cannobio**, mit schöner Altstadt und größtenteils autofreier Uferpromenade. Bevor man jedoch die soeben beschriebene Rückfahrt antritt, sollte man den Besuch eines »stillen Nachbarn« des Lago Maggiore nicht versäumen: der

Ortasee

Im Osten von den Gipfeln des *Monte Mottarone* überragt und im Westen von weitläufigen Wäldern und Wiesen gesäumt, liegt der idyllische, noch wenig vom Tourismus frequentierte Lago d'Orta. Der Hauptort, **Orta San Giulio**, hat sein Äußeres seit dem 16. Jahrhundert kaum verändert: enge, mit grobem Granitstein gepflasterte Gassen und steil aufragende Hausfassaden prägen das pittoreske Bild der Altstadt mit vielen kleinen Weinhandlungen und Werkstätten. Mittelpunkt des Ortes und Sitz der meisten Hotels und Restaurants ist die *Piazza Motta* mit dem Kommunalpalast, dem *Palazzo della Communità*. An drei Seiten von schattigen Arkaden umstanden, öffnet sich der Platz auf seiner Westseite zum See und bietet somit einen herrlichen Ausblick auf die Insel *San Giulio* mit der gleichnamigen Basilika des 9. Jahrhundert. In ihrem Innern befindet sich der Sarkophag des hl. Julius. Bis auf etwa einhundert Meter über dem Seespiegel ansteigend, gehört der *Sacro Monte* von Orta zu den geschichtsreichsten heiligen Bergen Norditaliens. Am 17. Oktober 1591 wurde der Grundstein für eine erste Kapelle gelegt. Als Baumeister wirkte Pater Cleto von Castelletto Ticino, ein Schüler Pellegrino Tribaldis. Unter seiner Aufsicht entstanden elf weitere Kapellen auf dem *Sacro Monte*. Am nördlichsten Punkt des Ortasees, an den Ufern der Flüsse Torrente und Strona, liegt **Omegna**, das bedeutendste Industrie- und Handelszentrum der Region. Die Herstellung von Kunststoffen und Papier sowie der Abbau von Marmor und

Graniten verschaffen der Bevölkerung ein gutes Auskommen. Touristisch interessanter ist jedoch die Weiterfahrt in südlicher Richtung, nach **Brolo**, das mit seiner *Villa Tarsis* eines der schönsten Landgüter der Gegend besitzt. Eine kleine, aussichtsreiche Straße führt über **Nonio** nach **Pella**. Von hier empfiehlt sich ein Ausflug zum *Sanktuarium Madonna del Sasso*. Die in spektakulärer Lage, auf der Spitze eines steil zum Seebecken abfallenden Granitfelsens erbaute Wallfahrtskirche stand früher neben einer kleinen Kapelle. Diese galt dem Gedenken an die schöne Tochter eines Gastwirtes aus Pella, die an dieser Stelle von ihrem Bräutigam, einem von der Eifersucht geplagten Krieger namens Aicardo, in den Abgrund hinabgestoßen wurde …

Textnachweise

Georg Britting, *Markt in Verona*, S. 102. Aus: Gesamtausgabe. Herausgegeben von Ingeborg Britting und Friedrich Podszus. Band 7: Der unverstörte Kalender. Nachgelassene Gedichte. Nymphenburger Verlagsbuchhandlung, München 1957, S. 313-314

Hermann Broch, *Lago Maggiore*, S. 226. Aus: Kommentierte Werkausgabe in 13 Bänden. Herausgegeben von Paul Michael Lützeler. Band 8: Gedichte. © Suhrkamp Verlag, Frankfurt am Main 1980, S. 286-287

Kasimir Edschmid, *Am Lago d'Iseo***, S. 119; *Am Ortasee***, S. 264. Aus: Italien – Gärten, Männer und Geschicke. Societäts-Verlag, Frankfurt am Main 1937, S. 170-171

Franz von Gaudy, *Auf dem Lago Maggiore*, S. 191. Aus: Ausgewählte Werke, Band 2. Herausgegeben und mit biographischer Einleitung versehen von Alice Freiin von Gaudy, Verlag Philipp Reclam jun., Leipzig (o.J.), S. 132-133

Richard Gerlach/German V. Vonau, *Die holden Gestade*, S. 140; *Die letzte Station*, S. 185. Aus: Marmor, Chianti und blaue Gestade – Reisen in Italien. Brüder Auer Verlag, München 1954, S. 175-179, S. 180-182

Johann Wolfgang von Goethe, *In Malcesine***, S. 109. Aus: Italienische Reise. Mit Zeichnungen des Autors. Herausgegeben von Christoph Michel. Insel Verlag, Frankfurt am Main 1976 (it 175), S. 42-48

Martin Greif, *Mittag am Gardasee*, S. 115. Aus: Gedichte. Cotta, Stuttgart 1886, S. 216-217

Gerhart Hauptmann, *Mignon**, S. 207. Aus: Mignon, in: Sämtliche Werke. Herausgegeben von Hans-Egon Hass. Band 6. Propyläen Verlag 1963, S. 491-505

Hermann Hesse, *Spaziergang am Comer See*, S. 135. Aus: Gesammelte Schriften in 7 Bänden, Band 3. © Suhrkamp Verlag, Frankfurt am Main 1957, S. 776-779

Ernest Hemingway, *In einem anderen Land**, S. 227. Aus: In einem anderen Land. Deutsch von A. Horschitz-Horst. © 1930/57 by Rowohlt Verlag GmbH, Berlin/Hamburg, S. 187-212

Eckart Henscheid, *Gardasee*, S. 24. Aus: Die Vollidioten. Ein historischer Roman aus dem Jahr 1972. © 1978 by www.Zweitausendeins.de, S. 441

Paul Heyse, *Ein Wintertagebuch*, S. 26; *Auferstanden*, S. 31; *Frühling am Gardasee*, S. 103; Aus: Werke in 2 Bänden. Insel Verlag, Frankfurt am Main, Bd. 1, S. 115-118; S. 99-102; S. 310-361

Jean Paul, *Titan**, S. 192. Aus: Titan. Mit einem Nachwort von Ralph-Rainer Wuthenow. Insel Verlag, Frankfurt am Main 1983 (it 671), S. 11-22

Franz Kafka, *Der Jäger Gracchus*, S. 19. Aus: Gesammelte Werke. Novellen, Skizzen, Aphorismen aus dem Nachlaß. Fischer Taschenbuch Verlag, Frankfurt am Main 1983, S. 75-79

Georg Kaiser, *Lago M I*, S. 225. Aus: Werke, Band 4. Herausgegeben von Walther Huder, Propyläen Verlag, Berlin 1971, S. 279-280

Alessandro Manzoni, *Eine Begegnung am Wege***, S. 123. Aus: Die Verlobten. Aus dem Italienischen übertragen und mit einem Nachwort von Ernst Wiegand Junker. © Artemis & Winkler Verlag, Düsseldorf und Zürich 1997, S. 13-26

Christian Morgenstern, *An Sirmio*, S. 101. Aus: Sämtliche Dichtungen, Band 7: Melencolia. Gedichte. Zbinden Verlag, Basel 1972, S. 248

Joseph Victor von Scheffel, *Heimkehr aus Italien*, S. 271. Aus: Scheffels Werke, Herausgegeben von Friedrich Panzer, Band 1. Bibliographisches Institut, Leipzig o. J.

Stendhal, *»Alles ist edel und zärtlich ...«***, S. 144; *Der Wald zwischen Lugano und Grianta*, S. 179. Aus: Die Kartause von Parma. Aus dem Französischen von Arthur Schurig. Bearbeitet von Hugo Beyer. Insel Verlag, Frankfurt am Main 1989, S. 27-44; S. 573-578
*Brief an Pauline***, S. 267. Aus: Promenades dans Rome. Par M. de Stendhal. Delaunay, Paris 1829. Zitiert in: Mit Stendhal in Mailand und an den Oberitalienischen Seen. Hanns Reich Verlag, München o. J.

Georg von der Vring, *Verona*, S. 102. Aus: Der Schwan. Lieder und Gedichte. Verlag Langen Müller, München 1961, S. 302

Stefan Zweig, *Sommernovellette*, S. 163. Aus: Phantastische Nacht. Erzählungen. In: Gesammelte Werke in Einzelbänden. Herausgegeben von Knut Beck. S. Fischer Verlag, Frankfurt am Main 1982, S. 7-19

Die mit * gekennzeichneten Titel sind Auszüge aus einem größeren Werk gleichen Titels.
Die mit ** gekennzeichneten Titel stammen vom Herausgeber.

Bildquellennachweise

Umschlagabbildung: Everts/ZEFA; Elke Dörr: S. 265; Hedda Eid/laif: S. 4, 16, 40/41, 104, 152, 188, 228; Specht & Arnold/laif: S. 88/89; Rainer W. Kuhnke: S. 120, 136, 201; Max Galli/LOOK: S. 116, 165, Jan Greune/LOOK: S. 64; Florian Werner/LOOK: S. 176; Herbert Schnierle-Lutz: S. 181